UN TRAITÉ DE PAIX POUR L'EUROPE

Jean-Yves CHEVALLIER

UN TRAITÉ DE PAIX POUR L'EUROPE

O.E.I.L.
27, rue de l'Abbé-Grégoire, 75006 Paris

ISBN n° 2-86839-197-4

Préface

LE DROIT COMMUN DE L'EUROPE

Le recueil de textes écrits par Jean-Yves Chevallier entre 1954 et 1990, et qui sont heureusement rassemblés et publiés au terme de l'année qui voit la fin imprévue de la Seconde Guerre Mondiale, s'ordonnent autour d'une idée : substituer en Europe à la paix armée un Traité de paix entre les nations européennes de l'une et l'autre Europe, qu'aucun mur idéologique ne sépare plus.

Un Traité, c'est-à-dire un acte juridique qui soit le signe juste et le commencement eschatologique de l'unité européenne. Ce n'est pas un discours rhétorique de plus que prononce Jean-Yves Chevallier sur la nécessité de *"faire l'Europe"*, mais une méditation spirituelle, autour des thèmes de la paix et de l'éducation sur le destin commun de l'Europe. C'est cette communauté que Jean-Yves Chevallier nous invite, avec une passion sobre, à reconnaître dans l'histoire, la civilisation et l'avenir de l'Europe, de l'enlèvement d'Europe au Conseil de l'Europe.

L'Europe a précédé ses nations, mais la désunion entre elles l'avait conduite au seuil de sa disparition. Au moment où le visage de l'Europe se recompose, Jean-Yves Chevallier nous invite à reprendre cette vieille idée neuve, qui a du mouvement pour aller plus loin, de penser l'Europe présente à partir de son passé, en l'incrustant dans un acte juridique solennel, un contrat entre les nations, un Traité de paix.

Il rejoint ainsi les grands avocats de l'Idée, Denis de Rougemont, Hermann Kayserling, Ortega y Gasset, Hugo von Hoffmanstal, Thomas Mann, Arnold Toynbee, Gonzagues de Reynold que précèdent Erasme, Leibniz, Montesquieu, l'Abbé de Saint-Pierre, Rousseau, Kant et Schiller, pour qui l'Europe ne se fera que si elle adhère à ses propres valeurs, transcendantes à l'économique.

Ces valeurs doivent être inscrites sur la table des lois qui en assureront la pérennité. Le vrai prédécesseur de Jean-Yves Chevallier est peut-être le Comte de Saint-Simon qui avait bien vu que le droit, et non plus la force, l'intérêt ou l'idéologie, est dans l'ordre du temporel le ciment de cette communauté de destin.

«A toute réunion de peuples, comme à toute réunion d'hommes, il faut des institutions communes, il faut une organisation : hors de là, tout se décide par la force.

Vouloir que l'Europe soit en paix par des traités et des congrès, c'est vouloir qu'un corps social subsiste dans des conventions et des accords : des deux côtés, il faut une force coactive qui anime les volontés, concerte les mouvements, rende les intérêts communs et les engagements solides...»

*
* *

Ma contribution à ce remarquable recueil est de commenter ce qui fut et doit redevenir le droit commun de l'Europe.

Avec l'*Ethique à Nicomaque* d'Aristote, le *De Officiis* de Cicéron, le *Corpus Juris Civilis* fait en effet partie des quelques trente très vieux livres qu'évoque Nietzsche et où vit l'Europe, et où une nouvelle culmination de l'Europe est possible surgissant de l'oubli opaque de l'Europe des peuples. L'Europe est derrière nous: l'Europe des abbayes fondées par Saint Bernard et du chant grégorien issu de la synagogue, l'Europe des cathédrales et des églises qui la recouvraient comme un manteau blanc, l'Europe des chartes libres qui constituaient une République européenne sans Etat, l'Europe des universités où s'enseignaient le droit romain et le droit naturel, dont l'héroïne éternelle est Antigone et ses lois non écrites, Antigone vierge mère de l'Europe.

C'est dans ces livres que demeure le germe de ce qui constitue les nations qui composent la péninsule nommée Europe, au bout d'un vaste continent eurasien qui sort de la glaciation totalitaire.

Ce germe, c'est le *concept de droit.*

«Un concept qui repose sur des fondements spirituels», c'est ainsi que le philosophe tchèque Jan Patocka définit l'Europe. Et un philosophe contemporain, Alexis Philonenko, dans l'*archipel de la conscience européenne,* convaincu que seul l'approfondissement par les Européens de la cohésion spirituelle qui les unit fera de l'Europe autre chose qu'une communauté plus ou moins précaire d'intérêts, a recherché les éléments d'un patrimoine commun, et conclut que l'Europe est, primordialement, *le continent de la métaphysique.*

A parcourir de Platon à Kant ou à Rousseau, de Fichte à Hegel, de Machiavel à Chestov, de Descartes à Bergson, les grandes étapes de la pensée philosophique, on parcourt aussi les allées sur lesquelles s'est développé le destin de la conscience européenne.

Depuis Platon, la métaphysique constitue en quelque sorte la ligne rouge qui enserre l'Europe. «Ce qu'il y a de fondamental dans la pensée métaphysique, c'est en fait la confiance en la pensée que l'on croit capable de délivrer l'homme de ses angoisses et de ses tourments. L'idée du primat de la pensée est en soi la détermination essentielle de la métaphysique : comme telle elle est aussi le principe d'une définition de l'Europe. Si l'on admet ce principe, l'Europe apparaît sur la carte du monde comme un *espace de pensée* renfermant des représentations, des concepts, des problèmes. Cet espace de pensée est la conscience européenne.»

La conscience européenne a trouvé une de ses incarnations significatives dans le droit. Le concept de droit c'est la figure de pensée que se donne la raison pour tenter de concevoir le droit commun inconditionné.

Le droit en effet se pose lui-même, il s'auto-affirme.

Sans avoir pourtant en lui-même sa propre justification et n'étant pas lui-même sa propre fin qu'il a pour charge d'énoncer et de mettre en oeuvre. Le droit a pour raison et pour fonction d'encercler l'espace où habite et vit et pense l'homme, de donner à chacun son dû – *jus suum* (Ulpien) et de résoudre les conflits dans le souci d'une *proportion juste* (Thomas d'Aquin). La justice est l'essence du droit. *Jus est justicia.*

C'est à la fin de cette décennie marquée par le retour du droit, sa redécouverte par les philosophes et les politiques, que l'autre Europe sortant de la nuit surveillée redécouvre, à la suite de Vladimir Boukowski et de Vaklav Havel, l'inestimable valeur du droit, comme médiation du spirituel dans le temporel social.

Le droit est le moment où l'homme invente l'humanité. Rompant avec l'ordre qu'il subissait jusque-là, il se donne la liberté en s'imposant la contrainte. Le goulag de Soljenitsyne, l'Archipel du non droit, prouve le droit. Ce que l'*Archipel du Goulag* démontre de façon paradigmatique, c'est que l'absence totale et ordonnée de toutes les libertés formelles, conduit à l'éradication de toutes les valeurs d'humanité.

Quand entre le pouvoir du gardien et le détenu, il n'y a *rien,* qu'il n'existe aucun droit, tout est possible.

Sans droit, pas de droits. Sans droit, rien n'est hors la loi. Lorsque le pouvoir s'empare de la loi, il n'y a plus de loi, c'est-à-dire d'universelle symbolique autorisant par ses limites la libération de la société civile.

Le droit balisant l'espace des libres relations entre les hommes par les grands interdits fondateurs est propédeutique de la reconnaissance de l'impératif d'autrui : l'*autre, c'est celui qui a des droits.*

Cet Etat de Droit, c'est Aristote, dont l'*Ethique à Nicomaque* est l'un des livres qui ont le plus contribué à façonner la conscience morale et politique de l'Europe, qui en a systématisé la notion. Il faut, dit-il dans la *Politique* «que les lois gouvernent, plus que les citoyens». Les Juges sont «les gardiens et les serviteurs de la loi»; et il condamne «le type de gouvernement où c'est le peuple qui gouverne, et non la loi» et où «tout est déterminé par le vote de la majorité et non par la loi».

Cicéron, pour désigner cette *lex superior* qui gouverne la législation, la nommait aussi : *leges legum.* La traduction par *Rule of Law* se trouve selon Hayeck en 1560 dans une version anglaise de Tite Live pour traduire *imperia legum potentiora quam ominum.*

L'expression se retrouve en 1610 dans la pétition des griefs du Parlement au Roi d'Angleterre; de tous les droits des sujets britanniques «il n'y a aucun qui soit plus cher et plus précieux que celui d'être guidés et gouvernés par les règles certaines du Droit (by the certain rule of law) qui donne à la tête et aux membres ce qui de droit leur revient, et non par quelques formes incertaines et arbitraires de gouvernement.»

Lorsque le flambeau de la *Rule of Law* passa aux Etats-Unis, les constitutionnalistes américains apportèrent à cet idéal une contribution décisive avec le contrôle judiciaire des lois au regard du droit, avec la Cour Suprême.

En 1803, le Chief Justice Marshall : «Le gouvernement des Etats-Unis a été solennellement appelé un gouvernement des lois, non d'hommes. Il cessera certainement de mériter cette haute appellation si la loi ne procure pas des remèdes contre la violation d'un droit légal établi... Il faut affirmer solennellement qu'il est du ressort et du devoir de l'Institution Judiciaire de "dire le droit" *(Say what the law is).*»

C'est-à-dire de préférer en cas de conflit aux lois particulières les lois générales obligeant de façon égale, dans les mêmes circonstances, n'importe quel membre de la communauté.

L'esprit du droit l'emporte sur la lettre de la loi.

C'est bien là l'intention des Constituants américains. Citons l'article I de la Déclaration des Droits de l'Etat de Virginie en 1776 :

> *«Tous les hommes sont nés également libres et indépendants; ils ont des droits certains, essentiels et naturels dont ils ne peuvent par aucun contrat priver ni dépouiller leur postérité.»*

Sur le continent, la déclaration française du 26 août 1789, texte inaugural mais qui n'est pas une fracture, inscrit à son tour la reconnaissance de la transcendance de certains principes que l'on dit naturels, non qu'ils soient dans la nature, mais parce qu'ils constituent la nature du droit, son idée de raison. Et parce que le droit naturel est velléité sans les droits qui l'inscrivent sur la table durable des textes écrits, les lois des hommes doivent se décliner à partir des droits de l'homme.

Dans l'expression "droits de l'homme", le plus important est la préposition "de". Elle indique un rapport d'appartenance et renvoie à une normalité de fonctionnement.

Si l'on ne pose pas la valeur absolue et éminente qui appartient à chacun en tant qu'il est homme, capable de raison et d'expérience réfléchie, capable d'autonomie et de responsabilités, irréductible à tous les conditionnements, en excès sur le réseau des servitudes qui l'entourent, avoir à être ce qu'il n'est pas déjà; sans la reconnaissance de sa dignité de nature comme l'en glorifient saint Bernard et Kant, don de naissance au-delà de tout mérite et démérite, les droits seraient selon Spinoza «des conséquences sans prémices» et partant «flottants et incertains».

1776-1789 : les deux déclarations, américaine et française, en posant l'homme et non la société au fondement de ce que je nommerais le *Droit Public relationnel,* et le «Droit naturel dont ils doivent jouir en qualité d'homme», pour citer Rousseau, ont ouvert un rapport nouveau de l'individu de la société, dont la tension est éternelle et inévitable :*une désintrication du droit et du pouvoir*.

Le droit est en effet le foyer où la politique puise de la justification de son propre droit. Mais il a fallu en France attendre 1974 pour que cette antériorité du droit sur la loi soit reconnue et qu'il soit mis fin, avec la saisine du Conseil Constitutionnel, à l'absolutisme jacobin de la loi majoritaire.

L'article 6 de la Déclaration : «La loi est l'expression de la volonté générale» avait transféré l'hommage ainsi rendu par les premiers articles de la Déclaration aux droits naturels, en alibi de légitimité.

La Déclaration, tout en proclamant la nécessité de placer les droits qu'elle qualifie de naturels hors d'atteinte des pouvoirs institués, inaugurait la souveraineté absolue du législateur qui faisait obstacle à tout contrôle de constitutionnalité.

«Hors de la loi, pas de droits», proclamait Saint-Just.

Sous le positivisme formel qui fait de la sanction étatique l'essence de l'Ordre juridique :

– la loi, c'est la loi;

– l'équation Droit = Loi allait permettre le développement des lois terroristes, le meurtre légal du Roi, le génocide franco-français de la Vendée, et la raison d'Etat, masques de la violation de l'Etat de Droit. Et les Juges ne seront plus que «la bouche de la loi».

Aussi est-ce un grand événement que d'entendre cette voix retirer son bâillon et dire son indignation en présence d'une loi d'oubli qui, effectivement, pourrait conduire à l'oubli du droit.

Si partis des mêmes conceptions du droit naturel, les Constitutionnels américains et les Constituants français avaient abouti à des institutions opposées; en France, à la démocratie oppressive alternant avec le principat publicitaire, à l'instabilité constitutionnelle, au refus du contrôle de la loi et à la subordination du pouvoir judiciaire, Valéry Giscard d'Estaing a osé, avec *la réforme de 1974, l'abolition de l'absolutisme de la loi.*

La France, à l'exemple des autres nations européennes, l'Allemagne, l'Italie, l'Autriche, l'Espagne, le Portugal, la Turquie... dispose désormais d'un référentiel incontournable, règle des règles, esprit des lois, le bloc de constitutionnalité, et d'une procédure juridictionnelle pour censurer les lois liberticides : le Conseil constitutionnel. Dans la discrétion feutrée du Palais Montpensier, les Juges exercent le *droit de veto* de Louis XVI et font respecter les lois fondamentales de la *monarchie du droit.*

C'est une démocratie plus mûre qui émerge de cette révolution juridique. La tradition française de surdétermination du politique au détriment du droit s'estompe. Mais pour traduire *Rule of Law,* la règle du droit, nous n'avons trouvé que l'expression révélatrice d'*Etat de Droit.*

Les droits fondamentaux protégés par le Conseil Constitutionnel français sont ceux que protègent les autres Cours Constitutionnelles européennes : la liberté d'association, la liberté d'enseignement, les droits de la défense, l'indépendance du pouvoir judiciaire, la continuité du service public, la liberté de conscience, la liberté individuelle , la liberté d'aller et de venir, l'interdiction de toute détention arbitraire, la non-rétroactivité des lois pénales, le droit de propriété, l'égalité devant la loi, sans distinction d'origine, de race ou de religion, le droit de grève et le droit d'asile. Mais le système français est généralement considéré comme inférieur à celui des autres Cours Constitutionnelles européennes.

Il n'est ouvert qu'à des autorités politiques et non aux citoyens; les délais de saisine sont trop brefs; on ne peut bien apprécier l'inconstitutionnalité d'une loi qu'*a posteriori,* lorsqu'elle a été mise en application. Mais la justice constitutionnelle en France et ailleurs, se développe comme un contre-poids à la croissance du législatif et de l'exécutif.

Un législatif *fort,* un exécutif *fort* ne se conçoivent qu'en présence d'un judiciaire *fort* également. Cette balance des pouvoirs est le vrai secret du succès incontestable de la Constitution américaine.

Ainsi, à la vieille idée, qui domine tout le XIXe siècle, de la protection de la liberté *par la loi,* tend à se substituer l'idée expérimentale de la nécessité de la protection des libertés *contre la loi.*

C'est une révolution, il faut en avoir conscience, c'est-à-dire un retour au point de départ.

Faites un droit et faites un Juge, et l'unité vous sera donnée par surcroît.

*
* *

C'est ainsi que commence l'Europe.

L'Europe des Juges est la seule qui effectivement et profondément mord sur le réel, ouvre le grand marché, libère les économies nationales de leurs entraves, édifie un droit commun des libertés fondamentales et des droits de l'homme dans un pluralisme ordonné qui ne prétend pas au dépérissement des droits des nations, un droit naturel au *contenu variable.*

C'est à quoi rêvait Saleilles en 1902 :

«Le droit comparé, par le rapprochement des jurisprudences sur le terrain d'un droit naturel transformé et réduit en formules concrètes d'application juridique, tendra à devenir, dans ses grandes lignes, le droit commun de l'humanité civilisée.»

Ce droit commun n'exclut pas pour autant dans chaque pays «l'indépendance absolue de sa vitalité propre, et l'adaptation distincte et variable des applications concrètes dans chaque jurisprudence particulière».

Saleilles imaginait comme un rêve «un droit naturel à contenu variable, source d'orientation pour les droits nationaux».

C'est ce rêve que nous voyons se développer à Luxembourg et à Strasbourg.

Mais en même temps, à Bruxelles, l'inflation réglementaire communautaire développe une légalité intra-étatique qui contredit le principe communautaire qui en est aussi sa fin : *la liberté économique.*

Un collège de fonctionnaires sans responsabilité politique, dont l'habilitation émane des Etats membres et non des citoyens européens, axiomatise l'espace européen de dispositions, réglementations, directives pour "harmoniser" les législations européennes au lieu d'assurer par des règles générales abstraites, veritables proverbes, l'expérience multi-séculaire des juristes. Il secrète aussi par des compromis inter-étatiques une réglementation super-étatique qui s'ajoute aux législations étatiques nationales. Cette stratification de directives impératives n'a rien à voir avec la fonction du droit qui est de définir des règles générales de comportement éprouvées par le temps et l'expérience. L'équivalent juridique en quelque sorte de l'économie de marché.

L'histoire du Droit privé, de l'an 1000 quand l'Europe existait, à Napoléon qui devait la faire éclater en nations rivales, confirme l'apport décisif d'Hayek :

«Le droit est plus ancien que la législation.»

Le Code Civil ne doit sa longue fortune qu'à sa fidélité à l'ancien Droit produit par l'Histoire pendant dix siècles, et qui se caractérise en ce qu'il n'y a en lui rien de factice. Le droit mouvant et multipolaire se développant lentement selon les conditions et les situations avec pour fin la justice. L'oeuvre d'unification de la doctrine, des grandes ordonnances et des arrêts du Parlement n'a jamais prétendu innover, mais corriger dans le sens de la Justice. Ce sont les principes communs que l'on peut lire, et *lex* vient de *legere,* lire à haute voix, dire le droit qui préexiste, qui forment à la veille de la Révolution ce qu'on nomma « le vrai droit naturel français». Il n'est pas différent du droit des autres nations issu comme le nôtre du même fond romano-canonique.

Comme l'écrit Portalis dans *le discours préliminaire* au Code de 1804 :

«On ne fait pas à proprement parler les Codes, ils se forment avec le temps.»

Le Code Napoléon doit son prestige conquérant à ce qu'il universalise dans une langue superbe de clarté les précédents qui l'ont créé; c'est le droit qui fait le droit; le droit sort du droit; légiférer c'est faire sortir le présent du passé tout en ajustant et en perfectionnant ses acquis selon la logique du raisonnable.

Mais ce n'est pas ce que nous propose l'inflation du droit communautaire par opposition aux virtualités empiriques et organisatrices des quelques articles du Traité de Rome et de la Déclaration Européenne des Droits et Libertés Fondamentales.

Montesquieu dénonçait déjà l'intempérance législative qui affaiblit les lois nécessaires par les lois inutiles. «C'est une très mauvaise politique que de changer par des lois ce qui doit être changé par "des manières"; qu'on nous laisse tels que nous sommes.»

La prolifération des lois et leur incertitude usent leur autorité. L'exagération de la légifération de l'espace social conduit à la dévaluation du droit, et à son déclin. La loi surabondante s'émiette et s'oublie. Et cette multiplication de textes qui veulent tout prévoir, tout réformer et qui s'essouffle, alimente *le mépris du droit.*

Qui enseignera aux législateurs de Paris et de Bruxelles *la vertu du silence législatif?* Qui proclamera devant ce sinistre un *moratoire des lois?*

Voyez notre Code de l'Urbanisme ou la réglementation politique agricole commune!

Comme les assèchements des sources du droit sont plus rares que ses adductions, le droit législatif ne cesse de s'augmenter.

Voyez le Journal Officiel des Communautés!

Et la doctrine pour suivre la législation qui prolifère sans continence ni contraception, doit adopter l'édition à feuilles mobiles.

Les Codes deviennent des périodiques.

Le Doyen Savatier avait diagnostiqué le mal : *l'indigestion du corps social.*

Une digestion normale pour le corps social suppose des lois assimilables pour les hommes qui le composent. D'où les effets secondaires que sont la fuite devant la justice, les circuits de dérivation, l'accoutumance aux tolérances, l'ineffectivité des textes et des jugements.

Le seuil est en effet atteint lorsque l'effectivité des lois décroît dans le sens exactement inverse de leur multiplication.

Rien de ce qui peut être fait librement ne doit être imposé par la contrainte réglementaire. Celle-ci doit être minimum et systémique. Systémique, car c'est à la société civile de susciter ses modèles et ses modes de fonctionnement. Celui qui dans *Ici et Maintenant* écrivait :

> *«Je crois, comme Lénine, que tout changement fondamental passe par la conquête du pouvoir d'Etat»*

a pour légitime disciple Jacques Delors, avec qui il partage la même idéologie du *protectorat social* qui inspire le *Droit Spectacle.* Cette surproduction et cette fragmentation mettent en effet en cause l'effectivité de l'Etat de Justice et un risque de décomposition de l'Etat de Droit.

C'est bien d'inflation législative qu'il s'agit lorsque la multiplication des signes législatifs s'effectue sans référence aux valeurs représentées.

Nous voyons arriver le temps des assignats juridiques.

Suivons plutôt le conseil de Luther à Philippe de Hesse : «Faire court et bon, peu et bien, aller doucement et sans cesse en avant.»

Aller de l'avant, c'est donner tout son «effet utile» à ce forum qu'est la Cour européenne des Droits de l'Homme et à cette agora qu'est la Cour de Justice des Communautés.

Le droit communautaire de la *petite Europe,* qui, depuis l'arrêt du 17 décembre 1970, intègre le respect des droits fondamentaux dans les principes généraux du droit dont la Cour de Justice assure le respect et les droits fondamentaux de la *grande Europe,* qui ont le même mouvement en faveur du contrôle judiciaire des droits étatiques, doivent ensemble concourir par leurs Cours à *l'élaboration juridictionnelle d'un droit constitutionnel européen.*

La règle de la majorité est une bonne méthode de *décision,* mais elle ne peut être une source pour déterminer le *contenu* même de la décision. Ce qui légitime la loi, c'est son contenu : la loi doit être juste. Le droit et le sens de la justice, qui dans la Bible sont inséparables sous le nom de *droiture,* préexistent au pouvoir politique.

Ils sont le fruit d'une longue évolution historique pour laquelle les frontières étatiques sont poreuses et elles permettent ce fragile miracle qu'est une coopération humaine efficiente et pacifique.

La paix, c'est la tranquillité de l'ordre juridique.

Un exemple et un modèle nous est donné par l'arrêt Nold du 14 mai 1964 de la Cour de Justice des Communautés. Tout en réaffirmant la supériorité du droit communautaire sur les droits nationaux, la Cour s'estime tenue de respecter elle-même une norme supérieure qui ne s'identifie à la constitution d'aucun Etat ni à la lettre d'aucun Traité, une sorte de droit européen constitutionnel, un livre non écrit des «principes généraux», et des «traditions communes» des nations européennes constituant leur loi suprême *transnationale.*

Ce que je nommerais la *part invisible du droit* qui joue comme une force d'attraction sur le destin du droit vers un ordre supérieur qui ne cesse de l'appeler.

«Attendu que, ainsi que la Cour l'a déjà affirmé, les droits fondamentaux font partie intégrante des principes généraux du Droit, elle assure le respect;

«Qu'en assurant la sauvegarde de ces droits, la Cour est tenue de s'inspirer des traditions constitutionnelles communes aux Etats membres et ne saurait, dès lors, admettre de mesures incompatibles avec les droits fondamentaux reconnus et garantis par les Constitutions de ces Etats;

«Que les instruments internationaux concernant la protection des droits de l'homme auxquels les Etats membres ont coopéré ou adhéré peuvent également fournir des indications dont il convient de tenir compte dans le cadre du droit communautaire;

«Que c'est à la lumière de ces principes que doivent être appréciés les griefs soulevés par la requérante.»

*
* *

Il n'y a pas d'alternative à l'entreprise téméraire des douze petits hommes qui composent la Cour de Justice, inconnus des cinq cents millions d'Européens, dépourvus de charisme, de pouvoir politique et de légitimité populaire, et dont la fonction n'est pas de *créer* le droit commun mais de le *révéler*.

Ce sont des juges, tiers indépendants et désintéressés (Kojeve), les fonctionnaires les plus universels du genre humain, héritiers des prêteurs romains et des juges canoniques, qui forgent à partir de conflits concrets et d'arbitrages singuliers le droit commun de l'Europe.

Ils n'ont pas attendu que la force publique européenne existe pour juger.

L'effet thémis de leurs arrêts n'est pas dans la formule exécutoire. Leurs arrêts sont exécutés sans usage de la contrainte étatique. Ce droit que les juges reconnaissent et déclarent est sans doute le plus fort commun dénominateur de l'Europe.

Cet événement est comme un enjambement sur les siècles dont le dessein prémonitoire est dans l'encyclique *Mit brennender Sorge,* dans laquelle Pie XI invoque le droit naturel de Cicéron avec la loi d'amour du Christ pour condamner le national-socialisme.

Le *consensus juris* de Cicéron nous enseigne qu'il y a du normatif avant qu'il y ait des normes, une exigence de droit avant qu'il y ait des règles de droit, un besoin de justice avant qu'il y ait des jugements. Ce qui nous conduit à *une idée du droit* préjudicielle à la constitution qui l'inscrit dans la vie des peuples, au-dehors, en avant des droits positifs.

L'Europe qui a inventé les deux notions corollaires de *tradition* et de *révolution* doit développer les virtualités de ce mot nouveau : *commun.* Le droit commun. Ce qui illustre cette thèse entendue un jour au Collège de l'Europe à Bruges, c'est cette formule, qui condense l'esprit même du livre de Jean-Yves Chevallier :

«Tout ce qui est arrivé aux Européens de vraiment important leur fut toujours commun.»

Jean-Marc VARAUT

AVANT-PROPOS

Les textes réunis dans cet ouvrage et qui ont fait, pour la plupart, l'objet de publications diverses ont été écrits entre 1954 et 1990, c'est-à-dire au cours de la deuxième Après-Guerre du XXe siècle, celle qui a commencé le 7 mai 1945 et qui ne demanderait qu'à être terminée, mais ne l'est pas encore tout à fait.

La première partie de ces textes, *Justice pour la paix,* est constituée par une suite de méditations sur le thème de la paix et de la justice dans le monde actuel. *Justice pour la paix!* Tel était, osons le dire, le *message* qu'ils étaient censés apporter. A tout le moins, ils n'étaient qu'une simple contribution au dynamisme de la paix dont l'Europe libre ne pouvait, semble-t-il, se passer surtout en la période d'une «coexistence» aussi ambiguë et conflictuelle que «pacifique», mais pacifique en raison surtout de «l'équilibre de la terreur» déterminé par la stratégie de l'arme nucléaire de part et d'autre du rideau de fer en Europe.

La coexistence pacifique dont un journaliste-historien comme André Fontaine a estimé qu'elle avait duré de 1962 (au lendemain de la crise des missiles soviétiques à Cuba) à 1982 (mort de Brejnev) a été cette période – coïncidant, du reste, avec celle de la décolonisation, en Afrique notamment – au cours de laquelle l'Union Soviétique, arrêtée depuis plusieurs années déjà dans ses conquêtes militaires et révolutionnaires en Europe, contrée dans la mer des Caraïbes par le Président des Etats-Unis, John Kennedy, se tournait vers les pays où tout nouveau pouvoir paraissait bon à prendre, spécialement en Afrique. Dans «le temps du monde fini» où les peuples de la terre étaient entrés avec le XXe siècle, il s'agissait d'occuper le plus grand nombre de places pour une nouvelle «conquête méthodique» et pareillement sans scrupule : celle du communisme marxiste-léniniste dont les doctrines étaient simultanément répandues, distribuées et enseignées dans les pays du «tiers monde» (encore un terme qui prêtait à erreur!) et souvent par les Occidentaux eux-mêmes.

Sans doute y avait-il le Droit et l'existence d'institutions internationales multipliées depuis 1944 pour amener la coexistence «pacifique» à montrer un peu ce qu'elle était. Elle, dont le Père jésuite André Gomane, qui l'avait vue à l'oeuvre dans les pays d'Extrême-Orient, demandait : «Comment se fait-il que le mot "coexistence" soit proféré avec un accent de victoire dans le monde communiste et de défaite dans le monde occidental? Si l'on se réfère au seul Sud-Est asiatique, une solution neutraliste permettant la coexistence des partis au Laos signifie qu'on a fait un pas de plus vers la victoire du Pathet-Lao; le projet de neutralisation du Vietnam admettant la coexistence avec le Vietminh veut dire qu'on est incapable de remporter une victoire décisive contre lui. Alors que dans le monde occidental on se résout à la coexistence comme un moyen plus efficace que les armes pour réduire l'adversaire : au total, trêve d'un côté, combat de l'autre»... (cf. *Etudes*, septembre 1965, p. 239).

Il y avait certes le droit, les organisations internationales et l'ONU. Mais le droit en ces circonstances c'était principalement celui de la démocratie réduite à la seule volonté majoritaire. Ce n'était pas le droit de la paix. Les «grandes démocraties», à commencer par la plus grande d'entre elles, s'étaient fait piéger stratégiquement en 1945 et durant toute cette longue période de l'après-guerre, leur action diplomatique s'en est trouvée passablement diminuée. L'URSS pouvait pousser ses pions dans tous les continents – alors qu'elle se dotait d'une marine de guerre approchant celle des Etats-Unis – suivant une action et une progression qui ont été observées par certains publicistes attentifs à cette stratégie (cf. H. Carrère d'Encausse, *Ni paix ni guerre,* coll. Champs, Flammarion) sans parler des rapports magistraux de l'Institut d'Etudes Stratégiques de Londres. Mais comment l'information était-elle reprise et exploitée pour l'opinion publique dans les «médias» d'Europe et de France en particulier? Question vraiment impertinente, puisque la «coexistence pacifique» passait aussi par les moyens d'information.

Dans *la deuxième partie : Pour un traité de paix* qui complétait la première de façon pour ainsi dire *expérimentale,* était exposée et proposée *l'idée d'un traité de paix avec l'Allemagne dont le principal mérite, nous semblait-il, pouvait être de changer quelque chose – en mieux – dans la situation de la partie de l'Europe dominée par la Russie Soviétique* et de mettre fin dans l'avenir à ce régime de la «paix armée» que Jacques Bainville, lors de la Première Après-Guerre qualifiait justement de «barbare» (cf. *Les conséquences politiques de la paix,* Paris, 1920). Il nous semblait alors, en 1966, que nous, Français et Européens, nous Occidentaux, nous n'avions pas assez conscience de nos droits et de nos devoirs en cette affaire. C'est pour amener à une telle réflexion que nous avions envisagé de publier ces textes, mais c'était surtout pour communiquer l'espérance que nous avions de voir le communisme mis en échec sans catastrophe universelle en un point où il était par nature vulnérable : *la paix et surtout le droit à la paix* – parce que ni la paix ni le droit ne sont dans sa nature. Nous pensions et nous pensons toujours, même si les choses ont changé et beaucoup changé en Europe, qu'il y avait et qu'il y a une justice pour la paix.

Et qu'il était bon – et qu'il l'est encore – de la demander.

Dans *la troisième partie : l'Europe et le problème allemand* écrite également en 1966, nous rappelons que l'Europe ne pouvait se faire sans solution et sans résolution du problème allemand. La solution dépendait de l'intelligence et de la bonne volonté des Etats concernés par ce problème. La résolution aura dépendu de la volonté des peuples concernés – beaucoup plus tard.

Avec la Conférence d'Helsinki (CSCE), aboutissant en 1975, après vingt années de préparation de la part de la diplomatie soviétique aux fins d'abord de «sécurité», puis de «coopération» en Europe, s'ouvrait une période où les droits de l'homme reconnus sans trop de mal sur le papier (et l'on sait si les Accords d'Helsinki en comportent!) allaient devenir l'enjeu et l'argument des dissidents russes et européens de l'Est ainsi que de ceux qui les soutenaient à l'Ouest. L'élection d'un pape polonais et l'appui donné à la résistance de *Solidarnosc* en Pologne ont fortifié et accéléré un mouvement de libération qui a abouti en 1989, après des élections libres, à l'instauration d'un régime démocratique dans ce pays, même si dans le gouvernement de M. Tadeusz Mazowiecki des communistes occupent les ministères importants, même si le Président de la République est encore le général de «l'état de guerre» dans son propre pays, même si ce pays est toujours occupé par les troupes soviétiques, il est vrai dans le cadre du Pacte de Varsovie.

Dès lors il fallait dire et redire qu'il y avait bien une autre Europe, sans laquelle l'Europe libre de la CEE et de l'AELE (Association Européenne de Libre Echange) ne pourrait jamais prétendre représenter l'Europe tout entière. Pour qui étudie avec précision et de manière exhaustive, comme l'a fait en plusieurs excellents ouvrages Jean Chelini, la «prédication» de Jean-Paul II, élu pape le 16 octobre 1978, il est manifeste que pour le Saint-Père l'union européenne doit comporter la réunion des deux Europe, celle de l'Orient et celle de l'Occident, celle de saint Benoît et celle des saints Cyrille et Méthode évangélisateurs des Slaves, celle de Rome et celle de Byzance. «Distinguer pour unir», selon l'adage bien connu de Jacques Maritain.

Mais pour distinguer il faut connaître, et la plupart du temps pour connaître il faut apprendre. Une *«éducation européenne» (quatrième partie)* nous semblait le moyen d'aller vers la réunion des nations et des peuples de l'Europe en «tenant les deux bouts de la chaîne». D'un côté celle qui liait entre eux les pays libres de la Communauté Economique Européenne, de l'autre côté l'incomparable et spontanée «chaîne humaine» qui liait entre eux dans l'opposition au communisme soviétique les hommes et les peuples de l'Autre Europe.

L'éducation européenne repose sur trois fondements qui sont : un certain nationalisme, le fédéralisme bien compris, l'autorité spirituelle du christianisme.

Un certain nationalisme : celui des nations qui se sont constituées en Europe pour la plupart depuis environ mille ans et qui sont représentées par des Etats souverains. *Le nationalisme,* qui a de grandes responsabilités dans les «guerre d'enfer», les malheurs et les calamités subies par l'Europe dans les temps modernes et le siècle présent, *a été et doit toujours être revu et corrigé par l'Histoire.* Il ne peut plus être désormais que *modéré* dans son expression et, puisque c'est aujourd'hui la norme politique communément admise, *démocratiquement libéral* dans ses institutions.

Le fédéralisme bien compris : celui qui n'étant pas unitaire à tout prix résulte d'un pacte fédéral librement consenti entre Etats souverains comme entre les Etats et les peuples (nationalités).

La primauté du spirituel dans la culture en général et dans le droit en particulier. Elle est requise pour maintenir – en l'épurant de toutes les formes de violence que sont le terrorisme, le nihilisme, le matérialisme athée, le paganisme agressif, etc. – *une civilisation européenne* qui ne sera plus identifiée à la religion chrétienne mais qui s'y référera en premier lieu, ne serait-ce que pour rendre possible l'oecuménisme, âge nouveau de l'histoire universelle.

Pour être authentique une éducation européenne doit former les consciences à ce qui constitue le véritable bien commun de l'Europe : une paix *réelle* permettant le développement de sa culture et le rayonnement sinon l'extension d'une civilisation qui sera elle aussi utilement revue et corrigée comme l'exige la primauté du spirituel qu'elle reconnaîtra. Mais pour que la paix soit réelle, autrement dit pour qu'il n'y ait pas de guerre entre les nations et les peuples d'Europe, ne serait-il pas nécessaire d'instaurer une véritable citoyenneté européenne qui fait que la guerre ne sera plus concevable comme recours du droit ou moyen de la politique? (A vrai dire, elle n'était déjà plus «crédible» de ce point de vue, dès 1914...). Cette citoyenneté qui est encore un projet – valable – des Européens les plus zélés devra, selon nous, être comprise dans un accord d'ensemble des personnes et des peuples nombreux et différents de l'Europe *sur leur histoire commune* ou encore sur ce qu'il y a de commun et de différent dans leur histoire et qui rend possible en définitive leur unité de civilisation. La citoyenneté peut bien être la marque d'une civilisation *commune.*

Si un droit de la paix semble indispensable en Europe, comme nous le disons tout au long de ce livre, il ne pourra qu'être conforté « voire confirmé » par une *Histoire de l'Europe* acceptée par les citoyens de toutes et de chacune des nations de l'Europe. Je ne vais pas cesser d'être citoyen français parce que je deviendrai citoyen européen.

Mais pour une telle histoire, jusqu'où remonter dans le passé?

Romain Gary – qui fut l'inventeur de ce terme «éducation européenne» en le donnant pour titre à un roman dont le sujet est la lutte des partisans polonais contre la Wehrmacht au cours de la Deuxième Guerre mondiale – ne prétendait, certes pas, faire oeuvre d'historien ni donner une date certaine à cette tâche cependant «historique» qui commande l'avenir de l'Europe. De fait, on peut très bien admettre qu'avec la Deuxième Guerre mondiale ait été accompli d'une certaine manière un «progrès de la conscience» européenne faisant naître un sentiment de solidarité chez les Européens hostiles à la tyrannie des idéologies hitlériennes ou communistes qui se disputaient l'hégémonie sur notre continent. L'éducation européenne dans le roman de Gary se fait en raison des circonstances et par nécessité contre le nazisme. Mais, combat pour la liberté et le droit, elle sera poursuivie au cours des quarante-cinq années suivantes contre le communisme soviétique.

1939-1945. Nous n'avons pas besoin d'autre point de départ dans cet ouvrage où il est question de la paix en Europe sans droit de la paix. Mais dans un autre travail on pourrait, en suivant de plus près l'histoire de l'Europe au deuxième Millénaire après Jésus-Christ, prendre comme indication de durée l'aveu de la Phèdre de Racine :

Mon mal vient de plus loin...

Aujourd'hui dans ces jours du printemps de 1990, nous comprenons que l'éducation européenne ne cesse de se faire dans l'attention à la «nécessité et aux événements» qui, selon Pascal, sont pour nous «infailliblement» comme «des maîtres que Dieu nous donnerait de sa main ».

Rappelons-nous, par exemple, l'année dernière à pareille époque... Il y avait dans l'Europe des Douze les élections au suffrage universel des députés au Parlement européen. Si l'on se rapporte aux discours et proclamations, aux programmes des candidats, on ne pourra que s'étonner aujourd'hui de leur absence de vues sur l'avenir de l'Europe tout entière, alors que «l'Autre Europe» était en train de se libérer, comme s'il allait de soi que l'Europe des Douze exerçât sur l'autre un effet magnétique, une attraction telle qu'il ne pouvait y en avoir d'autre. La réunification de l'Allemagne, avec ce qu'elle implique en ce qui concerne les frontières et les alliances militaires, n'a pas tardé à montrer que la réalité européenne était plus complexe qu'on ne voulait bien le dire et le savoir.

A l'époque de la campagne électorale européenne, cependant que de l'autre côté du rideau de fer, principalement en Allemagne orientale, les populations votaient, elles, «avec leurs pieds», nous jugions utile de poser la question : *Pourquoi l'Europe? (Cinquième partie),* alors que depuis longtemps la préoccupation dominante semblait plutôt être chez les Douze : *Comment l'Europe?*

Pourquoi l'Europe? est une question qui, à notre sens, appelle une réponse sans restriction et que voici : *pour la paix.*

Certes, la paix et l'unité (laissons de côté la sémantique unité, union et unification) sont inséparables, du moins dans une perspective eschatologique. Mais c'est bien dans une telle perspective, celle du salut des nations qui commande une nécessaire philosophie de l'histoire, que doit être envisagée la paix et l'unité de l'Europe. Unité de civilisation, unité culturelle déjà réalisée pour l'essentiel par le christianisme et l'humanisme (même si celui-ci reste ambigu, il est manifestement européen), l'Europe n'est pas une parce qu'elle n'a pas encore trouvé la paix, c'est-à-dire instauré un «ordre de paix» (Helmut Kohl) garant obligatoire et pour ainsi dire définitif de cette unité.

Nous ne disons pas que cet ordre de paix dépende uniquement ou d'abord d'un traité de paix consécutif à la guerre 39-45 qui n'a jamais été signé pour la simple raison que les Alliés de la guerre (totale) contre l'Allemagne ne pouvaient s'entendre sur quelque chose d'aussi positif que la paix et un ordre de paix. En 1945 et dans les années suivantes, l'URSS ne cherchait pas la paix. Elle voulait conquérir l'Europe par la révolution – et au besoin, comme elle le tentait en Corée, par les moyens alternés de la guerre et de la révolution. Staline, qui mourut le 7 mars 1953, ne cherchait pas à établir la paix en Europe et ne facilitait pas les négociations à cette fin. Il aurait bien voulu que l'Allemagne passât de son côté, mais la politique enfin lucide des Américains, celle d'Adenauer et l'ancrage à l'Occident de la République Fédérale allemande ne lui ont pas laissé ce bonheur. Lorsqu'à partir de 1954 la diplomatie soviétique avec l'immuable Molotov a de nouveau *parlé* de la possibilité d'un traité de paix, le but recherché était autant la sécurité en Europe mise en cause pour les Russes par le réarmement de l'Allemagne et son entrée dans le Pacte atlantique que la domination militaire de l'URSS sur le continent. Nous nous demandions à l'époque pourquoi les Occidentaux résolument décidés à se défendre contre le communisme tant militaire que révolutionnaire n'envisageaient pas ce moyen de droit, donc en principe de justice, que constituait un traité de paix, à partir du moment où il devenait possible d'en parler, de l'étudier, d'en prévoir à terme la réalisation. Faire connaître la conception que l'on aurait d'une paix réelle ce n'était pas forcément, pour nous, se référer à une mystique de la paix, c'était aussi s'en rapporter au Droit garant de la justice et de la liberté. Si nous sommes de ceux qui croient aux moyens du droit parce qu'ils croient d'abord à la paix, nous n'ignorons pas et nous nous réjouissons qu'il y ait d'autres hommes qui croient à la recherche de la paix parce qu'ils croient d'abord au droit. C'est à eux en premier lieu que nous demandons pourquoi dans l'Europe de 1990 en évolution et révolution, voire en contre-révolution, les hommes politiques, les diplomates, les journalistes et autres «intellectuels» continuent à jouer à cache-cache avec le concept même d'un traité de paix, alors qu'il pourrait être une pièce juridique importante, sinon irremplaçable, de la construction européenne.

Aujourd'hui le traité de paix en Europe aurait à prendre date en même temps de la fin de la guerre 1939-1945 que de la fin du conflit entre le monde libre et le monde communiste qui a divisé l'Europe de 1945 à 1989. Devant les difficultés qu'ont les Américains, les Russes et les Allemands à s'accorder sur le statut militaire d'une Allemagne réunifiée, on peut avancer que même avec un traité de paix les frontières à l'Est de l'Europe *pourraient* être remises en question. Mais sans traité de paix, elles le seront sûrement.

Il faut savoir finir les guerres. Il est donc temps que l'Europe se dise à elle-même et dise au monde qu'elle est bien désormais relevée de la maladie des guerres totales et qu'elle entre à présent, avec toute sa science et toute son expériences, dans l'ère de la paix et du développement, pour le bien de l'humanité.

Paris, 31 mai 1990

Première Partie

JUSTICE POUR LA PAIX

1

Le salut du monde

La paix du monde réside
dans la libre acceptation
de la volonté du Christ.
Paul VI

Le temps où dans les chrétientés d'Occident les évêques rendaient la justice est encore moins éloigné dans l'histoire que dans la conscience des hommes d'aujourd'hui. On ne se souvient pas volontiers d'une enfance passée sous le joug, même suave, quand, à peine adulte, on a quitté la maison pour vivre sa vie.

Pourtant, il n'y a pas si longtemps que les peuples d'Occident s'en remettaient à leurs pasteurs de la justice de leurs causes et de l'apaisement de leurs querelles de famille. Il n'y a pas si longtemps qu'ils étaient des enfants et donc pas toujours capables, par définition, de s'exprimer et de se débrouiller tout seuls. C'est qu'ils avaient eu besoin d'être pris en charge pour des choses toutes simples. Il avait fallu éduquer ces barbares... Mais la Providence qui est la détermination salutaire des événements devait faire ensuite que le développement politique des peuples hors du pouvoir temporel de l'Eglise procurât à celle-ci le détachement des biens du monde dont le gouvernement conférait à ceux-là les responsabilités intellectuelles et morales qu'ils devaient prendre. Et ils ne les pouvaient justifier, en vérité, sans rencontrer à nouveau l'Eglise – mais, cette fois, au plan de son pouvoir spirituel.

Que s'était-il passé? L'Eglise s'était-elle éloignée, abandonnant les peuples qu'elle avait élevés? ou bien avait-elle été éloignée? Avait-elle été, si j'ose dire, *remise en place?* ou encore avait-elle été vaincue; ou plus ou moins défaite dans une sorte de compétition pour la suprématie politique dans le monde et singulièrement en Europe où elle avait régné puissamment?

En fait, nous savons que les peuples d'Europe, au moins dans leur élite libérale, devenaient, en grandissant, impatients de la présence de l'Eglise dans la vie publique. Nous savons que cette croissance qui se manifeste dans les formes actuelles de la démocratie politique ne s'est point faite toujours sans difficultés entre les représentants de ces peuples et l'Eglise : ainsi lors de l'adoption de nouvelles formes sociales (le mouvement communal), intellectuelles (la Renaissance) et juridiques (la Révolution française et celles qui l'ont suivie en Europe). Mais nous savons aussi que cette croissance ne s'est point faite non plus sans bénédictions quand elle a été reconnue conforme en droit naturel et apte à la propagation de la foi. Que sont alors devenus les rapports entre l'Eglise et ces peuples? Quel usage ont-ils fait de leurs liberté? Et qu'a fait l'Eglise de cette sorte de retraite où le monde l'a poussée?

A voir où nous en sommes aujourd'hui, il semble bien que cette liberté passionnément utilisée ait valu à l'homme d'Occident la possession physique du monde qui lui pose aujourd'hui un formidable problème d'ordre et en évaluation philosophique : plus de sciences rationnelles, plus de techniques, mais moins de sagesse. En somme, le contraire de ce qu'avait apprécié la philosophie antique. Mais celle-ci était tournée vers la connaissance de Dieu et de l'ordre du monde, tandis que la pensée moderne connaissant au départ le Dieu de la Révélation et s'éloignant de Lui s'orientait – rationnellement – vers la possession scientifique du monde, mais à des fins de morales nouvelles.

Que l'on juge ces morales humanistes dans leurs multiples aspects; que l'on juge leurs produits en tant qu'oeuvres et «oeuvres de la loi», donc relevant par nature *du jugement;* que l'on juge *l'arbre à ses fruits,* c'est normal! Mais que l'on admette cette liberté en tant que condition du développement humain voulue par Dieu dans l'ordre de sa création acceptée par le Christ dans son amour pour les hommes, cela paraît prudent et conforme à cette générosité dont la parabole de l'enfant prodigue nous fait un exemple. Cependant, elle aura constitué pour l'Eglise temporelle une épreuve de purification en affermissant son autorité sur les peuples dans la puissance même de la Vérité, c'est-à-dire de Dieu; et en éloignant d'elle cette «concupiscence de domination» qui est la pierre d'achoppement de toute autorité humaine. Le renoncement aux puissances temporelles emplit l'Eglise de cette prudence qui est une forme de la possession de soi-même, l'unité de l'âme et de la vie. L'Eglise *devient* «sur la terre» et «du milieu du monde» l'Eglise du Christ qu'elle *est* en Dieu, aimant et servant les hommes, non par philanthropie mais par *charité.* Car l'Eglise, dont la fin est la réalisation d'une mission divine, doit en effet s'inquiéter de plaire à Dieu avant de plaire aux hommes.

L'Eglise aurait-elle donc perdu de sa puissance?

Il paraît bien selon le monde que l'Eglise ait perdu de sa puissance, même si elle a étendu ses missions, même si elle compte toujours un plus grand nombre de fidèles...

Selon l'esprit elle ne doit point avoir perdu de sa puissance...

Mais qu'est-ce que la puissance spirituelle devant la puissance temporelle? On connaît la parole de Staline à Roosevelt : «Combien le Pape a-t-il de divisions?»

Oh! certes, nous savons bien comment et pourquoi on peut invoquer la puissance de l'esprit... On voudrait ne pas être matérialiste ou du moins ne pas être asservi à la matière. Alors on dit esprit comme pour prévenir la mauvaise conscience. Mais ce spiritualisme de parole, cet esprit qui n'est plus que sonore, exprime, au vrai, une dégradation de la spiritualité.

Il ne peut en être de même pour la puissance de l'Esprit dans l'Eglise. Ce n'est pas une «valeur» spirituelle parmi tant d'autres «valeurs» de la culture. C'est l'Esprit Saint, c'est Dieu lui-même présent au monde jusqu'à la consommation des siècles.

Mais cette affirmation que la puissance spirituelle de l'Eglise est celle-là même de Dieu n'implique-t-elle pas déjà un acte de foi? Pour parler de l'Esprit ne faut-il pas *croire?* Et *croire* que la puissance de l'Esprit n'est point imaginaire ou fabuleuse, mais authentique. Vraie de vraie. *Croire* qu'elle est une vraie puissance et *capable* de faire quelque chose dans le monde. *Croire* comme les gens simples croyaient au pouvoir du Christ et sollicitaient de lui leur guérison : «Seigneur, si vous le voulez, vous pouvez me guérir» (Mt 8,2). *Croire* comme le Christ lui-même l'enseigne à ses disciples : «Tout est possible à Dieu» (Mt 19,26). (Tout est possible à Dieu, même le salut du jeune homme riche qui ne peut quitter ses biens pour suivre le Christ. Même le salut de notre monde chrétien et bourgeois qui ne se décide pas à choisir entre Dieu et l'argent. Mais Dieu l'éprouve par les événements. Et cela est bien.

Ce n'est donc pas en considération, même exacte, même précisément analysée, de la situation de l'Eglise dans le monde actuel que nous évaluons sa puissance, mais nous regardons dans l'Eglise cette Mère au pied de la Croix à qui le Sauveur confie l'humanité rachetée. Et nous apprenons que la puissance de Dieu lui est donnée directement et de façon mystérieuse afin qu'à son tour elle la communique aux hommes par le ministère de ses serviteurs clercs et laïcs. Et nous voyons que cette puissance manifestée dans le monde s'y exprime de façon vraiment paradoxale...

En effet, la situation de l'Eglise dans le monde est aujourd'hui ce qu'elle a toujours été, c'est-à-dire logiquement *impossible,* puisqu'elle est dans le monde le Royaume de Dieu et que le Royaume de Dieu n'est pas de ce monde. Mais elle y subsiste étant dépositaire de la Toute Puissance de Dieu et forte de la promesse de Celui qui a «vaincu le monde» (Jn 16,33). Au regard profane elle n'a point de puissance matérielle. Sa puissance morale effective que personne ne lui dénie lui vient non seulement de la vérité des principes, mais du magistère qu'elle exerce sur les fidèles – comme de la considération qu'elle inspire à d'autres. Et pourtant quelle force aurait-elle du seul point de vue humain en comparaison de la toute-puissance du monde, la puissance même du Prince de ce monde dont nous connaissons maintenant la suprême manifestation possible quand nous voyons les armes de destruction universelle aux mains de faibles ou de forcenés? Quand nous voyons se constituer le spectre de l'Anarchie universelle? Oui! on le demande, quelle puissance aurait aujourd'hui l'Eglise si elle n'avait la puissance même de Dieu, la puissance même du salut? Une puissance infinie qui l'emporte dans l'être sur cette puissance de destruction. Car l'homme est plus faible que la puissance qu'il s'est acquise et, dans cette affaire, il ne peut être question de lui que comme de l'enfant que l'on se dispute.

Aujourd'hui quand nous, chrétiens, nous disons que l'Eglise est seule au monde en face des puissances complexes de destruction nous semblons aux profanes n'affirmer qu'une conviction semblable à celle qui anime les adeptes d'un parti ou d'une obédience prétendument universelle. Au regard des sceptiques nous paraissons victimes d'une illusion candide ou d'une illumination particulière aux «croyants». Et il est vrai que la discrétion est une règle de charité et que nous, chrétiens ordinaires, chrétiens de paroisse, nous n'avons pas besoin de proclamer *urbi et orbi* ce qu'il est réservé au Pape et aux évêques de dire hautement. Pourtant, nous ne parlons pas au-dessus du siècle. Nous ne parlons pas du haut de la montagne, mais de la place où nous sommes, à cet endroit de la montée où nous nous trouvons et suivant la voie que nous a tracée le Seigneur.

De là, ce que nous voyons du monde est peu de chose auprès de ce qu'en voient d'autres tellement plus élevés, mais encore croyons nous pouvoir dire ce que nous voyons et comme nous le voyons... Car nous ne sommes pas encore de l'Eglise du silence et ceux qui sont aujourd'hui bâillonnés paient dans une certaine mesure pour la prédication des autres.

Puisque le Christ nous dit d'être des «enfants de lumière» (Lc 16,8), soyons, à nos places respectives dans cette vallée et sur les versants de ce monde, comme des feux qui s'allument à l'approche de la nuit pour rallier les incertains et les égarés.

C'est un effort de détachement que nous devons faire, car il ne suffit pas de prendre du champ devant les misérables doctrines afin d'éviter leur perversion interne. Il faut encore nous détacher de nos propres passions idéologiques. Nous libérer nous-mêmes. Spiritualité d'abord « et si, par exemple, la politique est un moyen visible de cette confrontation, il faut constituer la politique comme ce qu'elle doit être : une action désintéressée en vue du bien des hommes. «Non pas comme je veux, mais comme tu veux» (Mc 14,36).

La première condition de ce détachement n'est-elle pas de distinguer toujours en chaque action entre la fin et les moyens? A la fin qui est le règne de Dieu, de sa justice et de sa paix nous devons adhérer de tout notre esprit. Mais les moyens, s'il est indispensable de les connaître, c'est-à-dire d'en avoir la science et la conscience, il faut les soumettre, voire les abandonner, à la volonté de Dieu qui a prévu pour leur utilisation un ordre, cet ordre de la nécessité et des événements qui fait dire à Pascal, dans le *Mystère de Jésus : «Si Dieu nous donnait des maîtres de sa main, oh! qu'il lui faudrait obéir de bon coeur. La nécessité et les événements en sont infailliblement.»* Les enfants de Dieu ont leur place dans cet ordre et il leur est donné, quand il le faut, de prendre ces moyens et d'en user plutôt que d'en abuser par des jugements inutiles.

Hors de cette prudence, hors de cette pratique de la sagesse, on ne pourra obtenir cette maîtrise de soi qui est la dernière chance de la liberté dans le monde.

Obéissance et conscience, telle est la direction et la lumière, la tige et la flamme; tel est le cierge que nous devons tenir fermement à notre place dans l'assemblée qui veille et prie avec le Christ depuis bientôt deux mille ans.

Obéissance, car «le serviteur n'est pas plus grand que le maître» (Jn 15,20). Et si je désire, d'un désir inspiré de Dieu, la conversion de mon frère, ne puis-je par le témoignage que je rends à l'Eglise lui laisser voir qu'elle est ma Mère et me détacher assez de lui, le moment venu, pour qu'il aille de sa propre démarche vers celle qui est aussi et autant que moi sa Mère?

Conscience, clarté; car «la lampe de votre coeur, c'est votre oeil» (Mt 6,22).

Mes yeux sont ouverts sur le monde, mais si mon regard est sain il prend sa lumière dans ma vie intérieure qui est vie de la grâce. La philosophie moderne qui fait du monde la synthèse du sujet et de l'objet n'a même pas le sens de cette lumière intérieure qui est la lumière du Verbe et dont tout ce qui passe («la figure de ce monde») n'est que le symbole[1].

Pour l'incroyant l'Eglise ne peut-elle être autre chose que le témoignage de ses membres? Dieu veuille alors que ceux-ci le rendent fidèlement et que celui-là le reçoive sincèrement!

C'est entre eux seulement que les chrétiens peuvent dire que l'Eglise est le seul espoir de salut de notre monde. L'affirmer au dehors sans preuves actuelles serait se payer de mots. Or, les chrétiens sont attendus à l'épreuve des actes.

Ils sont attendus! Mais si le monde les attend, c'est que le monde attend l'Eglise... Or, le monde ne sait pas ce qu'il veut. Il refuse l'Eglise parce qu'il la juge sans la connaître, mais s'imaginant la connaître, il la juge comme une société. Il voit le décor, il l'apprécie même dans sa grandeur et il estime que le fond de la pièce

---

1. Rappelons cependant l'intuition de Goethe aux derniers vers du *Second Faust:*

> *«alles vergängliches*
> *ist nur ein Gleichnis».*

consiste en de la morale. (Or, ne fait-il pas de la morale dans sa vie quotidienne?) Pour lui, l'Eglise est une *comédie.*

Mais également, il attend les chrétiens comme témoins d'Eglise. Il les guette et ne leur passera rien. Il se contredit dans son attente, car il veut peut-être les voir trébucher; mais aussi les voir le sauver. Le monde attend les chrétiens en leur préparant une croix. Le monde attend les chrétiens comme il attendait le Christ. Pour le faire Roi. Mais voyons quelle fut cette royauté!

Le monde peut bien condamner ou limiter l'avenir de l'Eglise avec des arguments tirés de l'histoire ou de la sociologie, si du même coup il attend des chrétiens l'imitation de Jésus-Christ, il travaille au développement et à l'édification du Corps Mystique qui signifie pour lui que sa fin ne cesse d'approcher.

Ce n'est pas d'aujourd'hui que le monde attend les chrétiens. Aux carrefours de l'Histoire, il y a ces rendez-vous rédempteurs où la Croix demeure plantée. Les Romains du Cirque n'y avaient pas manqué. (Mais non plus les païens attendant des missionnaires la délivrance de leurs démons. Non plus les galériens ou les pauvres de Paris attendant Monsieur Vincent, et toujours et plus généralement les hommes de bonne volonté attendant la prédication de l'Evangile.) Si le monde attend les chrétiens, c'est parce qu'ils témoignent de Jésus, et s'ils témoignent de Jésus ils sont l'Eglise. Le témoignage du Christ hors de l'Eglise est un faux témoignage. Mais l'Eglise, c'est toute l'Eglise visible et invisible. C'est l'Eglise des âmes. Si le monde attend le Christ, c'est parce qu'il ne peut pas faire autrement que d'attendre. Si j'attends le salut de mon Dieu, ce n'est pas une faveur que je lui fais, mais une prière que je lui adresse et cette prière peut être un cri poussé du fond de l'abîme. Le monde est une plaie qui attend la guérison. Cette plaie est faite pour être guérie puisqu'il existe pour sa guérison un tout puissant thaumaturge. Mais attendre le salut et accepter les moyens du salut sont deux choses et il arrive que le malade repousse le médecin.

Témoigner du Christ dans le monde, c'est imiter sa venue; ce n'est pas faire une démonstration. Ce n'est pas «donner l'exemple», sauf cas d'espèce. C'est le suivre d'une manière tangible chez les prêtres et dans les sacrements, comme les disciples suivaient sa personne physique sur les routes de Palestine; c'est porter sa parole dans le monde et dans la vie quotidienne comme ses disciples ont continué de la suivre «lorsqu'il eut disparu à leurs yeux» après leur avoir commandé d'aller «enseigner les nations».

Ce n'est pas de lui-même que le chrétien suit le Christ, car ce serait un prétexte pour son propre service, une justification de son action.

Voilà bien la difficulté. Le monde est misérable, il a besoin de secours; il gémit, je l'entends, j'entends mon coeur qu'il a ému. Je veux y aller. Or, c'est à Dieu de vouloir. Si je ne laisse pas Dieu vouloir en moi telle oeuvre que je lui laisse le soin de désigner, à faire à l'heure de son choix, j'aurais agi de moi-même et pour moi-même.

Il n'est pas de projet tendant au bien de l'homme, il n'est pas de dessein charitable qui ne doivent être soumis et remis à Dieu. Dieu nous donne l'inspiration du bien et d'autre part nous voyons comme ce bien est nécessaire au monde. Dès lors qu'attendraient-on pour agir? Oui, qu'attendre pour agir, sinon que l'action charitable se conforme à celle du Christ Jésus? Incarnation et Rédemption. Le bien à faire doit être acheté conformément au rachat du Christ. Entre l'inspiration du bien et son accomplissement, entre Dieu qui est amour et le monde qui n'est que misère, il faut une médiation de sacrifice. Passion, abnégation : formes de sacrifice qui pour être n'ont pas besoin de paraître. Tels sont les moyens dont nous pouvons être sûrs. Et ce sont bien les seuls et tous viennent du Christ. Les moyens que le monde utilise pour l'action, s'ils sont appropriés et justes par conséquent, il faut encore les remettre à Dieu. Détachement, abandon.

Il n'y a en vérité qu'une seule vocation, c'est celle que nous donne le Maître, le Christ.

Mais le monde ne nous appelle-t-il pas aussi nous montrant ses malheurs, ses besoins et nous prenant par les sentiments de générosité et de pitié? Que faire puisque le monde crie misère à bon droit et puisque tout est possible à Dieu et qu'Il est bon? Que faire? Unir la vocation du Christ à l'appel du monde? Cette synthèse s'appellera : *mon oeuvre.* Moi. Elle n'est pas conforme au Christ qui fait *l'oeuvre de Celui qui l'a envoyé et non la sienne.*

Que faire alors?

N'écouter que le Christ. N'avoir de vocation que lui, s'il a parlé une fois bien sûr. Mais recevoir la plainte du monde pour la lui transmettre comme la Sainte Vierge aux noces de Cana : «Ils n'ont plus de vin» (Jn 2,3). Il ne peut y avoir de vocation que de la vérité, que de l'amour. Le Christ est tout l'Amour et la Vérité elle-même. Or, ce que le monde réclame sous d'autres noms, c'est cet Amour et cette Vérité dont il manque réellement. Mais il a des cris déchirants pour les réclamer et nous sommes tentés de céder : notre compassion faiblit – au mépris de la foi qui est la règle de notre vocation au Christ.

Le monde attendait le Christ. Il est venu et le monde ne l'a pas reçu. Alors, le monde continue d'attendre. Et comme il avait imaginé le premier Messie sous les traits d'un grand roi – et dominateur – il imagine sans doute le dernier à venir sous des traits modernes, humanitaires et collectivistes : le genre humain maître de lui comme de la nature.

Nous, chrétiens, nous disons que le monde attend – qu'il le veuille ou non – que soit constitué le Corps Mystique du Christ – l'unité transcendante des chrétiens dans le monde.

Le monde attend des chrétiens des oeuvres de charité. Soit qu'il en ait réellement besoin, soit qu'il veuille limiter la prédication chrétienne à des oeuvres de charité considérées comme une spécialité dans laquelle l'Eglise réussit assez bien et qu'on peut lui laisser. Les oeuvres de charité considérées comme les séquelles du socialisme.

Soit par défi, par épreuve, par une façon un peu insolente d'insinuer que ceux qui prêchent doivent agir selon leurs préceptes.

Or, l'Eglise ne peut faire des oeuvres de charité sans enseigner en même temps la charité. L'oeuvre de charité *signifie* l'amour, et l'amour, c'est Dieu, Père, Fils et Saint Esprit.

Le monde attend la charité comme un mendiant à la porte de l'Eglise. Mais il ne veut pas y entrer. Et il tendra la main aux endroits de rapport par métier et dans un esprit de compensation, comme le mendiant parisien qui, de la porte de l'église, passera aux couloirs du métro ou aux abords des grands magasins.

Le monde ne demandera pas l'aumône, la charité au nom du Christ. Or, l'aumône véritable est don et sacrifice. Elle signifie un salut donné et reçu. Le caractère sacré qu'elle a toujours et dans les religions diverses : le riche saluant le pauvre au nom de Dieu et ne le salut pas vainement – elle l'a perdu aujourd'hui au profit du concept positif de solidarité qui n'est point méprisable, mais ne peut être entendu au-delà du plan bio-sociologique[2].

L'oeuvre de charité doit enseigner le Christ et réaliser sa parole : «Vous êtes tous frères» (Mt 23,9).

La charité telle que le monde croit la concevoir et la pratiquer, n'est ni plus ni moins qu'un rapport visant à un certain équilibre économique, social et même psychologique. Cette charité selon le monde ne préjuge-t-elle pas de quelque nostalgie de la vraie charité, de l'unique charité qui fut apportée et commandée par le Christ? Elle n'en est donc pas forcément la trahison, mais la pâle et gauche imitation.

Elle est en un mot la charité sans la foi...

C'est aux chrétiens qu'il appartient de voir si cette charité profane qu'un monde à la fois libéral et socialiste élabore par nécessité – et aussi par nostalgie de la vraie fraternité – on veut bien le concéder – figure ou défigure la charité chrétienne.

Ainsi, le monde veut la charité mais refuse la foi. Or, qu'est-ce que la charité sans la foi? Et réciproquement, comme le dit saint Paul, sans la charité la foi est vaine. Elle n'est plus cet acte par lequel le chrétien confesse *aimer son prochain comme lui-même pour l'amour de Dieu.* Qu'est-ce qu'une charité qui n'est pas fidèle?

La charité sans Dieu, la fraternité humaine sans le Christ, le salut du monde hors de l'Eglise, tel est l'idéal que le Malin propose à la conscience universelle, et nous dirions qu'il a beaucoup de chances de la faire adopter – si nous n'avions l'espérance et le devoir d'espérance.

La foi est menacée dans son essence même : le rapport de l'homme à Dieu révélé par Jésus-Christ, enseigné par l'Eglise. Après avoir été combattue dans ses qualités depuis l'époque du Christ jusqu'aux dernières attaques du scientisme, voici que la foi subit une attaque plus perverse encore puisqu'on tend à la rendre inutile. Un peu plus : à faire comme si elle n'existait pas. Après avoir contribué à l'endormir, on veut maintenant l'étouffer.

Décembre 1954

---

2. Ce propos sur la solidarité était à l'époque influencé par Simone Weil (*La Pesanteur et la Grâce).* Il faut pourtant se méfier de l'interprétation des concepts. En effet, on aura vu depuis avec le mouvement *Solidarnosc* en Pologne quelle pouvait être la force morale de l'esprit de solidarité (note de 1990).

2

Justice pour la paix

La paix est l'oeuvre de la justice.
Pie XII

On parle beaucoup de la paix et l'on n'a pas fini d'en parler. Tout le monde parle de la paix, mais tout le monde ne parle pas un langage de paix. Or, si l'on veut parler justement de la paix, il faut parler un langage de paix, il faut parler pacifiquement de la paix.

On parle de la paix parce qu'on ne l'a pas. Parce qu'elle manque. Comme on parle avec obsession du pain quand il manque ou de la liberté quand on ne l'a pas. Mais si partout l'on parle de la paix, tous les hommes n'en parlent pas de la même façon. Les hommes qui parlent de la paix n'en parlent que selon des esprits différents et selon des doctrines différentes. On parle, mais on ne s'entend pas...

On dit la paix, sur tous les tons, dans toutes les langues. Et sans doute cette prière naturelle des peuples jointe à la prière surnaturelle des croyants est-elle pitoyable à Dieu. Mais il y a un mensonge de la paix que Dieu ne doit pas beaucoup aimer. Il y a un abus de confiance dans l'abus d'un mot, sinon sacré, du moins sérieux. La paix veut la vérité. La paix est inséparable de la justice. Elle en est l'oeuvre, dit Pie XII.

On croit être sincère en parlant de la paix parce qu'on ne veut pas la guerre, mais la guerre est devenue impossible à un certain degré de puissance, puisque son opération même détruirait ses propres buts. Elle ne peut qu'être un acte de folie et malheureusement ce risque n'est pas exclu dans tous les cas, même dans l'hypothèse où l'homme serait toujours un animal raisonnable. On ne veut donc pas la guerre parce que dans cette mesure de puissance elle n'est plus bonne à rien... elle n'est plus politique. Oh! la belle conscience qui, ne voulant pas la guerre, croit vouloir du même coup la paix, mais ne veut réellement que le *conflit,* c'est-à-dire les moyens propres à anéantir l'adversaire sans se tacher de sang! *«J'embrasse mon rival, mais c'est pour l'étouffer.»*

Du train dont va le monde, de son régime (comme on dit du «régime» d'un fleuve) qui est bien celui d'un formidable concours de puissance en vue d'une domination mathématique et absolue, *le problème de la paix tend à devenir le problème de l'ordre de ce monde.* C'est pourquoi si l'on peut vraisemblablement redouter le pire de «la folie des hommes», on doit cependant et d'abord avoir confiance en la sagesse dont ils sont capables avec la grâce de Dieu.

L'exercice de cette sagesse ne pourrait-il consister d'abord en une méditation de la paix assortie d'une réflexion sur son problème pratique? Et qui ferait cet exercice, sinon le citoyen du monde qui se dit libre et qui l'est, en effet, relativement plus que celui auquel il s'oppose?

Dans ce monde «libre» (mais ne serait-il pas plus exact de dire le monde *libéral*?) les opinions sur la paix sont nombreuses, et c'est là un fait normal prouvant que la liberté de penser n'a de *prix* que dans la pensée conforme à la vérité; elle ne dépend pas seulement de conditions politiques, elle dépend aussi de dispositions intérieures dont la fin est dans le rapport de la conscience personnelle avec la vérité.

Aujourd'hui la doctrine de paix du monde libre est essentiellement fondée sur l'opposition au communisme et peut être ainsi résumée : empêcher le communisme de s'étendre davantage, combattre la misère qui favorise son avènement et espérer raisonnablement que là où le communisme est établi il ne pourra durer trop longtemps, car son inhumanité le condamne à subir le sort réservé tôt ou tard aux tyrannies.

On n'a rien contre ces principes. Sincèrement posé, ils pourraient être efficacement mis en pratique...

Mais, à voir l'indétermination des nations libérales en ce qui concerne la paix et l'ordre du monde, on se demande si cette doctrine, cohérente sur le papier, n'est pas là pour les besoins d'une conscience qui se cherche et n'est pas encore trouvée. On se demande si cette doctrine ne manque pas de fin comme cette conscience manque de lumière, comme cette action manque d'énergie. On se demande si l'on croit vraiment et unanimement que la paix est autre chose que l'absence de la guerre non définie dans le temps.

Mais si l'on ne croit pas encore à la paix, parce qu'on ne connaît pas bien cette notion sous son aspect positif et parce qu'on n'y a pas bien réfléchi, est-ce que l'on ne croit pas à un autre idéal qui serait la liberté? La liberté *alpha* et *omega* de la doctrine libérale?

Ne semble-t-il pas en effet que l'intelligence libérale comprenne mieux la notion de liberté que celle de paix, car la liberté qu'elle conçoit est une valeur positive dont elle a l'expérience? Mais voici que la liberté, parce qu'elle fait justement l'objet d'expérience des sociétés libérales depuis deux siècles, a été logiquement mise en question. Dans l'histoire de notre temps, le socialisme se pose comme la contestation dialectique du libéralisme. La défense d'une liberté que l'on a vue à l'oeuvre pose cette question de la fin de la liberté : *la liberté pour quoi faire?*

C'est la question de Lénine que Bernanos mourant pose à ce monde libéral qu'il n'a cessé de vouloir éveiller à la conscience de ses responsabilités. Imaginons un instant le dialogue : *La liberté pour quoi faire? – Mais pour faire ce que je veux – Et qu'est-ce donc que vous voulez?* Silence... Il n'y a plus de réponse possible. Non que chacun ne sache ce qu'il veut. Chacun le sait ou peut le savoir, accordons-le. Mais pour la société, il n'y a pas de réponse parce que la réponse n'est pas *une*.

Dans l'état actuel de la conscience libérale, la notion de liberté, si elle ne veut pas mourir d'épuisement doit comporter une fin qui la hausse au-dessus d'elle-même. Elle doit avoir la conscience de l'expérience qu'elle a faite et de l'action qui lui reste à faire si elle veut conserver l'existence.

La fin de la doctrine de la liberté telle que la conçoivent les esprits libéraux les plus conscients, n'est-ce pas tout à la fois le progrès économique et le développement de la culture?

Or, il faut un ordre pour le progrès économique et le développement de la culture. L'ordre de la liberté a cessé de convaincre, sinon de passionner ceux qui l'avaient inventé – à savoir les intellectuels, les «philosophes», ceux qui font l'opinion de l'«élite» sociale et ceux qui font l'actualité des idées.

Mais ce dégoût ou cette désaffection ne sont pas le fait de ceux pour qui le développement de la culture et le progrès économique représenteraient un véritable libération morale et physique. On pense ici à tant d'ouvriers d'Europe – et aux populations affamées d'Asie et d'Afrique. Pour ceux-là qui ont vécu dans l'humiliation d'une condition mercenaire physique et morale ou dans la misère, le progrès économique ou culturel représente des biens nécessaires.

Ils y tiennent donc. Mais dans quel ordre pensent-ils le trouver? Toute la question est là... Dans l'ordre libéral ou dans l'ordre collectiviste? Sauf pour ceux d'entre eux qui sont engagés dans les partis révolutionnaires, communiste ou nationalistes, on ne peut dire *objectivement* que les classes populaires d'Europe, d'Afrique ou d'Asie mettent les unes ou les autres dans ces régimes politiques leur sérieux espoir de libération. Ils l'attendent plutôt d'eux-mêmes, c'est-à-dire de leurs maîtres les plus proches : chefs syndicalistes en Europe, chefs nationalistes pour les peuples d'Asie et d'Afrique, et avec plus de passion chez les seconds que chez les premiers. Mais encore s'ils savent ce qu'ils veulent parce qu'ils ne peuvent pas sous l'empire de la nécessité physique et morale la plus certaine ne pas le savoir – ils ne savent très souvent pas *comment* ils pourront l'obtenir. S'ils ont conscience de la nécessité de l'action, ont-ils beaucoup d'espoir pour entreprendre cette action? Il n'est pas besoin d'espérer pour entreprendre, dit-on. Mais ceci vaut pour les stoïciens, le peuple n'est pas stoïcien. Et puis, si l'espoir manque pour animer l'action, il y a le désespoir pour le passionner et alors, du point de vue de la violence qui est propre à la révolution, espoir et désespoir reviennent au même... (Que l'on ne se trompe donc pas sur la désaffection, assez remarquable aujourd'hui, du peuple et singulièrement de la classe ouvrière – pour le communisme. Si l'espoir s'atténue, si le songe s'efface ou si le désir est refoulé, le désespoir se manifestera à l'occasion envers ceux, nécessairement les plus proches, que l'on aura sous la main et qui n'auront pas su combler ce vide, transformer cet espoir...)

Il y a bel et bien une crise de la liberté dans le camp des nations libres et cela est d'autant plus grave que la liberté est précisément la justification effective de la politique de ces nations.

Il y a une crise de conscience des nations libres au sujet de ce qui fait leur valeur propre et qui est la liberté elle-même. Les intellectuels – et l'on entend par là tous ceux qui font l'opinion publique –

doutent de la valeur positive de la liberté. Les masses – et l'on entend par là les éléments séparés moralement de la nation, comme le sont encore trop souvent dans certains pays comme la France, les ouvriers aussi bien que les populations des pays de civilisation techniquement arriérées et sous-développées – les masses, disons-nous, incertaines dans leurs espoirs, mais certaines de leur état misérable, iront tôt ou tard (et d'ailleurs elles n'auront qu'à se laisser faire comme un animal fasciné) vers le camp *apparemment* le plus fort, celui qui manifeste le plus de cohésion, de résolution et de certitude. Tel est le pouvoir de la crainte. Les peuples, aujourd'hui libres, d'Europe, d'Asie et d'Afrique ne salueront pas demain le communisme comme le libérateur qui fait tomber leurs chaînes, mais comme le maître qui, en échange de leur soumission, leur donnera les assurances matérielles et, sous forme d'une promotion politique purement nominale, ce réconfort moral dont ils ont besoin. Pour ceux qui ne l'ont pas éprouvé, le communisme n'est bien sûr pas un ordre social réjouissant (on le sait bien à la longue...) mais sûr, mais solide, mais fort.

La liberté, jadis, c'était la mer où l'on s'embarquait, laissant derrière soi un rivage connu, trop connu, un vieux pays trop petit, dont on avait fait le tour. Mais voici la fin du voyage, et la terre inconnue, à l'aspect difficile, inattendu, s'appelle *responsabilité.*

Le monde libre a épuisé la liberté; la liberté du libéralisme est de plus en plus compromise et l'on ne voit pas comment elle subsisterait si elle ne pouvait être sauvée par la justice. Or, il faut que la liberté, pour survivre, se mette au service de la justice et qu'elle obtienne la justice par bonne volonté et non pas seulement par conséquence naturelle ou accident.

Cette responsabilité devant laquelle *aborde* le libéralisme, elle n'est pourtant qu'une autre forme de la liberté. Elle est le pouvoir de faire ce que l'on veut à condition d'être juste et vrai. Elle est la liberté ordonnée à une fin qui la dépasse et la justifie, et nous croyons que cette fin est LA PAIX.

Il va falloir mettre pied à terre et s'enfoncer dans un pays inconnu. Il va falloir changer de vie. Cela est-il impossible? Non. Mais il faut pour cette nouvelle démarche une direction. Il faut une orientation nouvelle – supplémentaire. Une doctrine qui vienne non *abolir* la doctrine de la liberté, mais la compléter et la sauver (la liberté assiégée qui n'a pas d'autres ressources que de faire sauter la citadelle ou ses proches environs est une liberté de condamnés à mort. Or, il y a d'autres ressources pour une action vraiment libre...).

Dans la doctrine du libéralisme sur laquelle étaient constituées les grandes démocraties, les notions de profit, de bonheur individuel et de tolérance ont été jusqu'alors les composants de la notion de liberté. Mais, si ces notions sont toujours valables du point de vue du droit naturel, du point de vue politique elles ont perdu de leur efficacité. D'où cette crise morale dont le symptôme est la perte d'une liberté qui ne cessera pourtant d'être un bien et une valeur de la vérité – en un mot : un don de Dieu qui doit fructifier.

Cependant l'insuffisance de la liberté du libéralisme a été remarquablement éprouvée par les circonstances résultant de la dernière guerre et a obligé la nation porteuse du flambeau, la nation américaine à élaborer cette doctrine d'assistance économique et militaire qui semble bien être la doctrine politique la plus certaine des nations libres et leur justification morale la plus immédiate.

Doctrine pragmatique, imposée par les événements et réaliste, elle ne manque ni de cohérence ni de grandeur. Fondée sur la force militaire et la richesse économique des puissants mise au service des faibles (la France a elle aussi assisté militairement et économiquement des pays associés ou protégés, principalement le Viet-Nam), elle devrait avoir (théoriquement) une valeur morale universelle qui lui donnerait un pouvoir dynamique comparable à celui du communisme.

D'où vient cependant qu'il n'en est pas ainsi? D'où vient que la doctrine d'assistance comparée à la doctrine d'expansion communiste paraît médiocre?

D'abord de ce qu'elle paraît bien ce qu'elle est réellement, c'est-à-dire *empruntée* aux événements. Il n'y a rien à redire à cela. Mais le fait que le communisme soit en réalité la pratique d'une doctrine universelle posée comme devant aboutir – et n'aboutissant pas mal jusqu'à présent – lui confère un prestige intellectuel auprès duquel les tâtonnements et contradictions (parce que non dialectiques!) du libéralisme font mauvaise figure. Premier avantage du communisme: un rationalisme conséquent. Cela impressionne.

Deuxième avantage : l'origine populaire du communisme. Non seulement dans l'histoire depuis la Première Internationale, mais dans chaque révolution communiste il y a un départ de l'action révolutionnaire dans le peuple. Même les intellectuels sont, pour la nécessité de cette action, replongés dans le peuple d'où ils ne sortent plus que pour le pouvoir. Cela familiarise. On est plus proche de ces gens-là – même si par la suite ils «exagèrent» – que des bourgeois des milieux d'affaires qui viennent vous donner du travail et investir chez vous des capitaux.

Enfin l'assistance n'a pas la certitude de la mise au pas communiste. Elle est incomplète, épisodique, mal répartie. Elle n'est pas aussi bien organisée. Si elle est donnée pour remédier provisoirement à une situation misérable, elle laissera intact le souci du lendemain. Si elle est donnée pour faciliter un départ économique dans la liberté politique, elle laisse entier le problème de cette liberté, lequel, nous l'avons vu, comporte bien des difficultés.

Pour ces raisons, qui sont comparaisons, faut-il donc la condamner, cette neuve doctrine de l'assistance alors que son caractère humain est évident?

Non pas! Mais il faut l'élaborer davantage et lui donner une conscience qu'elle n'a pas. Improvisée, infantile, elle parle aux peuples du monde un langage qui ne les touche que partiellement et temporairement et, leur laissant l'esprit vide, ne leur donne pas cette vue de l'histoire et du monde, cette interprétation du destin que les peuples aujourd'hui en sont venus à demander à la politique, tant il leur est d'expérience que la politique intervient dans leur destin.

Les peuples veulent de l'ordre, ô libéraux, qui ne voulez pas entendre ce mot dans son vrai sens qui est grand! Et de l'ordre, vous n'en avez pas généralement; vous n'en avez que par nécessité. Et quand vous avez de l'ordre, vous ne le faites pas exprès, c'est parce qu'il y en a dans la nature et qu'il vous arrive de vous conformer à la nature.

Le peuple veut de l'ordre et, partant, il veut pour gouvernants des chefs qui savent ce qu'ils veulent.

Le peuple a besoin d'une conception du monde, d'une vision de l'histoire dans laquelle sa place ne soit pas laissée dans l'ombre. Le totalitarisme satisfait pour une part l'imagination que l'individualisme politique laisse trop vacante.

Sur beaucoup de ces faits fondés en psychologie, le communisme apparaît l'emporter sur le libéralisme. Il reste à celui-ci la peur ou la révolte dont les mouvements possibles sont difficilement prévisibles et sur lesquelles on ne peut ni honnêtement ni efficacement compter pour travailler au salut temporel et spirituel du monde.

Car il s'agit bien, pour cette conquête profane des esprits et des âmes que le communisme a entreprise de comprendre le temporel et le spirituel dans une même doctrine et de compenser le souci métaphysique par une contrainte physique accrue. Et de comprendre les notions les plus intemporelles sous un dynamisme de l'action politique. Et de faire la révolution dans les mots comme dans les choses, *afin de* la faire dans les consciences.

C'est pourquoi le communisme considère comme bourgeoises toute action, toute pensée qui ne s'insèrent pas dans le dynamisme révolutionnaire dont l'orientation est l'affaire des chefs du parti qui, détenant l'organisation, ont de ce fait la conscience et le pouvoir.

En bonne doctrine communiste, s'occuper de la paix ne sera donc pas inutile, puisque la paix est une chose comme une autre et contenant par conséquent un pouvoir de révolution comme la matière contient de l'énergie. Mais chercher *la justice pour la paix* sera une complication bourgeoise. On ne cherchera la paix que si cela est nécessaire à l'action.

La paix, en tant que sentiment, action, *mot,* a pour le communisme une grande importance. Non pas seulement du seul point de vue de la propagande parce que la paix est une cause populaire; non pas seulement pour donner le change sur des intentions et des préparatifs d'agression, mais parce qu'en bonne philosophie marxiste-léniniste, la paix est un état de choses qui, faisant aux contradictions du capitalisme leur place, permet le progrès de la révolution[1]. La guerre et la paix sont pour le communisme des notions largement comprises dans celle de révolution, puisque celle-ci est l'expression du dynamisme universel tel que l'ont conçu les doctrinaires du matérialisme scientifique. La guerre et la paix ne sont plus les sources d'un dualisme universel maintenant dépassé en conscience. Les doctrinaires de la paix universelle aussi bien que ceux de la guerre totale doivent résoudre leurs antagonismes. Le communisme s'en chargera à la fin de l'histoire.

La guerre et la paix sont les termes d'une dialectique dont le dernier mot est la réalisation de la société sans classes. (Mais peu

---

1. Ces lignes ont été écrites avant que ne fût lancé le thème bien connu aujourd'hui de la «coexistence pacifique».

nous importe ici le mécanisme communiste... Si nous en parlons avec objectivité, Dieu veuille qu'on ne croie pas de notre part à ce «respect», cette considération que l'on remarque souvent chez les intellectuels lorsqu'ils mentionnent tel ou tel point de la doctrine communiste.)

Ce que nous devons retenir de cette doctrine en ce qui concerne la paix, c'est qu'elle est plus sérieuse qu'elle n'en a l'air quand on la considère du seul point de vue de la propagande.

En effet, une paix – état de choses et rien de plus, disons-nous – qui perpétuerait les contradictions du capitalisme (mais c'est une définition bien étroite et nous préférons dire que les contradictions du capitalisme ne sont que la manifestation des difficultés intimes du libéralisme); une paix qui irait – comme Staline avant de mourir se plaisait à le prévoir – jusqu'à laisser se développer des conflits entre les nations capitalistes, serait éminemment favorable au communisme.

Une telle hypothèse n'est pas absurde. De tels événements ont déjà eu lieu dans une histoire récente. Durant la première guerre mondiale, Lénine, de son observatoire de Suisse, voyait les nations d'Europe s'entre-déchirer et il pensait que cet état de choses allait favoriser l'avènement du communisme. Vingt ans plus tard, Staline ne pensait pas autrement, et le Mahatma Gandhi demandait en 1938 :

> *«Veulent-ils la guerre, ces communistes? Mais ils la laissent faire. Tout au plus peuvent-ils s'entremettre un peu pour faciliter les désaccords entre les nations sur les ruines des-quelles ils comptent établir leur domination.»*

Un concept comme celui de guerre totale développé par des illuminés comme Hitler et Ludendorff est *automatiquement compris* dans celui de *révolution* tel que l'entend le communisme.

«La guerre, disait Clausewitz, est la continuation de la politique par d'autres moyens.» Première prise de conscience qui dépouillait la guerre des scrupules «moraux» jusqu'alors attachés à cette notion. La guerre devenait une partie de la politique, une pièce dans un ensemble. Un instrument de la volonté de puissance. Mais il fallait nécessairement la faire. Cette nécessité n'a plus lieu si la guerre est le prélude à la révolution, et il faut seulement la susciter «objectivement» en évitant d'y prendre part. A moins que... A moins que l'on ne soit victime d'une agression et attaqué par un retour de flamme. (L'observateur partiellement victime de l'expérience à laquelle il assiste.) En ce cas, on ne sera pas pris au dépourvu car on aura bien sûr préparé la guerre. On fera la guerre – bien obligé – *mais pour la paix.* On se défendra. On sera pacifique devant la conscience universelle.

Churchill disait aux Communes, le 14 mars 1955 : «La seule politique sûre que nous puissions suivre est celle de la paix par la force.» Si l'on admet que personne ne veuille la guerre parce qu'on la craint, l'état de paix précaire qui résulte de cette crainte devient le champ de compétition pour la puissance politique, c'est-à-dire en fin de compte pour la prédominance de la conception universelle du libéralisme ou du communisme. «La paix par la force», telle est donc, formulée par Churchill, la conception la plus simple et la plus concise de la communauté (atlantique) des nations libres et libres selon le mode politique libéral. Or, dans la mesure où les chefs des pays communistes, qui sont aussi en bonne doctrine les responsables de la révolution mondiale, entretiennent sur pied de guerre des armées formidables et ne s'en servent pas, leur conception relève aussi de la même doctrine provisoire : la paix par la force.

Cependant le désaccord surviendra entre les deux conceptions de la force... Pour la civilisation atlantique, la force est l'auxiliaire du Droit qui la prime en valeur.

Pour la civilisation matérialiste marxiste qui doit tout à la philosophie allemande, la force est une forme de la nature.

Cette force-là est agissante par elle-même, elle se sert de la paix et du même coup, y trouvant avantage, peut prétendre qu'elle la sert.

Il y a là une imposture morale formidable. Mais il y a aussi un fondement moral à ce dynamisme révolutionnaire qui est la *révolte.* Dans le cas de la force au service du droit, c'est au droit qu'il revient d'utiliser la force... Mais dans quelle mesure, au nom de quel principe, le fera-t-il?

Il y a là un sérieux motif d'angoisse. C'est à cause de cette imposture qui fait violence à notre esprit, et c'est à cause de cette angoisse que nous appelons *la justice pour la paix.*

Mars 1955

3

Hongrie!

Pour répondre à un double appel[1]

La divine promesse *Paix sur la terre aux hommes de bonne volonté* (Lc 1,14) a retenti dans le monde, la nuit de Noël, à l'heure même de la naissance du Christ, Sauveur du monde et Prince de la Paix. Qu'est-ce à dire sinon que, pour les hommes de bonne volonté, chrétiens et non chrétiens, l'espérance de la paix ne cesse d'être liée à l'avènement du Christ?

Or, nous savons que la paix n'est pas seulement cet état de choses, cette situation de fait qu'elle paraît être dans le monde au regard de la seule expérience. Nous savons et nous croyons que la paix du Christ est un don de Sa charité que nous devons employer à l'accomplissement de la volonté du Père, Dieu créateur pour qui la paix est un rapport naturel des hommes entre eux.

Nous avons entendu la parole du Christ à ses apôtres : «Je vous laisse la paix, je vous donne ma paix. Je ne vous (la) donne pas comme le monde donne» (Jn 14,27); nous croyons que la paix du Christ et la paix selon le monde n'ont pas le même principe. Nous avons confiance dans le don et la promesse du Christ. Et si nous avons soif de vérité pour le monde, c'est à Celui qui a racheté le monde et l'appelle à être sauvé que nous irons la demander.

Nous constatons que dans le monde d'aujourd'hui, en ces années d'après guerre qui sont un temps de fausse paix et de «guerre froide», les doctrines de la paix, dont l'affrontement est

---

1. Pour répondre à l'appel des Hongrois insurgés (4 novembre 1956) et à celui du Pape Pie XII (10 novembre 1956).

partie intégrante du présent conflit entre les grands blocs de nations, sont liées à une conception de l'ordre du monde où la valeur d'universalité est prise comme critère de vérité. Ainsi voyons-nous que le communisme, malgré ses transformations et ses variations – et peut-être à cause de leur incertitude même – reste assujetti à l'idée de révolution universelle et qu'il impose jusque dans les esprits les plus avertis – le respect de sa doctrine parce qu'il la propose comme une transformation du monde rigoureusement nécessaire.

Dans une telle doctrine la paix est une circonstance du processus historique valable en pratique, mais calculée et non pas édifiée. Elle est l'étendard d'une fatalité historique qui a déjà décidé de sa victoire dans le monde.

Il n'en va pas ainsi de la paix chrétienne qui, dans la pratique, est «un devoir» (Pie XII) conforme à la loi d'amour révélée par le Christ Jésus.

Aussi disons-nous que la doctrine chrétienne de la paix, qui a désigné d'avance en tous les hommes de bonne volonté, où qu'ils se trouvent, ses fidèles militants, est la seule dans le monde d'aujourd'hui à pouvoir affronter victorieusement – et d'abord sur le plan des principes – le «messianisme» communiste, parce qu'elle est la seule à proposer aux hommes un message de fraternité universelle et parce que la Cité de Dieu à laquelle les chrétiens appartiennent dès ce monde, est plus grande que n'importe quelle cité humaine, celle-ci fût-elle conçue comme la «fin de l'histoire» et comme l'âge suprême de l'humanité.

Nous disons qu'il n'est pas possible, qu'il n'est pas question de chercher à concilier ces doctrines ni d'en faire je ne sais quelle synthèse; que là n'est pas la bonne volonté, mais la crédulité ou la malice. Ce serait là, vraiment, «se mettre en peine de beaucoup de choses» (Lc 10,41) – inutiles et incertaines... Non , «le serviteur n'est pas plus grand que le maître» (Jn 15,20), car il s'agit bien, avec le communisme, d'un serviteur infidèle, mais formidablement efficace, du Maître unique de l'histoire, le Christ... Le Christ règne et il est le seul Seigneur. A ses amis, «son joug est suave et son fardeau léger» (Mt 11,28). Mais de ses ennemis Dieu fera *«l'escabeau de ses pieds»* (Ps 110).

Cependant, nous n'avons point de haine contre le communisme. Nous refusons sa domination parce que nous voulons la vérité pour le monde. Nous avons garde de ne pas lui imputer nos propres fautes, mais nous le considérons comme un obstacle à la vraie paix. Nous le regardons comme étant de «cette sorte de démon qui ne peut être chassé que par le jeûne et par la prière» (Mt 17,21), c'est-à-dire par une prédication de la justice dont saint Jean-Baptiste a donné l'exemple tant de fois repris dans l'histoire de la chrétienté et hors de laquelle ne peut s'exercer à bon droit l'indispensable action politique en faveur de la paix.

Nous voulons combattre le communisme par motif d'élévation vers un ordre meilleur et plus conforme à la volonté de Dieu – celle-ci qui est précisément *notre ordre* et dont nous demandons qu'elle soit faite «sur la terre comme au ciel».

*
* *

Nous espérons être assurés de la Vérité des principes de la paix chrétienne. Ils doivent être pour nous une question de foi. Nous sommes soumis à l'Eglise qui enseigne le bien et dénonce le mal pour les personnes comme pour la société. Nous espérons être bien disposés à entendre et propager la doctrine des Papes sur la Paix, dont l'enseignement a opportunément fait connaître à nos esprits infirmes et parfois instruits chez d'autres maîtres que le Christ, que la paix selon le monde, selon nos habitudes de pensée, selon l'expérience du siècle, n'était pas la vraie paix. Jamais donc nous ne connaîtrons assez la doctrine chrétienne de la paix. Jamais, nous gardant du monde non seulement hors de nous, mais en nous-mêmes, nous ne reconnaîtrons assez de priorité à la parole de Dieu en ce qui regarde notre conception de la paix et de l'ordre du monde.

Nous savons que dans son action pour la paix l'Eglise ne prend pas de position spécifiquement politique. Nous nous en remettons avec confiance à ce principe doctrinal et nous croyons profiter à bon droit de la liberté de conscience qu'il laisse aux fidèles pour une recherche sincère de la vérité politique en ce domaine.

Nous croyons en effet qu'une telle recherche s'impose et qu'une prise de position politique sur le problème actuel de la paix peut être utile à cette juste cause de la paix du monde.

A vrai dire, ce qui depuis quelques années nous inquiète, c'est justement *l'absence chez les nations non communistes, d'une doctrine pratique de la Paix et plus précisément de la paix dans la justice,* car «le monde libre» auquel nous appartenons (et nous entendons user de cette liberté pour lui réclamer plus de justice) a tout de même adopté pratiquement une doctrine pratique de la paix, laquelle a été très exactement définie par Winston Churchill : «La paix par la force» (discours aux Communes, le 14 mars 1955).

Or, cette position est relative au danger que constitue pour la paix le communisme international dirigé par l'impérialisme soviétique, mais il est bien évident qu'elle ne constitue pas par elle-même une doctrine pratique de la paix, c'est-à-dire en un mot une politique de la paix, mais un ordre de légitime défense et rien de plus. Elle peut être entendue ainsi : «Etre fort, attendre et voir». Et beaucoup ne l'entendent pas autrement. Mais ce programme ne vaut guère devant le communisme qui est essentiellement dynamique parce que révolutionnaire et «intrinsèquement pervers» (Pie XI), de telle sorte que sa désagrégation trop confortablement attendue risque d'être accompagnée des pires catastrophes.

Or, l'expérience de dix ans de paix négative et de guerre froide a montré *l'absence intolérable de ce quelque chose de plus que la défense armée de la liberté* à partir duquel un mouvement positif vers une paix plus certaine et en tout cas définie serait possible. Oui, ce qui est intolérable dans cette fausse paix, c'est l'absence de la justice, ou, pour être plus modeste, d'un effort de justice, d'une intention de justice, d'une bonne volonté de justice.

La paix en Europe est intervenue en 1945 d'une façon toute mécanique à la suite de la capitulation sans conditions de l'Allemagne. Mais il n'y a pas eu de Traité de paix. Et nous disons que cela est un déni de justice.

Oh! ce n'est pas que les traités de paix soient infailliblement des oeuvres de justice. Paul Valéry dit quelque part que «les véritables traités de paix devraient être conclus entre les arrière-pensées».

N'empêche qu'il est conforme au droit naturel de faire la paix après la guerre! Cela n'a pas été fait, cela n'est pas normal et doit être réparé...

Si nous sommes en droit d'exiger l'établissement d'un traité de paix en Europe, ce n'est point par un vain souci de forme, mais par souci de justice en vue d'une construction plus étendue de la paix qui ne doit pas régner seulement en Europe.

*
* *

Nous sommes cependant bien obligés de dire pourquoi nous croyons possible une action politique en faveur d'un traité de paix en Europe, première étape de la constitution d'un ordre international dont l'absence met en cause le salut temporel du monde.

Cette conviction ou cette espérance, je ne sais, est antérieure aux événements d'Europe orientale et particulièrement de Hongrie qui ont ébranlé le monde.

Proclamer le droit à cette paix dont l'Europe est toujours privée pouvait, avant ces événements, passer davantage pour une réclamation de principe n'ayant guère de chances d'aboutir. Mais encore, estimons-nous, ce principe devait-il être formulé nettement, ne fût-ce que du point de vue juridique et moral. Aujourd'hui ne paraît-il pas plus réalisable malgré des risques plus grands, parce que plus prochains, de guerre?

Est-ce que dans cette sorte de providentielle symétrie les chances de paix ne sont point pareillement plus proches?

*
* *

En effet, la domination soviétique en Europe orientale explicitement reconnue par les accords de Yalta – qui fixèrent notamment les frontières polono-russes et par les accords de Potsdam qui fixèrent notamment les frontières polono-allemandes, vient d'être formidablement dénoncées à toutes les nations par l'holocauste d'un peuple martyr. En réalité, une telle domination ne peut plus durer, car non seulement «elle a consommé l'iniquité sur le peuple hongrois» (Pie XII), mais elle a également atteint la Russie dans son honneur et jusque dans son existence de grande nation. Or, l'un et l'autre de ces maux sont préjudiciables à la paix et au salut du monde.

Par-delà, en effet, la libération oh! combien désirée! des pays de l'Europe orientale, il faut déjà voir comment la Russie pourra retrouver à la mesure du déclin du communisme chez elle le sens de sa vocation historique qui est d'unir l'Europe à l'Asie et de contrebalancer dans ce continent l'impérialisme chinois ou autre (quel que soit le nom du fédérateur de ces peuples affamés) qui sera le problème de demain.

Nous comprenons bien que les hommes politiques qui ont la responsabilité du destin de l'Occident s'appliquent à concevoir la politique mondiale en termes de stratégie anticommuniste et à prévenir les sombres desseins de l'Union Soviétique dans la conjoncture actuelle : pénétration au Moyen-Orient et encerclement de l'Europe par l'Afrique du Nord... Mais si le pire est toujours possible, le meilleur ne l'est-il pas non plus? Si nous prenons soin de distinguer prudemment le communisme de la Russie, alors nous pouvons concevoir la transformation du monde actuel selon un autre dessein : la libération pacifique de l'Europe amenant la conversion de la Russie et le rayonnement de celle-ci sur l'Orient.

Telle est, nous semble-t-il, la représentation – pour ne pas dire l'imagination – de l'histoire prochaine du monde qui pourrait précéder l'action politique non moins justement que celle de la défense de l'Occident, dont on ne contestera pas la nécessité, mais la suffisance.

*
* *

«Peuples de la terre, faites entendre votre voix en faveur de la paix et de la liberté», a demandé le Pape dans son message du 10 novembre.

C'est pourquoi, il nous semble légitime et raisonnable de dire notre sentiment sur ce point.

Le chemin de la paix dans le monde passe par la libération de l'Europe. Et la libération de l'Europe doit être l'oeuvre d'un traité de paix.

C'est pourquoi nous pensons qu'il faut demander au nom des peuples d'Europe la réunion d'une conférence et non pas de n'importe quelle conférence, mais de la conférence pour le traité de paix avec l'Allemagne et la libération de l'Europe orientale – entre les nations Allemagne, Pologne, Angleterre, France, Russie et USA qui n'ont point encore signé la paix.

7 novembre - 7 décembre 1956

Post-scriptum. En réponse à la communication que je lui avais faite de ce texte, Etienne Borne voulait bien m'écrire ceci qu'il faut toujours redire et à quoi je souscris évidemment : *«Un traité de paix, certes, mais non pas d'une paix qui consacrerait par résignation ou compromission le statut actuel de l'Europe, lequel est injuste comme l'a fait éclater aux yeux de tous le soulèvement du peuple hongrois.»*

4

Pacem in terris

Et je prendrai le droit
comme mesure et la
justice comme niveau.
Isaïe 28,17

I

Ainsi donc Jean XXIII avait-il décidé de publier le Mercredi Saint de l'an de grâce 1961 l'encyclique *Pacem in terris* sans paraître prendre garde aux élections italiennes qui devaient avoir lieu quelques semaines plus tard... «Que le Saint-Père n'a-t-il attendu la Pentecôte?» étions-nous tentés de murmurer. Mais la Pentecôte de cette année-là était le terme que le Seigneur avait fixé à la vie terrestre de Jean XXIII.

Or, s'il est vrai, d'une vérité probable selon la statistique que *Pacem in terris* et l'interprétation publique abusive qui en a été immédiatement donnée, a déconcerté l'électeur italien, faisant perdre des voix à la démocratie chrétienne, en laissant gagner aux communistes, il est encore plus vrai, que cet ultime message du bon et saint Pape a eu pour le genre humain auquel il s'adressait, dans l'actuelle et incertaine conjoncture historique, une importance morale et politique telle que l'extraordinaire événement que constitue le voyage du Pape Paul VI à l'ONU peut lui être directement imputé.

Au demeurant, Jean XXIII aura, en usant et abusant de ses dernières forces, payé du prix de la vie son audace prophétique.

Disons-le : la mort du Pape Jean XXIII et cette longue agonie devant l'univers auront donné à *Pacem in terris* la signification d'un *testament.*

On sait qu'Angelo Roncalli avait placé son pontificat sous le nom et l'invocation de saint Jean l'Evangéliste, mais encore de saint Jean-le-Baptiste, ces deux figures si différentes : l'un fermant l'Ancien Testament, l'autre ouvrant le Nouveau et que le Christ réunit. Aussi, nous souvenant du mot de Blanc de Saint-Bonnet que Philippe Sénart nous apprenait naguère, «la politique est là-haut...», c'est dans le Quatrième Evangile que nous chercherons volontiers quelques traits de la spiritualité qui peuvent éclairer le pontificat de Jean XXIII.

Catherine de Sienne nommait le Pape : *«le doux Christ de la terre»,* et l'Evangéliste rapporte ces paroles du Christ Jésus dans l'entretien avec Nicodème : «Dieu n'a pas envoyé son Fils dans le monde pour condamner le monde, mais pour que le monde soit sauvé par lui» (Jn 3,17).

Aujourd'hui, le salut du monde – tout entier, tout ensemble et tout d'un coup – est en question, comme il ne l'a jamais été. Et cet aujourd'hui dure depuis près de vingt ans, depuis Hiroshima et les débuts de la guerre froide concomitants.

En prenant sa charge de Pasteur souverain, Jean XXIII s'est trouvé assumer les mêmes responsabilités que son prédécesseur vis-à-vis d'un monde enclin à «préférer les ténèbres à la lumière» (Jn 3,19). A sa manière, mais dans la suite de Pie XII, il a rehaussé le prestige de la Papauté en affirmant par une *présence* éclatante (oui, l'Homme Blanc) le bienfait d'un *enseignement* catholique des hommes et des nations.

Cette primauté de Pierre, dont le sens mystique est révélé dans le dernier chapitre de l'Evangile johannique, a maintes fois été affirmée – et d'abord dans l'encyclique *Ad Petri Cathedram* par celui qui voulut être un apôtre de la *ré-union* des chrétiens catholiques romains, des orthodoxes, protestants, anglicans, etc.

Le Pape du dialogue alors? Qu'est-ce à dire? Est-ce que le Christ «dialogue» avec la Samaritaine? Certes, dans l'entretien avec la Samaritaine, comme dans l'entretien avec Nicodème, il y a bien «plusieurs personnes qui conversent» (pour reprendre la définition du Petit Larousse) – et qui *parlent* l'une avec l'autre. Cependant, nous avons de bonnes raisons de nous méfier de l'usage du mot dialogue que l'on fait volontiers aujourd'hui. – *Dialogue* pour beaucoup d'esprits contemporains sous-entend *dialectique,* c'est-à-dire échange de propos (et de propositions) dont il doit résulter une nouvelle forme de la vérité. Le dialogue de l'Eglise avec le monde, ce sont les prémices d'un humanisme nouveau. Et il est vrai qu'une encyclique comme *Pacem in Terris* adressée à dessein «à tous les hommes de bonne volonté» et non pas seulement aux fidèles de la catholicité a quelque apparence de *dialogue* avec le monde, c'est-à-dire avec le «mouvement historique» contemporain. Par exemple, la phrase fameuse sur laquelle on n'a point fini de débattre, est réellement une proposition de dialogue.

> «De même on ne peut pas identifier de fausses théories philosophiques sur la nature, l'origine et la finalité du monde et de l'homme, avec des mouvements historiques fondés dans un but économique, social, culturel ou politique même si ces derniers ont dû leur origine et puisent encore leur inspiration dans ces théories. Une doctrine, une fois fixée et formulée ne change plus, tandis que des mouvements ayant pour objet les conditions concrètes et changeantes de la vie ne peuvent pas ne pas être largement influencés par cette évolution. Du reste, dans la mesure où ces mouvements sont d'accord avec les sains principes de la raison et répondent aux justes aspirations de la personne humaine qui refuserait d'y reconnaître des éléments positifs et dignes d'approbation?»

Mais prenons garde à n'en point faire une proposition dialectique, car ce serait assujettir la parole de l'Eglise à une langue profane, quand il s'agit de lui reconnaître d'abord son inspiration divine et son contexte théologique.

L'Eglise veut-elle parler avec le socialisme[1]? car c'est cela qui est en cause dans la première phrase? Elle ne va pas exprès vers lui, mais elle le rencontre sur son chemin en ce moment de l'histoire contemporaine où *Pacem in terris* est publié (avril 1961).

Le Christ rencontre aussi la Samaritaine, sans le faire exprès, mais la Providence avait sans doute arrangé cela : «Quand Jésus apprit que les Pharisiens avaient entendu dire qu'il faisait plus de disciples et en baptisait plus que Jean (...), il quitta la Judée et re-

1. Avec le libéralisme aussi, tel du moins que le *Syllabus* l'avait désigné.

tourna en Galilée. Il lui fallait traverser la Samarie» (Jn 4,1-4). Or, les Juifs détestaient les Samaritains en qui ils voyaient des hérétiques. Ils n'ont pas de relations avec eux, dit saint Jean.

Jésus qui n'est point assujetti à ces passions va précisément entrer en relations avec ce peuple honni par l'intermédiaire de la Samaritaine venue pour tirer de l'eau du puits de Jacob. Là, le Maître s'était assis pour se reposer tandis que ses disciples s'en étaient allés à la ville acheter des provisions» (Jn 4,5). «C'était environ la sixième heure.»

Jésus est libre d'adresser la parole à ces gens à qui on ne parle pas. Jésus qui se conforme aux lois repousse le conformisme. Mais il le fait simplement et parce qu'il a quelque chose à dire à la Samaritaine. Quelque chose qui est de son devoir ou plutôt de sa venue (celle pour lequel le Père l'a envoyé : la révélation du Messie). Et non seulement il adresse la parole, le premier, à une femme de Samarie, mais encore c'est une demande qu'il lui présente.

A-t-il besoin d'elle? Dieu a-t-il vraiment besoin des hommes? Non, il se met en état d'avoir besoin d'eux. Le Christ se met en état d'avoir besoin de la Samaritaine pour étancher une soif très naturelle, tandis qu'il lui communique cette soif de vérité que la seule révélation – la connaissance surnaturelle – peut étancher : «Si tu savais le don de Dieu et quel est celui qui te demande à boire» (Jn 4,10). Dialogue peut-être, mais sans concession à la vérité que Jésus ne tarde pas à énoncer telle quelle à cette Samaritaine : «Vous adorez, vous, ce que vous ne connaissez pas» (Jn 4,22).

Il n'en est pas moins vrai qu'il y a échange. Echange de biens. Mais de biens de nature différente. Le Christ qui n'est pas venu pour être servi se fait ici servir, mais non sans dessein de sauver en retour. Et combien! «Si tu savais le don de Dieu.» Echange de l'eau naturelle dont le Fils de l'homme a soif, selon toute vraisemblance – mais chez le Christ tout est figure d'éternité – contre de l'eau vive.

Et cela se passe au puits de Jacob, en ce lieu qui authentifie la Nouvelle Alliance.

II

Le dialogue de l'Eglise avec le monde moderne, dont parlera le successeur de Jean XXIII, le Pape Paul VI, dès son discours du couronnement et dont il fixera les règles dans l'encyclique *Ecclesiam Suam* avec autant de largeur de vue que de précision, ce dialogue est à l'image de celui que nous rapporte l'Evangile de saint Jean entre le Christ et la Samaritaine.

Les fidèles catholiques sont censés regarder le monde et le monde moderne comme les disciples de Jésus regardaient les Samaritains.

Il n'y a que le Christ à pouvoir parler à la Samaritaine, comme il n'y aura, après la Pentecôte, que les Apôtres revêtus de l'Esprit Saint à pouvoir parler aux Gentils. Il n'y a que le Pape à pouvoir parler avec le monde moderne.

De tels dialogues ne peuvent être engagés et menés à bien que par celui qui a l'autorité de la Parole.

Nous voici donc revenus à la primauté de Pierre. Mais la primauté de Pierre, si affirmée soit-elle, n'enchaîne pas l'Esprit. L'Esprit souffle où il veut.

On le verra bien avec saint Paul qui aura *l'excellence* dans la primitive Eglise. Et l'on reverra encore, tout au long de l'histoire de l'Eglise, à côté de l'incontestable primauté du Pape, l'excellence évangélisatrice, enseignante et missionnaire des grands apôtres, confesseurs et docteurs.

Or, voici que la grandeur de la papauté s'imposant davantage dans le monde contemporain, la réunion, qui est communion à un même esprit, se fait, en la personne du Souverain Pontife, de Pierre et de Paul, du Chef des Apôtres et de l'Apôtre des Nations. Et cela, qui fut manifesté intentionnellement dans le choix que le Pape régnant a fait du nom de Paul, avait été également exprimé par Jean XXIII quand, par exemple, il invoquait ce double patronage dans le «message de paix», qu'au mois de septembre 1961 il adressait au monde : à tous les hommes croyants et incroyants :

> «Les deux colonnes de l'Eglise, saint Pierre et saint Paul, nous avertissent. Le premier dans l'affirmation répétée de la paix dans le Christ, Fils de Dieu : l'autre, Docteur des Nations, avec toute une indication bien circonstanciée de

> conseils et d'avertissements opportuns d'ailleurs et appropriés à tous ceux qui occupent et occuperont un poste de responsabilités dans le cours des générations humains[2].»

L'histoire contemporaine semble réserver au Pape un rôle (non que le Pape n'ait jamais eu de rôle historique...) en rapport avec les formes nouvelles dans lesquelles celui-ci exerce sa charge depuis que son pouvoir temporel a été réduit dans les proportions que l'on sait.

Ce rôle nouveau nous paraît venir principalement de l'autorité reconnue à la parole de vérité. Dans un monde où la parole, sous toutes ses formes, prend une place grandissante dans les rapports entre les personnes et entre les peuples, il est logique que le besoin de vérité s'y fasse sentir pour mettre dans cette Babel un peu de lumière et de raison.

«Nous vivons sous la loi de nécessités que régleraient et modéreraient de grandes autorités également reconnues de toutes les consciences humaines[3].» Ces lignes écrites par Charles Maurras en 1921 sont aujourd'hui encore parfaitement admises s'il s'agit de définir ce qu'il est permis d'attendre de l'audience que peut obtenir la papauté dans le monde moderne.

Le retentissement universel immédiat de *Pacem in terris,* le fait que le texte de cette encyclique ait fait à New York, en février 1964, l'objet d'un Congrès international des plus brillants; d'autre part, le succès des voyages de Paul VI en Terre Sainte et à Bombay, l'attention et l'estime qui, dans le monde entier préparant celui du 4 octobre 1965, à l'ONU, sont autant de signes qui permettent de penser que l'humanité contemporaine attend du Pape et de la papauté quelque chose...

Quelque chose de *concret,* comme on dit volontiers aujourd'hui, pour ne pas dire quelque chose à *manger,* puisque tant d'hommes souffrent aujourd'hui de la faim, puisque tant d'hommes ont faim et soif de la justice, puisqu'un nombre grandissant d'entre nous se demandent enfin s'il n'est pour leur enseigner la voie de la paix personne au monde de plus sûr que le Vicaire de Jésus-Christ.

Juin 1963

---

2. «Message de paix» in *Nouvelles de Chrétienté,* n° 319, du 18 sept. 1961.
3. In *Le Mauvais Traité,* Paris 1926.

Deuxième Partie

POUR UN TRAITÉ DE PAIX

«Hommes d'Europe, méfiez-vous de la paix! La dernière était déjà une assez jolie trappe à rats, mais celle-ci aura les dimensions d'une fosse à éléphants sauvages.»

BERNANOS
Lettre aux Anglais, 1943

1

Une politique de conscience

de Potsdam à Genève (1945-1955)

I

Les années passent, l'histoire précipite son cours, l'échéance de la paix, d'une vraie paix, est toujours reportée... Les anniversaires se succèdent, mais ils ne font que marquer chaque année davantage la profondeur de cet abîme surgi entre deux mondes au lendemain de la défaite de l'Allemagne et du Japon. Eté 1939, il y a dix-sept ans, c'était l'entrée en guerre contre l'Allemagne. Printemps, été 1945, l'Allemagne signait à Reims une capitulation sans conditions qui mettait fin à la guerre en Europe et les Alliés, Russes, Américains, Anglais – mais non les Français – se rencontraient à Potsdam pour décider provisoirement de son sort. Eté 1955, les chefs des pays ex-alliés se sont rencontrés à Genève – les Français présents cette fois – pour examiner les grands problèmes de la politique internationale. Mais ces grands hommes se sont préoccupés davantage d'une guerre future et des moyens de l'éviter, ou plutôt de l'éluder, que de la guerre passée et de la paix à faire. Et plus le temps passe, moins on s'en étonne.

Certes, si l'on veut sincèrement la paix, il est bon d'éloigner l'idée de recours de la guerre, mais si l'on veut vraiment faire la paix, *il faut faire la paix qui est à faire* – plutôt qu'une autre. Et la paix qui est à faire est celle qui résulte de l'état de choses donné par la dernière guerre.

Le problème de la paix doit être énoncé de façon positive. Le désir de la paix, l'obsession même de la paix sont dans tous les esprits, mais le sens, le bon sens de la paix font défaut à beaucoup et singulièrement aux dirigeants des plus grandes puissances. Il semble que pour eux la paix souhaitable, la paix durable, la paix possible soit d'abord et surtout une question de quantité d'armements, alors que la paix est d'abord et surtout une question d'ordre et de justice. «L'organisation des nations unies» : tel pouvait être, dans une théorie générale, le programme de la paix à établir dans le monde d'après guerre. Mais la conception de la paix qui prévaut aujourd'hui est celle du contrôle et de la neutralisation des armements devenus impossibles, surhumains, inhumains...

Bien sûr, il n'est pas inutile de vouloir faire la paix de la prochaine guerre, celle qui se ferait à coups de bombes A et H. Cela s'appelle prévenir. Et comme chacun sait : mieux vaut prévenir que guérir. Mais entendons-nous : mieux vaut pré-venir (avant) que guérir après. Et quand ça va mal, quand l'état de choses est mauvais, la juste prévention ne consiste-t-elle pas à guérir *d'abord?*

En admettant qu'une guerre future soit possible (mais elle peut avoir une équivalence dans une catastrophe universelle qui résulterait de la course aux armements), il serait absurde d'en vouloir prévenir les malheurs virtuels sans vouloir auparavant guérir les maux réels et persistants causés par la dernière guerre, celle de 1939-1945.

Mais, dira-t-on, s'il avait été possible à l'époque de faire la paix, nul doute qu'on l'eût faite en bonne et due forme. Il est en effet d'usage et de droit que les pays vainqueurs imposent aux vaincus la signature d'un traité de paix...

Cette fois, les Alliés qui s'étaient accordés pour exiger que l'Allemagne capitulât sans conditions, ne s'accordèrent même pas pour étudier la possibilité de faire la paix avec elle[1]. Ces puissances, très différentes – tellement même que leur alliance a toujours paru précaire – qui s'étaient coalisées contre l'Allemagne ont, une fois leur victoire obtenue sur l'ennemi commun, laissé leur rivalité virtuelle développer aussitôt ses effets. Dans l'ordre physique du jeu des forces en présence, le conflit a suivi la guerre et la nécessité du règlement du conflit par les voies de la paix ou de la guerre s'est substituée à l'obligation morale de l'établissement de la paix.

---

1. Conférence de Moscou en 1947.

Les phases de cette période de conflit ont déjà nom dans l'histoire. Ce fut d'abord «la guerre froide» qui alla s'atténuant, de la mort de Staline aux armistices de Corée et d'Indochine. Puis ce fut la période dite de «détente», la nouvelle diplomatie européenne de MM. Krouchtchev et Boulganine, assortie de déclarations réitérées sur la possibilité de «coexistence pacifique»; un changement de style qui correspond bien à un changement d'hommes, cependant que la doctrine n'a point varié.

Mais si, comme il est apparu à la lueur tragique des événements d'Afrique du Nord et de la crise des alliances dans le Moyen-Orient, la détente n'était qu'une phase de la guerre froide; si la Paix était un mythe, un état de choses impossible dans ce monde nouveau, né de la dernière guerre; et si la guerre était vraiment la mère du genre humain, comme le disait Héraclite, comme le répétait Lénine; si la guerre était vraiment la révolution permanente, l'impossibilité de la paix, et non pas seulement ce choc d'armées rangées en bataille, dont nous n'avons qu'une idée vague, qu'une image donnée; si la paix était une enfant ensevelie dans les décombres d'une maison bombardée, pourrions-nous vraiment, en approchant d'elle à travers les ruines, nous réjouir d'approcher de son cadavre? S'il en était ainsi, ne vaudrait-il pas mieux désespérer franchement de la paix et nous installer avec résolution dans la guerre froide comme les soldats de Quatorze dans les tranchées?

Mais en ce monde et surtout en ce «temps du monde fini» (Valéry), la guerre et la paix sont terriblement mêlées. La guerre tend vers son essence absolue qui est la destruction totale et la paix n'est que l'absence de guerre. En fait, aujourd'hui la guerre et la paix ne sont plus que des moyens de la Politique, ce pouvoir extrêmement envahissant. Il y a donc de possibilité de paix dans la guerre, comme il y a un malheur de la guerre dans la paix. Et c'est de ce malheur que le monde est affligé depuis dix ans. Les causes en seront étudiées par les historiens. A vrai dire, elles le sont déjà. En effet, si l'histoire se fait vite aujourd'hui, l'étude de l'histoire ne se fait pas moins vite. L'histoire jugera donc et donnera des éléments qui permettront de juger de la politique des puissances responsables de la paix et de la guerre durant ces dix dernières années.

Mais pourquoi arrêter ce compte à dix années? Pourquoi? Mais parce qu'il faut bien s'arrêter de temps en temps. Reprendre souffle, reconnaître... Reprendre conscience. Parce que marcher sans s'arrêter, ça n'est pas humain. Parce qu'il faut bien se demander où l'on va et pour cela, afin de garder la liberté de repartir d'un autre pied, dans une autre direction, il est utile de faire halte. Où allons-nous? L'opinion se fait unanime pour répondre que «ça ne peut pas durer ainsi». Certes, une telle conviction peut toujours être vraie : l'état du monde étant toujours mauvais en tout ou partie. Mais ce qui compte, c'est le train dont il va, c'est la direction qu'il prend, la voie qu'il suit pouvant être celle du salut ou de la perte.

Or, un simple regard sur la carte du monde nous ferait penser que l'humanité est en voie de perdition.

> «Dans le monde d'aujourd'hui, nous assistons à un phénomène redoutable : par tête d'habitant, les pays riches deviennent plus riches et les pays pauvres deviennent plus pauvres. Dans ces derniers, en effet, du fait de la diminution de la mortalité infantile, l'accroissement de la population est plus rapide que celui des richesses. Cette situation peut engendrer, à la longue, une lutte de classes des peuples pauvres contre les peuples riches. La Russie ne tardera pas à figurer parmi ces derniers, en raison de l'élévation du niveau de vie de ses habitants qui va s'accélérant[2].»

Mais quoi! la perte de l'humanité serait-elle nécessairement liée à notre propre perte? Sommes-nous à nous seuls *toute l'humanité,* nous qui faisons partie de ces peuples riches? Evidemment non. Nous ne sommes pas l'humanité tout entière, encore que nous soyons *aussi* de l'humanité... Et à cause de cela, nous pouvons penser que la «survie du monde libre» importe extrêmement à la vie même de l'humanité. Et pour cela, nous croyons que les peuples riches ont quelque chose à faire qui est en principe très simple : les peuples riches ont à donner...

Mais il y a *manière* de donner!

Dans ce monde d'aujourd'hui qui attend quelque chose, qui attend sans trop oser y croire, la paix, une paix certaine – au moins comme la délivrance de la guerre et de l'oppression – la prédication de la pénitence selon Jean-Baptiste prend une résonance singulière. Que disait le Baptiste aux «foules qui l'interrogeaient disant : "Que

---

2. Paul REYNAUD, «Chances de survie du monde libre», in *Revue des Deux Mondes,* novembre 1954.

devons-nous donc faire?", il répondit et leur disait : "Que celui qui a deux tuniques partage avec celui qui n'en a pas, et que celui qui a de quoi manger fasse de même"» (Lc 3,10). Aussi bien, dans cette perspective d'Avent, il est grand temps («et déjà la cognée est à la racine de l'arbre» – Mt 3,7) d'apercevoir qu'

> «il y a dans le monde huit cents millions d'hommes pour qui le minimum vital mensuel français représente le maximum annuel. Et la France compte plus de lits d'hôpitaux que tous les peuples d'Asie réunis. Et plus d'un million d'hommes ne savent ni lire ni écrire. Et tandis qu'en certains pays d'Europe l'âge moyen s'établit aux environs de 60 ans, il dépasse à peine la trentaine pour près d'un million d'être humains. L'heure est venue pour les hommes loyaux et de bonne volonté de transformer le sourd malaise de leur conscience en inquiétude et de traduire cette inquiétude en action» (Cardinal Feltin, Allocution du 22 mai 1955 à Notre-Dame de Paris).

On peut donc assurer que le devoir de charité coïncide aujourd'hui avec l'oeuvre nécessaire du salut temporel de l'humanité.

Et ce devoir de charité ne s'impose pas seulement aux chrétiens, mais aussi à tous les hommes de «bonne volonté», puisque, pour toute conscience, l'assistance à autrui est une loi de la morale naturelle.

Penser que la charité et la politique n'ont rien à faire ensemble serait ou bien cynisme, ou bien puritanisme; et la position médiane négative adoptée par ceux qui ne réfléchissent pas assez aux rapports de la charité et de la politique et n'osent conclure tout à fait à l'un ou l'autre de ces extrêmes, serait une position de scepticisme dont le fruit est lâcheté.

En fait, la politique a pour fin le bien de la Cité, le bien commun des hommes – *dans le respect de chacun,* ajoute la morale qui la précède ou la suit comme son ombre – et qui ne la quitte pas – selon l'éclairage.

Et la charité *comprend* cela.

La charité va même jusqu'à requérir le service politique pour améliorer le sort des hommes et construire un monde meilleur.

Aussi bien nous *distinguerons,* mais davantage *pour les unir* que pour les opposer, la mystique et la politique. Car si l'on peut dire avec Péguy que la mystique s'est dégradée en politique, ce ne peut être que d'un point de vue historique valable certes, mais contingent. Et philosophiquement, la mystique peut être *ordonnée* en politique. La spécificité de la politique comme art et science, comme théorie et pratique, ne peut couper la politique de la mystique qui peut et doit l'inspirer, à condition qu'elle soit mystique de la vérité. (Et il reste bien sûr à préférer que la mystique inspiratrice de la politique soit une mystique chrétienne, car il y en a d'autres.)

On refusera donc le mysticisme politique pur et le matérialisme politique pour chercher l'unité de la politique et de la mystique dans une *politique de conscience.*

L'action politique concerne l'unité de l'esprit. Et comme l'a dit très justement Thierry Maulnier : «Le problème politique est un problème de conscience[3].»

C'est pourquoi nous nous adressons à ceux qui sont au-dessus de nous et sont familiers ou même possesseurs du pouvoir. Nous nous adressons à eux comme on jetterait une bouteille à la mer. En conscience, nous nous adressons à leur conscience. Oui, nous n'ignorons pas qu'ils en savent un peu plus que nous sur l'état politique du monde, sur la situation internationale. Leurs connaissances et singulièrement leur *compétence,* élément nécessaire de toute *conscience professionnelle* – est plus complète que la nôtre, mais dans la relativité du problème politique – comme de tant d'autres problèmes – tous les points de vue n'ont-ils pas une valeur sensiblement égale? Ce qui compte alors, c'est la chose vue.

En notre siècle d'informations multiples et rapides au point d'être simultanées de l'événement, en télévision par exemple, les problèmes politiques passent sous le regard de millions d'yeux humains. La puissance du secret, qui était si grande en diplomatie, a été transférée à la capacité d'attention.

> «Il est à la fois difficile, mais plus simple qu'on ne croit, de se faire une opinion», écrivait récemment André Siegfried[4]. «Point n'est besoin pour cela de connaître le secret des chancelleries : c'est sur les faits les plus simples, les plus généraux, qu'il faut raisonner et l'on se trompe souvent en poursuivant le fin du fin. Je suis arrivé à la

3. *Au-delà du nationalisme,* Gallimard, 1938.
4. «Pour défendre la vérité», dans le *Figaro littéraire* du 18 juin 1955.

conclusion qu'en politique ce sont les explications les plus simples qui sont généralement les plus vraies. Mais encore faut-il que les faits ne nous parviennent pas déformés par l'intérêt ou la passion.»

1945, 1955. Conférence de la fin de la guerre, conférence de la fin d'une période de l'après-guerre : ces points de comparaison peuvent servir à mesurer l'étendue de ce problème politique dont nous avons à prendre conscience. Prenons-le sous sa forme cyclique puisqu'ainsi présentée, elle a l'avantage de former un tout. C'est en effet à la fin de la guerre contre l'Allemagne que, dans l'esprit des Alliés, tout devait recommencer. Or, c'était l'été 1945 et c'était la Conférence de Potsdam...

II

«Exprimez de nouvelles idées.»
Boulganine à Eisenhower
Les journaux (4-5 février 1956)

A la Conférence de Potsdam qui réunissait les Alliés : Etats-Unis, Angleterre et Russie – mais non pas la France – l'Allemagne fut amputée de tous ses territoires situés à l'est de la ligne Oder-Neisse et la Prusse Orientale partagée entre la Pologne et la Russie[5]...

Formidables concessions, dispositions presque unilatérales dont les effets ne cessent, depuis dix ans, de paralyser la politique européenne!

On dira, bien entendu, que les accords de Potsdam étaient eux-mêmes la conséquence d'une guerre où Anglo-Saxons et Russes s'étaient unis, par nécessité, contre l'Allemagne hitlérienne. Mais la guerre avait ses origines dans le mauvais état de l'Europe, dont profitait la volonté de puissance d'Hitler. Cause occasionnelle peut-être, mais cause tout de même! Ainsi pourrait-on justement remon-

5. La Sarre fut aussi détachée de l'Allemagne et confiée à l'administration de la France.

ter de cause en cause, jusqu'aux fondements de la croissance allemande en Europe. Sans doute, de telles études sont indispensables à une compréhension du problème allemand sur le plan de la philosophie de l'histoire, conseillère sinon inspiratrice de la politique – et sans doute même existent-elles – mais, pour les besoins de la politique présente, on se contentera de définir la partie de ce tout sur laquelle une action peut être encore exercée. Si Potsdam est encore d'actualité, si Potsdam n'est pas déjà dépassé par l'événement, si nous apercevons encore ce soleil d'orage au soir de l'après-guerre, il faut alors profiter de sa lumière. Potsdam 1945, c'est un chapitre toujours actuel de l'histoire allemande, c'est une partie bien définie de ce tout édifié sur la «table rase» que les Alliés avaient faite de l'Allemagne politique, une période qui commence à ce qu'on a appelé l'«année zéro» de l'Allemagne.

C'est à partir de là que l'on peut suivre les voies divergentes de la politique allemande des Russes et des Alliés occidentaux.

La politique suivie par les Russes dans la partie de l'Allemagne dont ils étaient les maîtres (du fait de la guerre, évidemment : on ne condamne, dans les accords de Potsdam, que la reconnaissance de la *force* comme *droit exclusif)* fut une politique d'annexion jusque dans la tentative, dite du «Blocus de Berlin», en 1948, qui échoua devant la détermination américaine.

Cette politique d'annexion aboutit à la constitution d'une république satellite, la République populaire d'Allemagne Orientale, dont le siège est à Pankow et à laquelle la Russie soviétique a reconnu la souveraineté (1954).

La politique occidentale fut, après des tentatives diverses de prise en charge et d'organisation, une politique libérale qui aboutir à la constitution de l'Allemagne Fédérale de Bonn, à laquelle les nations occidentales ont reconnu la souveraineté par les Accords de Paris (1954).

Ces politiques, parallèles dans la forme, mais divergentes dans le fond, furent aggravées par le réarmement de l'Allemagne en chacun des cas. Réarmement déguisé, puis reconnu (septembre 1955) en Allemagne Orientale – mais effectif. Réarmement légal en Allemagne Occidentale, mais à peine commencé. Cependant, du train dont vont les choses, on peut supposer que cette nouvelle armée sera bientôt constituée malgré l'opposition de la social-démocratie qui trouve plus opportun de revendiquer avant tout la réunification de l'Allemagne. (Or, *développez* un peu ce terme de réunification et vous verrez ce que vous y trouverez...)

Ainsi donc, il existe une armée allemande de l'Est et une armée allemande de l'Ouest, mais bien qu'elles fassent partie de deux camps opposés, *ces deux armées allemandes n'en forment qu'une seule en puissance.* Et le mobile de sa réunion, si jamais elle doit avoir lieu, sera le *nationalisme.* Et l'Allemagne de Bonn, la plus forte des deux Allemagne, la plus dynamique parce que grandissante, est l'Allemagne de demain. Elle est l'Allemagne de demain parce qu'elle est la plus libre, et que la liberté est la condition première de la souveraineté.

Cependant, si l'Allemagne de Bonn est l'Allemagne de demain, cette Allemagne de demain ne sera pas, ne sera plus l'Allemagne de Bonn. Si l'on s'oriente vers la réunification de l'Allemagne et que celle-ci garde cependant le droit au réarmement que le Chancelier Adenauer ne paraît pas vouloir marchander, elle sera devenue assez puissante pour disposer librement de ses alliances. Son intérêt présent est à l'Ouest, d'où elle retire tout ce qu'elle peut obtenir d'une politique libérale. Après quoi, elle pourra se retourner vers la Russie pour en retirer ce qui lui paraîtra nécessaire de réclamer et ce ne pourra être, à la limite, que la révision des frontières orientales. «L'intégration de l'Allemagne dans le système définitif de l'Occident avec la participation militaire qu'elle comporte, constitue le moyen sûr et rapide de recouvrer ses provinces perdues » (Discours d'Adenauer à Essen en 1951).

Y a-t-il quelque chose à redire à cela? N'est-elle point normale, cette arrière-pensée des Allemands à l'égard des provinces de l'Est?

Nous pensons bien, nous Français, à la possibilité de cette politique de bascule, et nous prévoyons le processus que la constitution de la CED n'aurait peut-être pas empêché – et nous nous en récrions...

Mais est-ce bien là ce qu'il faut faire?

Dans la mauvaise situation créée par les accords de Potsdam, nous recommençons à nous récrier comme, durant l'entre-deux-guerres, nous nous sommes récriés à chaque perte de garantie du traité de Versailles[6]. Certes, il est bien de reconnaître que

---

6. Voir le livre de M. Louis ROUGIER, *Créance morale de la France.*

l'Allemagne, retrouvant de plus en plus de forces, constitue de plus en plus une *puissance assez incertaine.* Mais la situation dans laquelle on la maintient, rend cette incertitude inévitable et angoissante pour l'Europe.

Le réarmement de l'Allemagne est pour beaucoup dans cette crainte. Il est dangereux; il est risqué. Mais n'eut-il pas été injuste d'en refuser le principe surtout aux temps staliniens où il fut envisagé? Il faut donc voir plus loin que le réarmement des deux Allemagne, et revenir à considérer la situation territoriale créée à Potsdam.

Et, en vérité, il ne peut y avoir de solution au problème allemand tant que ne sera pas levée cette hypothèque énorme et disproportionnée que l'impérialisme soviétique a prise sur le territoire allemand.

Quand on parle du plan de sécurité européen liant l'OTAN et les organismes militaires de l'Est (Pacte de Varsovie); quand on propose une limitation concertée des forces militaires des deux Allemagne, pourquoi, si l'on est prêt à s'entendre sur ces questions secondaires, pourquoi ne parlerait-on pas de ce qui fait le fond du problème? Oui, quand on parle de la réunification de l'Allemagne, quand on fait semblant d'y tenir pour faire prendre patience au peuple allemand, pourquoi ne parlerait-on pas de la délimitation de chacune de ces Allemagne que l'on voudrait réunir? Pourquoi ne veut-on pas parler premièrement de la *définition* de l'Allemagne, conséquence normale du statut provisoire de Potsdam?

Et puisque l'on parle tant de paix, pourquoi ne veut-on pas parler d'un *traité de paix* avec l'Allemagne? – Ce n'est pas possible, dira-t-on, étant donné le rapport des forces en Europe. – Mais cette objection ne signifie-t-elle pas que chacun des camps rivaux, Est et Ouest, veut avoir l'Allemagne avec soi ou, du moins, ne pas l'avoir contre soi? Et que, de part et d'autre, on s'est bien et mal résigné (bien pour les Russes, mal pour les Occidentaux) à une politique dont le fondement est le *statu quo* allemand. Il y a en effet tout lieu de croire que si les Occidentaux ne craignent pas désormais de formuler, dans leur dialogue sur l'Allemagne avec les Russes, l'exigence première d'une réunification de ce pays (au moyen d'élections libres) dans l'état même où Potsdam l'a laissé, c'est que, n'osant reconnaître cette faute *originelle,* ils sont tenus, par compensation morale, à défendre en tout et pour tout la cause de l'Allemagne selon les désirs qui viennent à celle-ci.

Je ne sais si nous, Français, nous nous représentons assez bien quelle situation impossible, à la longue, le consentement tacite au maintien de la ligne Oder-Neisse et la résignation à l'absence d'un traité de paix avec l'Allemagne ont créé en Europe, et quels risques prochains elle comporte. Ce n'est pas que nous nous désintéressions du problème allemand. Au contraire. Mais parmi les différentes prises de position sur ce problème – qu'elles soient faites dans un esprit nationaliste, européen ou atlantique – il n'en est pas une pour comporter le refus des actuelles frontières orientales de l'Allemagne. Pourquoi? Sentiment d'infériorité de la France devant la puissance allemande, et que satisfait plus ou moins l'actuelle réduction de l'Allemagne? Ou bien crainte de paraître trop favorable à l'Allemagne qui, après tout, apprend à ses dépens ce qu'est la politique d'annexion pour laquelle elle avait un certain penchant?

Or, il n'est pas question, en demandant la révision des accords de Potsdam, principalement en ce qui concerne les annexions de territoires, de favoriser l'Allemagne, mais de faire rendre justice et, partant, de rendre possible la construction de l'Europe en lui donnant pour base le consentement des nations libres à une communauté internationale : l'Europe de la paix.

Il ne peut s'agir de favoriser l'Allemagne par une inversion sentimentale, car si l'on demande la révision de la frontière Oder-Neisse et du partage de la Prusse Orientale, ce n'est pas pour reconstituer purement et simplement l'Allemagne de 1937 car, cette fois, l'injustice serait reportée de l'Allemagne sur la Pologne.

Il y a, en effet, une réaction en chaîne des mauvais accords conclus dans les mauvaises conférences, et remettre en question Potsdam à propos de l'Allemagne, ce serait également remettre en question Yalta où la ligne Curzon fut donnée comme frontière à la Pologne (ce qui représentait une amputation de 40% du territoire polonais pour la défense duquel la guerre avait été déclarée...).

Etre réaliste en politique, c'est avoir le sens non seulement du réel, mais aussi du *possible*. Et il n'est guère, *dans l'état actuel des choses*, possible d'imaginer que les Russes restituent à la Pologne les territoires qu'ils lui ont pris, non sans les avoir du reste reconquis sur l'armée allemande. Mais dans une telle conjoncture, il ne peut s'agir uniquement des antagonismes bilatéraux. Il s'agit de l'Europe. Poser la question de la ligne Oder-Neisse, c'est poser la question de la Pologne tout entière. Et poser la question de la

Pologne, c'est poser celle plus générale de l'état politique des pays de l'Europe centrale et orientale. Or, ces pays furent victimes du Traité de Versailles ou de son application, soit que celui-ci ait élaboré une médiocre carte politique de l'Europe, soit que, pour toutes sortes de raisons, les garanties de ce traité n'aient pu être assurées comme prévu.

Nous n'avons pas ici à juger de ce point d'histoire. Mais quand il est question de l'Allemagne et de l'Europe, on en vient logiquement à remettre en cause Potsdam (1945) et Versailles (1919), puisque beaucoup de choses qui étaient possibles à ces moments de l'histoire, ne le furent plus ensuite.

Il ne s'agit point ici d'écrire l'histoire, mais de la comprendre et de reconnaître que l'ordre européen défini au Traité de Versailles, fut bouleversé de fond en comble par la guerre mondiale de 1939-45 et dès avant par les annexions hitlériennes et cet ordre de droit – ou de loi – bel et bien remplacé par un ordre de fait, l'URSS l'ayant emporté sur l'Allemagne qui avait, elle aussi, à sa manière asservi tantôt ces peuples de l'Europe de l'Est, tantôt leurs gouvernements.

Un tel ordre fait violence à la liberté de ces pays et rend impossible la constitution d'une «grande» Europe pacifique. Et tant qu'il se maintient, il est difficile de concevoir l'Europe autrement que dans les limites d'une communauté nécessairement défensive. Or, on a vu qu'une telle association, si elle comprend une Allemagne partielle provisoire – et provisoirement partielle – et donc attirée fatalement de l'autre côté dans la mesure même de ce qui manque à son unité – n'était pas comprise d'un grand nombre de Français sincères, et non «séparatistes» – circonstance regrettable du point de vue primordial de l'unité française[7]...

Mais en admettant que l'Europe ne soit pas concevable en tant que communauté de défense, ou si tout de même cette communauté de défense se trouve tant bien que mal assurée par le système d'alliance de l'OTAN, ne pourrait-on, si l'on croit à la nécessité de faire l'Europe pour assurer la paix de ce continent – et par conséquent, pour une grande part, la paix du monde – ne pourrait-on faire aux Russes des propositions relatives à la constitution d'une Europe où leurs desseins seraient *forcément* révélés?

---

7. Ce passage et les suivants ont été écrits au lendemain du rejet (août 1954) de la Communauté Européenne de Défense (CDE).

Oui, si les Russes veulent vraiment – par besoin et non par gentillesse – la paix en Europe, que ne leur propose-t-on de revoir les accords de Potsdam qui ne sont, à la lettre, que provisoires?

Ou mieux encore : LE TRAITÉ DE PAIX?

Les diplomates ne le demanderaient peut-être pas au nom de la justice, mais les Français, qui n'étaient pas à Potsdam, pourraient le demander en réparation du préjudice que ces accords ont fait à l'Europe (car la première et la plus grande défaite de l'Europe d'après guerre, c'est à Potsdam qu'elle a eu lieu).

Cependant si l'on peut, comme on le doit, «faire l'Europe», on ne la fera pas sans la Russie. Sinon avec sa participation, du moins avec son consentement. En effet, si l'Europe est nécessaire à la paix, la paix n'est pas moins nécessaire à l'Europe. Autrement dit encore, s'il faut faire l'Europe pour avoir la paix, il faut aussi faire la paix pour avoir l'Europe, laquelle comprend, selon la géographie naturelle et l'expérience de l'histoire, une ouverture sur la Russie. Et bien sûr, ce ne sera pas une petite affaire que de mettre ordre et unité dans ces pays de l'Est européen, mais il faut tout de même essayer!

Aussi bien une telle initiative doit-elle être nécessairement prise. Car aujourd'hui, la révision – et non pas l'abrogation – des accords de Potsdam, la construction de l'Europe et le Traité de Paix sont une même chose pour laquelle la France a vocation.

Et parce qu'elle fut absente de Potsdam où d'injustes et absurdes décisions furent prises, et parce qu'elle a, du voisinage allemand, une expérience riche d'épreuves, la France doit surmonter sa tendance à se satisfaire d'une solution provisoire qui la rassure, dans la mesure où elle favorise une réduction de la puissance allemande. La France sait qu'une solution du problème allemand est indispensable à la paix de l'Europe. Il ne s'agit pas de se payer de beaux sentiments et d'opposer la générosité à l'injustice, mais la justice à l'injustice, et la générosité viendra après pour peu que la justice l'implique. C'est de cela qu'il nous faut prendre conscience et que nous devons faire voir à nos Alliés et à tous ceux qui ont autorité de droit ou de fait pour régler le problème allemand.

L'objectif d'une politique occidentale pleinement consciente de ses fins et de ses moyens devrait être, non pas de collaborer avec le communisme mais de distinguer autant que faire se peut entre le communisme et la Russie et d'aider ainsi la Russie à éliminer le communisme et à «devenir ce qu'elle est» : la Sainte Russie – trait d'union entre l'Europe et l'Asie dans l'attente du salut des Nations.

Février 1956

2

Les bases d'un traité de paix

La «Conférence au sommet» qu'en ce commencement de printemps 1958 on promet aux peuples désabusés pour la fin de l'été ou l'automne aura lieu ou n'aura pas lieu, aura été préparée par une réunion de ministres des Affaires Etrangères ou bien sera improvisée – quoi qu'il advienne nous estimons que son projet même aura servi à quelque chose puisqu'il a donné l'occasion à la Russie soviétique d'évoquer sous la plume féconde du Maréchal Boulganine – et juste avant l'abaissement de celui-ci – la possibilité de conclure un *traité de paix* avec l'Allemagne, *proposition dont il convient de retenir le principe afin de pouvoir à partir de là tenter de modifier l'orientation de la politique internationale.* Telle est l'idée que nous avions développée dans des textes écrits en 1955 et 1956. Nous ne croyons pas inutile de redire encore aujourd'hui que le *problème de la paix,* dont personne ne doute qu'il se pose sérieusement, *tend à devenir celui de l'ordre du monde* et que dans la série de réponses qu'exigent la solution d'un tel problème, celle de l'élaboration d'un traité de paix avec l'Allemagne[1] *assez juste pour permettre la libération militaire de l'Europe orientale* est nécessairement la première à donner puisqu'elle dépend cette «conversion de la Russie»; ce retournement de la Russie vers l'Europe chrétienne hors desquels le monde semble voué d'ici quelques années à la guerre universelle ou à la domination communiste.

Nous pensons qu'au plan de la doctrine le dialogue est impossible entre le libéralisme et le communisme et comme il faut cepen-

---

1. On sait que la question cruciale de la représentation des Etats allemands a fait l'objet de controverses entre Moscou et Bonn.

dant que le dialogue ait lieu entre les deux mondes antagonistes pour le salut de l'humanité et dans l'espérance de la paix, le seul terrain d'entente possible est celui d'une politique naturelle qui tienne compte de l'existence des nations et de leur droit de faire valoir leurs intérêts selon le Droit positif et non plus selon leur volonté de puissance – «pour la domination mondiale» – ou selon leur interprétation idéologique de l'Histoire.

Un dialogue utile, c'est-à-dire concluant et aboutissant à des décisions pratiques bienfaisantes pour le monde est impossible au plan de la doctrine parce que le langage commun adopté en la circonstance, à savoir le langage de la démocratie n'a point le même sens quand il est parlé par des spiritualistes – ou qui se veulent tels – comme le sont ou veulent l'être les Américains ou par des matérialistes – ou qui se veulent tels – comme le sont ou veulent l'être les Soviétiques. Et peu importe qu'en réalité les spiritualistes soient dans une certaine mesure des matérialistes qui s'ignorent et inversement... Il ne s'agit pas en l'occurrence de philosophie générale, mais de philosophie politique exigeant l'application des principes pour la réalisation d'une fin concrète.

Entre les deux mondes antagonistes la définition même de la paix s'est avérée impossible en termes généraux. Ce que les communistes entendent par la paix, ils l'ont assez répété, c'est la «coexistence pacifique», autrement dit l'affrontement, hors de l'état de guerre, de deux systèmes politico-économiques dont l'un, prétendant avoir pour lui la vérité, anime cette concurrence par l'action révolutionnaire subversive et fausse du même coup la partie. Une telle lutte est déloyalement menée. Quant aux Alliés occidentaux, ils ne peuvent admettre légitimement la coexistence pacifique au sens des Russes puisqu'ils réclament à ceux-ci assez mollement hélas! la liberté des peuples asservis, particulièrement ceux de l'Europe orientale.

L'antagonisme doctrinal à propos de la paix se manifeste donc dès l'énoncé du principe fondamental de la démocratie : la liberté. Quoi d'étonnant si on le retrouve au plan des applications de la démocratie, par exemple en ce qui concerne l'organisation d'élections libres en Allemagne? On ne saurait, en vérité, parler démocratie avec les Russes sauf besoin de propagande ou de polémique. Mais, au-delà, on ne saurait utilement attendre d'eux cette considération de la démocratie à laquelle on se scandalise un peu naïvement de leur voir manquer. Les Hongrois en savent pourtant quelque chose, ne l'aurait-on pas bien compris en Occident? Si, en effet, la répression de la révolution hongroise fut immédiate, entière et implacable, c'est qu'en allant plus loin que les Polonais, lesquels réclamaient prudemment un changement d'hommes et certaines libertés, mais dans le cadre du régime socialiste-communiste, les Hongrois étaient allés jusqu'à vouloir établir un régime démocratique authentique avec multiplicité des partis. On sait comment cela leur fut refusé!

Aussi bien, sauf acceptation de principe d'un traité de paix, on ne saurait parler doctrine avec les communistes pas plus qu'on ne saurait «collaborer» avec eux. Mais la coexistence de fait, qui pour n'être point pacifique vaut cependant mieux que la guerre ouverte, cette coexistence qui comporte par exemple des échanges commerciaux et culturels, impose entre les nations, et non pas entre les systèmes, une recherche minimum de ce bien commun de l'humanité qui est sa propre survivance et l'élimination du danger de guerre dont l'aboutissement logique est la construction de la paix.

Dans cette perspective le langage que l'on parlera avec les Russes sera celui du droit et de l'intérêt et plus précisément de l'intérêt national dans la mesure où il s'accorde avec le droit international. Mais aura-t-on l'esprit assez ouvert pour rechercher quel peut être l'intérêt national de la Russie dans un ordre du monde qui ne serait pas l'ordre communiste? Nous posons la question : la Russie aurait-elle intérêt à la paix? Pourrait-elle en prendre le moyen, c'est-à-dire encore pourrait-on lui faire admettre exactement le contraire de ce qu'elle réclame quand elle réclame la reconnaissance *de jure* de ses conquêtes européennes?

Poser la question, c'est y répondre, dira-t-on... et la réponse est que l'URSS n'accepterait pas.

Mais ce qui est invraisemblable aujourd'hui le sera-t-il demain? Et qui aurait assez peu d'expérience pour prétendre que la vérité ne peut même pas être énoncée et proposée du moment qu'elle n'a pas de chances d'être acceptée du premier coup? La vérité d'une proposition comme celle d'un juste traité de paix doit faire son chemin comme une source fait son chemin dans le rocher. Tant que cette proposition essentiellement anticommuniste et contre-révolutionnaire n'aura point été présentée par les Occidentaux, l'URSS progressera dans la conquête du monde, soit que s'accélère la décadence du monde libre et la désagrégation de ses alliances, soit son expansion – et probablement les deux.

Elle progressera jusqu'au jour où absorbée par l'Asie la Russie cessera d'exister en tant que *nation* (même s'il lui reste un Etat). Alors il y aura peut-être quelques Russes pour pleurer la vieille Russie, la mère-patrie et lui reprocher tout bas de s'être enivrée de puissance jusqu'à s'en laisser mourir...

Nous ne voulons pas dire par là qu'il faille compter sur un antagonisme Chine-Russie dont l'histoire ne nous donne pas d'exemples convaincants comme l'a bien montré Edouad Krakowski[2]. Mais on doit pouvoir compter que les Russes souhaitant conserver à leur pays sa «personnalité» et son caractère national, voudront garder une certaine différence, c'est-à-dire leur *distance*, d'avec la Chine. En Russie, comme ailleurs, le communisme aura rencontré le fait national et c'est à partir de ce fait que le communisme peut être arrêté dans son dynamisme, puis repoussé et absorbé à son tour pour autant que l'on sache d'une part imposer à son mouvement l'ordre de la politique naturelle fondé sur l'histoire et la géographie et d'autre part proposer aux difficultés de son propre système cette organisation économique et sociale «post-marxiste» dont un Thierry Maulnier s'est fait le porte-parole[3].

Le dynamisme communiste qui donne son rythme au mouvement apparent de l'histoire contemporaine, est double dans sa forme messianique par sa participation à l'entreprise géopolitique de nature impérialiste qui consiste en l'occupation de la planète par les grandes puissances ou pour le compte de celles-ci en vue de la domination du monde. Ainsi, après avoir tâté de l'Extrême-Orient, où il a bien fallu laisser à la Chine un peu d'espace vital (Krouchtchev lui-même a signé la concession à ce pays des bases russes de Daïren et Port-Arthur) et après avoir pris une option sur la Birmanie et l'Inde, la Russie s'est avancée en direction du Moyen-Orient et de l'Afrique. Comment alors situer ce mouvement dans la perspective d'un traité de paix européen?

Certes, un projet de traité de paix en Europe ne peut rien actuellement contre ce dynamisme qui est inquiétant surtout à cause de la

---

2. *Histoire de la Russie* (Ed. des Deux Rives); *Chine et Russie* (Ed. La Colombe).

3. Cf. *La révolution du XXe siècle,* Plon, Coll. Tribune libre, n° 17.

subversion communiste et non pas tellement à cause du regroupement des pays sous-développés autour des grandes puissances. Il y a toujours eu des empires et il y en a aujourd'hui de plus grands que jamais, mais en raison de la civilisation moderne de type industriel et des exigences de langage de la démocratie on les appelle «ensembles». On peut donc admettre que la constitution d'un grand «ensemble» russe, possible et probable en fait serait tolérable sinon souhaitable le jour où ce nouvel Empire d'Orient aurait répudié ou abandonné le communisme.

Le dynamisme géopolitique est l'astreinte des grandes puissances dans l'état actuel du monde. L'enjeu c'est l'unité en même temps que la survie de ce monde. On doit en avoir conscience pour s'opposer au communisme qui a entrepris depuis toujours de réaliser ce dessein («l'Internationale sera le genre humain») et progresse à une vitesse accélérée.

Nous aurions tendance personnellement et bien que n'ignorant pas les thèses de Lénine (elles courent les rues) sur l'encerclement de l'Europe par l'Asie et l'Afrique, à penser que cette stratégie est moins concertée, moins volontaire qu'on ne le croit en Occident où règne une mentalité d'assiégé (à côté d'une autre lâchement ou malicieusement résignée au pire), qui provient sans doute d'un anticommunisme obsessionnel, lequel ne peut être expliqué que par la privation d'espérance chrétienne et le manque de confiance en Dieu qui est un Dieu de paix.

Cependant, nous ne voyons pas d'inconvénient à parler en termes de *stratégie* du conflit entre le communisme et le «monde libre» à condition bien sûr qu'un tel langage ne fasse pas oublier les devoirs d'organisation de ce monde qui relèvent de la politique, de son esprit et de ses moyens.

Il y a aujourd'hui plusieurs politiques possibles. Non pas évidemment la bonne et la mauvaise... Non pas même une politique de pari ou de «choix» qui résout les difficultés en supprimant les problèmes. Mais bien plusieurs politiques – comme il y a plusieurs logiques, plusieurs géométries – exprimant un même souci du bien commun dans des formes différentes. Il convient de maintenir entre elles estime et compréhension.

C'est pourquoi, en admettant que la stratégie communiste consiste, comme Pierre Boutang l'a indiqué de façon percutante, à immobiliser l'Europe et à mobiliser simultanément le Moyen-Orient et l'Afrique, à quoi il faudrait parer par l'immobilisation du Moyen-Orient et de l'Afrique, nous demandons si l'idée d'un traité de paix, que les Russes pourraient se repentir d'avoir lancée, ne peut constituer cet élément moteur dont l'Europe a besoin, d'autant plus que le *statu quo* actuel finirait bien par être admis, au moins en ce qui concerne les territoires situés à l'est de la ligne Oder-Neisse. Chose qui est en principe inacceptable hors de cette négociation sur l'Europe dont le traité de paix est le seul cadre possible.

M. Georges Bidault faisait remarquer[4], trois ans après la mort de Staline, que si des changements avaient pu se produire dans la politique intérieure de l'URSS, aucune concession n'avait eu lieu en politique extérieure.

Aussi bien avons-nous connu en France la réaction thermidorienne puis le Directoire et le Consulat qui condamnèrent la tyrannie de Robespierre et les excès de la Terreur, mais aucun de ces régimes et pas davantage l'Empire ne put renoncer aux conquêtes de la Révolution et notamment à la Belgique. Il y a tout lieu de croire que M. Krouchtchev ne renoncera pas spontanément aux conquêtes territoriales de Staline.

Mais de même que la question de la Belgique entre la France, l'Angleterre et la Hollande finit par être réglée en 1830 à la conférence de Londres par voie de négociation, de même la question des territoires germano-polonais qui conditionne actuellement toute l'organisation de l'Europe nord-orientale devra être réglée dans le contexte d'un traité de paix avec l'Allemagne.

Le temps passé depuis 1945 aura disposé les protagonistes à se considérer plus en *organisateurs de l'Europe qu'en vainqueurs et vaincus soumis aux impressions de la force.*

Mais en attendant que se produisent en Russie les effets escomptés de ce renversement d'histoire (et ils se produiront tôt ou tard), il faudra continuer en la centrant sur la constitution de l'Eurafrique la politique d'unité européenne qui, au lendemain de la guerre 1939-1945 et dans la relative défaite de l'Europe, représenta mieux que n'aurait pu le faire une paix conçue par la France (la France qui, incontestablement victorieuse en 1918, n'avait ni su ni pu proposer

4. *Carrefour,* 16 mai 1956.

une paix intelligente et juste!) une voie salutaire hors des querelles entre nations et le seul dynamisme communiste.

Les nationalistes doivent pouvoir comprendre cela et les «Européens», s'ils admettent qu'*il y a plusieurs Europe,* doivent comprendre la méfiance qu'éveillent chez les premiers certaine tentation de «repasser» à l'Europe les difficultés de la France qui tiennent à son existence même, c'est-à-dire à son destin et à sa vocation.

Avril 1958

3

La conférence de Genève

L'Allemagne et la paix

Comme on pouvait s'y attendre, la tension artificiellement provoquée par la note soviétique du 27 novembre 1958 sur le statut de Berlin et sur tout ce qui a suivi, aura fortement éprouvé la cohésion des Alliés occidentaux et montré les limites de leur politique allemande et européenne. Mais elle aura aussi, pour le bien de l'Europe, consolidé la volonté d'entente de la France et de l'Allemagne et pour l'honneur du «monde libre» valu, en réponse hautaine à l'insolente volonté de puissance du communisme, cette mise au point, faite par le Général de Gaulle (dans sa conférence de presse du 25 mars) sur les fausses querelles de la politique internationale eu égard à la vraie «querelle» : celle de l'homme, celle de la fraternité universelle.

Ainsi de l'ébranlement donné par M. Krouchtchev aux affaires allemandes, il peut résulter en regard de pires événements quelque progrès dans la compréhension d'*un «problème» que l'on aurait tendance à vouloir régler avant même de l'énoncer entièrement.*

Mais un tel progrès suppose que les Alliés occidentaux ajustent et adoptent leur politique allemande non seulement à la nécessité de l'événement qui commande prudence et fermeté dans une situation fort complexe, mais s'appliquent aussi à concevoir dans l'espérance d'une vraie paix possible avec le temps et l'aide de Dieu, l'étendue et la profondeur de cette «chose allemande», qui nous cache et nous tient en réserve, à la fois, les vraies dimensions de l'Europe.

En vérité, le paradoxe de cette affaire allemande, c'est que les Russes voudraient légitimer le *statu quo* allemand – à l'exception du régime de Berlin – par un traité de paix qui provoquerait en outre le désarmement de l'Allemagne de l'Ouest, mais que les Occidentaux ne tiennent guère à sanctionner juridiquement une situation de fait à laquelle ils se sont pourtant habitués.

Cette répugnance à reconnaître *de jure* un état de choses qui constitue la garantie de l'empire soviétique en Europe est aussi naturelle qu'honorable et raisonnable, mais elle est aggravée par l'embarras que donne aux Alliés occidentaux la question des frontières de l'Allemagne. Là est en effet le fond du problème.

Mais le fait qu'on l'aborde publiquement – quoiqu'en passant et non sans une adroite rhétorique comme le Général de Gaulle – est bien le signe d'un progrès dans la résolution du problème allemand; même si les avis sur ce point peuvent être différents. Ce qui importe avant tout pour les Alliés Occidentaux, c'est d'avancer ensemble dans la voie de l'unité européenne et d'y harmoniser leurs points de vue.

C'est pourquoi il nous paraît utile, puisque nous connaissons désormais les grandes lignes de l'actuelle position de la France, de connaître également la position du pays le plus directement intéressé à cette question des frontières, l'Allemagne de l'Ouest, afin de voir dans quelle mesure nous pouvons l'admettre.

1. L'Allemagne ne renonce pas aux territoires de l'Est, mais elle se refuse à les recouvrer par la violence.

C'est d'abord une question de forme et de droit. Et juridiquement, il n'y a rien à dire à cela. C'est ainsi que depuis la fin de la guerre, le Vatican n'a pas nommé d'évêques dans les territoires confiés à l'administration polonaise en application des accords de Potsdam et ne saurait en nommer tant que l'appartenance de ces territoires à la Pologne (ou à l'Allemagne) n'aura pas été mentionnée par un traité de paix[1].

Mais c'est également une question morale et pratique. La Silésie, par exemple, a toujours été disputée entre l'Allemagne et la Pologne – sans oublier l'Autriche à qui Frédéric II l'enleva *manu militari* – et

1. Rappelons que les évêchés situés dans ces territoires sont administrés par des délégués apostoliques.

il n'est pas certain qu'historiquement elle puisse être revendiquée davantage par celle-ci que par celle-là. M. R. de Geouffre de la Pradelle a publié sur le *Problème de la Silésie et le Droit* (Les Editions Internationales) un précieux et courageux petit livre dont le mérite est d'avoir dénoncé un état de fait et de droit inacceptables, mais dont nous ne suivons pas jusqu'au bout la tendance défavorable à la Pologne, car nous estimons, avec les Allemands eux-mêmes et singulièrement le Chancelier Adenauer, que la question de la Silésie doit être réglée par un accord entre les deux pays intéressés.

> «On ne saurait pour des raisons psychologiques s'attendre à ce qu'un gouvernement allemand renonce formellement et de façon définitive au retour des territoires de l'Est. La France, après le traité de Francfort qu'elle avait dû signer, n'a jamais accepté moralement la coupure de l'Alsace-Lorraine, ce qui ne signifie pas qu'elle avait l'intention de faire une guerre pour les récupérer. Mais on entretenait l'espoir d'un retour. Les Allemands ne réagirent pas autrement que nous ne l'avons fait... Il n'est donc pas illogique du point de vue du gouvernement allemand d'encourager d'une part les réfugiés allemands de l'est à conserver l'espoir qu'ils pourront un jour rentrer chez eux, tout en prenant d'autre part l'engagement de ne pas faire la guerre pour récupérer ces territoires.»

Ces paroles du Président Robert Schuman[2] aideront à comprendre que, du point de vue de la politique intérieure allemande et nonobstant tout esprit de chantage, il soit difficile de recommander une politique de renoncement aux provinces de l'Est. A supposer que les Allemands des Pays de l'Ouest n'aient qu'un vague regret de ces régions vidées de leurs habitants, les réfugiés, eux, auront gardé de la patrie qu'ils ont dû quitter dans des conditions dramatiques un souvenir sûrement plus lancinant.

En outre, une telle renonciation comporterait une réaction nationaliste dont la gravité serait évidente, car elle annihilerait en peu de temps tous les efforts de rapprochement avec l'Occident accomplis par l'Allemagne de l'Ouest depuis 1949 – et pour quelles aventures?

---

2. Cité par M. R. de Geouffre de la Pradelle. Voir également plus loin *L'Europe en question*.

2. La question des territoires de l'Est ne peut être réglée que dans le cadre d'un traité de paix.

Dans l'hypothèse où la marche des événements actuels aboutirait, comme l'espèrent les Russes, à la conclusion d'un traité de paix avec l'Allemagne, deux cas se présenteraient.

Ou bien l'Allemagne signe et renonce aux provinces de l'Est. Elle se retire alors et retire son armée d'une Alliance Atlantique pour laquelle elle cesserait d'avoir de l'estime. Par un réflexe nationaliste-type, elle déclarerait n'attendre le salut que d'elle-même. Les institutions européennes seraient même remises en question, si besoin était. L'Allemagne, hors du pacte atlantique et les Alliés hors d'une Allemagne qui aurait signé la paix, quelle dégradation de la sécurité européenne!

Mais si, au contraire, l'Allemagne refusait de signer sa renonciation aux provinces de l'Est, quel aveu de son esprit de revanche, quelle manifestation nouvelle de son orgueil et quelle suspicion au sein de l'Alliance atlantique!

Tel est donc bien le dilemme d'un traité de paix conçu à partir du *statu quo*. Dans les deux cas étudiés, les Russes sont gagnants et l'Alliance atlantique compromise.

Mais de cet état de la question allemande, il ne doit pas suivre fatalement que les Occidentaux soient dans l'impossibilité de jamais signer le traité de paix avec l'Allemagne. Car cette idée est légitime. La recherche d'une paix juste et sincère trouve naturellement son expression dans un traité en bonne et due forme et la recherche d'une paix juste et sincère est un devoir pour tous.

Or, le *statu quo* que la Russie voudrait faire appeler la Paix (sauf en ce qui concerne Berlin) ne peut être pour nous l'expression d'une paix juste et sincère. D'où le peu d'empressement que les Occidentaux montrent à l'égard d'un traité de paix que la tradition de Potsdam et les *impedimenta* de la coalition Alliés-URSS, inclineraient encore après quatorze ans à signer *avec* l'Allemagne, mais aussi un peu *contre* elle.

3. La négociation d'un traité de paix ne peut se faire qu'avec un seul Etat allemand.

Cette proposition formule l'exigence de la réunification qui fut pendant longtemps l'argument presque unique de la politique allemande de l'Occident, à tel point que l'on ne pouvait s'empêcher de penser que dans réunification il y avait *unité* et que la réunification des deux Allemagne ne rendait pas totalement compte de l'union allemande qui reste à définir et qui est selon nous l'affaire de l'Europe tout entière. On sait que M. Foster Dulles, lors du voyage aux USA de M. Mikoyan, puis le Général de Gaulle, lors de sa conférence de presse déjà citée, ont atténué la revendication d'élections libres comme moyen unique de réunification. Mais cette exigence a été maintenue par la République de Bonn et l'on peut croirez que de la présidence de la République où il sera bientôt installé, Konrad Adenauer[3] veillera à ce que la réunification de l'Allemagne ne soit pas l'objet d'un marchandage avec la Russie soviétique dont la politique occidentale de l'Allemagne de Bonn risquerait de faire les frais.

On peut en effet imaginer sans être trop subtil ni retors que la Russie soviétique n'agrée un jour pour traiter de la paix la seule Allemagne de l'Ouest gouvernée autrement qu'elle ne l'a été jusqu'alors. Neutraliser l'Allemagne et défaire l'OTAN valent bien de mécontenter Varsovie, Prague et surtout Pankow.

La réunification au moyen d'élections libres tend à libérer l'Allemagne de l'Est du régime communiste. Si les Russes qui l'ont obstinément refusée venaient à l'accepter ce ne pourrait être que contre autre chose. Ainsi, les Occidentaux seraient-ils d'ores et déjà bien avisés de penser que l'exigence de réunification ne suffit pas à définir une politique allemande bien qu'il soit légitime de la formuler.

Légitime donc l'exigence de réunification, mais légitime aussi la recherche d'un traité de paix. Dans un cas comme dans l'autre les avantages n'excluent pas les risques. L'abstraction électorale peut masquer les aléas de la réunification comme le formalisme juridique

3. En fait, le Chancelier Adenauer devait par la suite renoncer à sa candidature à la présidence de la République fédérale.

peut donner le change sur un traité de paix qui reconnaîtrait un état de chose injuste en Europe orientale.

En négociant sur l'Allemagne l'Occident devra se garder de ne pas compromettre l'avenir. L'avenir de l'Europe.

Or, dans l'avenir il y a des possibilités de changement d'hommes, de politique et de régime en Russie; la concurrence avec la Chine pour la suprématie en Orient et en Asie qui peuvent lui faire souhaiter *d'avoir la paix* en Europe et de consentir à en donner des gages.

C'est à cause de cet avenir; c'est à cause de la justice internationale qui ne peut accepter l'annexion des pays baltes et les procédés de subversion communiste employés par l'URSS pour se soumettre un par un les Etats depuis nommés satellites – pas plus qu'elle n'accepta jadis de reconnaître à l'Allemagne d'autres frontières que celles de 1937, c'est-à-dire avant l'Anschluss autrichien et l'occupation de la Tchécoslovaquie; et c'est à cause d'une espérance dont il ne faut pas laisser s'éteindre la flamme que les hommes et les femmes d'Europe devront se souvenir que la négociation du traité de paix entre les Alliés occidentaux, l'Allemagne et la Russie, si elle devait avoir lieu un jour, ne concernerait pas seulement les événements de la guerre de 1939-1945, mais ceux de la guerre froide qui a suivie et qui ne semble pas encore terminée...

Mai 1959

4

La défense de l'Occident et l'idée d'un traité de paix

Lettre à Pierre Boutang[1]

Il y a plusieurs années, trois ou quatre, que la question de la paix fait l'objet des rares, mais cordiaux entretiens que j'ai été heureux d'avoir avec vous.

Depuis ce temps, c'est-à-dire depuis environ la fin de l'année 1956 qui vit les révoltes de Pologne et de Hongrie laissant augurer que la «tranquillité de l'ordre» – qui est la définition de la paix selon saint Augustin – ne pourrait jamais être acquise en faveur de la Russie soviétique de ce côté-là de l'Europe, depuis lors, vous tenez pour recevable et digne d'une réflexion politique à laquelle vous m'invitiez récemment à me livrer, cette idée d'un traité de paix en Europe entre l'Allemagne et ses vainqueurs de 1945. Vous admettez, au moins à titre d'hypothèse, que le problème allemand puisse être posé dans les termes d'un traité de paix qui comporterait organisation ou projet d'organisation de l'Europe... (car il y a ce qui est possible et... ce qui ne l'est pas hélas! actuellement, sans qu'on puisse savoir toutefois combien de temps ce qui est impossible aujourd'hui le demeurera et sans qu'on doive, pour cette raison, tenir l'impossible pour immuable).

Vous estimez que cette idée est logique, qu'elle ne contredit ni le droit ni l'histoire et qu'elle peut être pour ces raisons politiquement valable; mais vous pouvez aussi trouver que, parce qu'elle paraît difficilement réalisable ou imaginable, elle risque d'être une idée chimérique – donc inutile ou dangereuse.

---

1. Directeur de *La Nation française*.

Pour moi, je me demande, et je vous demande comme à d'autres hommes de bonne volonté, si en ramenant cette idée à son origine spirituelle qui est la conception chrétienne de la paix, on ne pourrait admettre qu'elle soit fondée sur le «mystère de la deuxième vertu» : l'Espérance qui est le soleil de l'histoire. De ce point de vue, l'idée d'un traité de paix aurait un caractère modeste et contingent. Elle a beau être logique (en effet cela ne suffirait point à la faire admettre des fanatiques ou des désespérés qui gouvernent tant de nations de ce monde) elle ne pourra être raisonnable en dehors des circonstances qui la font proposer.

Par contre, ce qui est *nécessaire* et qui tend à être admis, non seulement par les chrétiens, mais par tous les hommes de notre civilisation, ou si l'on veut, de notre «monde moral», c'est l'élaboration pratique et la *prédication* de la doctrine de la paix dont vous dites bien qu'elle ne vient pas de nous, mais qu'elle «est l'effet de la charité, c'est-à-dire de l'amour de Dieu dans le monde créé[2]».

Voilà pourquoi l'idée de traité de paix est une *proposition* à faire dans un esprit de paix. C'est de là, et de là seulement qu'elle pourra tirer sa *force*. C'est cet esprit qui doit nous accompagner, nous guider (telle est la signification du «Paraclet», nous rappelle-t-on dans nos paroisses en ce temps de préparation à la Pentecôte...) dans l'analyse prudente et circonstanciée que j'en voudrais faire maintenant.

*
* *

Les événements survenus à Paris du 16 au 18 mai, lors de la conférence démolie par M. Krouchtchev, ont donné à cette notion de traité de paix un caractère menaçant, voire catastrophique, propre à la desservir chez les Occidentaux qu'elle semble laisser sans réponse, alors qu'à la bien regarder on s'aperçoit qu'elle peut aussi les servir et qu'ils pourraient bien en faire un meilleur usage que M. Krouchtchev lui-même.

Mais d'abord nous conviendrons qu'en mai 1960, quinze ans exactement après la capitulation allemande, un traité de paix ne

2. «Défi soviétique et réponse chrétienne» (La Politique), in *La Nation Française*, du 18 mai 1960.

s'impose plus avec le même caractère qu'il prend lorsqu'à la fin d'une guerre les vainqueurs imposent la paix au vaincu. C'est pourtant de cette façon et dans cet esprit que M. Krouchtchev veut amener la conclusion d'un traité de paix avec l'Allemagne. Dans le désir un peu grossier d'«avoir la paix», d'être tranquille de ce côté de son empire et de faire face ailleurs aux nécessités qui l'obligent ou le menacent, en tout cas, le pressent ou le presseront de plus en plus.

En vérité, si la paix dans la forme concluante d'un traité avec l'Allemagne pouvait être aujourd'hui envisagée, il serait plus normal de la *proposer* que de vouloir l'imposer. Et quand on parle de «détente» et quand on joue (dans tous les sens du mot) la «détente», on évite de présenter comme une menace ce qui pourrait être un attrait. Comme un bâton menaçant ce qui pourrait être une perche tendue... Mais la brutalité soviétique est insondable! Et nous savons comment M. Krouchtchev, venu à Paris pour parler de la Paix, n'a pu s'empêcher de manier publiquement une hache...

Faut-il voir dans cet épisode comme le symbole de ce qu'il attend de la paix en Europe au sujet de l'Allemagne? L'arbre allemand abattu et qu'il faut émonder; l'arbre allemand poussant de nouveau et qu'il ne faut pas laisser se développer. Et Berlin est l'entaille sur laquelle il faut cogner!

Toutes les difficultés présentes sont en effet venues de Berlin, ou plutôt *sous prétexte de Berlin-Ouest,* avec la crise artificiellement déclenchée par la fameuse note du 28 novembre 1958 sur le statut de cette ville. Le traité de paix est venu ensuite comme un argument à clé. Mais il s'agissait, selon les circonstances, selon le beau temps ou le mauvais temps, selon l'humeur ou les nécessités du jour, tantôt de la menace d'un traité de paix séparé avec Pankow qui mettrait les troupes alliées de Berlin-Ouest en état de siège, tantôt de la suggestion d'un traité de paix qui, devant tout de même bien avoir son heure, «liquiderait les séquelles» d'une guerre passée et serait à tout prendre une formalité de bon aloi[3].

---

3. Le 18 novembre 1959, l'agence Tass déclarait qu'*«une solution juste et raisonnable pourrait être trouvée à l'échelon des chefs du gouvernement en vue de la signature d'un traité de paix avec l'Allemagne qui mettrait un terme aux vestiges* (sic) *de la dernière guerre».* Et dans le même texte, on pouvait lire ces paroles modérées : *«A l'heure actuelle, le problème ne consiste pas à priver qui que ce soit de ses droits et obligations qui découlent de la capitulation sans*

> «Nous allons tout faire, disait Krouchtchev à Reims au mois de mars dernier, pour aboutir à la signature d'un traité de paix allemand. Mais si nos efforts demeurent vains, nous signerons un traité de paix séparé.»

Cependant, l'autre jour, à Paris, les journalistes auront entendu un langage plus dur :

> «Nous avons bien l'intention, disait M. Krouchtchev, de signer non pas une paix séparée, mais un traité de paix avec l'Allemagne, orientale, afin de mettre fin aux conséquences de la guerre mondiale. Ainsi nous priverons les Occidentaux du droit d'avoir des troupes à Berlin-Ouest.» Et plus loin : «Nous déployons tous nos efforts pour que la paix avec l'Allemagne soit signée ensemble [...]. Mais nous sommes arrivés presque à la limite. S'il n'y a pas moyen d'y parvenir, nous signerons seuls.»

Deux jours après, le 19 mai, à Berlin-Est, le Président du Conseil soviétique confirmait ses propos et laissait entendre qu'il ne signerait pas de traité avant d'avoir tenté encore une fois – par une nouvelle rencontre «au sommet» – et avec le successeur du Président Eisenhower – d'obtenir cet accord définitif et général sur l'Allemagne que constituerait le traité de paix selon ses voeux.

Apparemment, M. Krouchtchev s'est *engagé* publiquement – devant le monde entier et en premier lieu devant les nations de l'Europe Orientale – mais peut-être aussi en privé devant les dirigeants de l'Allemagne de l'Est qui l'en auraient supplié, à mettre fin au régime d'occupation de Berlin-Ouest, dernière enclave de la liberté derrière le rideau de fer.

L'opération dure depuis novembre 1958 et Krouchtchev n'a point obtenu son accord sur Berlin. Il aurait même acquis la conviction qu'il ne l'obtiendrait pas. Pas encore et pas de sitôt et certainement pas par le moyen employé. Mais comme il est, répétons-le, engagé, c'est-à-dire peut-être compromis dans cette formidable partie politique qu'il est en train de mener, le traité de paix est dans son jeu autant une menace pour les Occidentaux

---

condition de l'Allemagne hitlérienne, mais de trouver un accord qui prendrait en considération les intérêts de toutes les parties.»

qu'une position de dégagement pour ce qu'il nommait récemment à Paris son «opinion publique».

Cette attitude est assez ambigüe pour pouvoir être interprétée de deux façons différentes. En effet, dans l'hypothèse où un traité de paix séparé viendrait à être signé, M. Krouchtchev serait toujours en mesure de dire aux Occidentaux : «Votre position à Berlin, à la suite de ce traité, est inconfortable. Alors! accordons-nous sur Berlin-Ouest dans le sens que j'ai indiqué.» Et à son «opinion publique» : «Nous avions fait tout le possible pour aboutir à un accord général sur l'Allemagne, mais les Occidentaux ont refusé ce que nous proposions pour Berlin-Ouest. Tant pis pour eux puisqu'ils seront bien amenés à traiter directement avec la République d'Allemagne Orientale et cela les embarrasse beaucoup!»

Cependant, bien que M. Krouchtchev ne soit pas pressé de signer avec l'Allemagne Orientale ce traité de paix, «dont l'absence offre à sa politique de plus larges possibilités de manoeuvre[4]», on peut estimer que dans la crainte de mouiller ses foudres, il se résignera à jouer cette carte s'il n'obtient pas de la future conférence au sommet l'accord sur l'Allemagne qu'il en attend.

*
* *

Quelle importance pour la politique européenne aurait alors la signature d'un traité de paix entre d'une part la République d'Allemagne Orientale et d'autre part la Russie soviétique et les autres nations, la Pologne et la Tchécoslovaquie, qui n'ont pas signé la paix avec l'Allemagne?

Un tel traité consacrerait en premier lieu la division de l'Allemagne et le refus définitif de sa réunification. Ensuite, il signifierait que les communications à travers l'Allemagne Orientale des troupes alliées cantonnées à Berlin-Ouest ne seraient plus motivées pour cet Etat et que par suite il pourrait légalement les interdire. D'où l'épreuve de force toujours possible, laissée à la discrétion de la DDR et, derrière elle, de la Russie.

Quelle serait aussi la *valeur* de ce traité? Le 3 avril 1960, le Département d'Etat communiquait, en réponse indirecte mais fort

---

4. J. ROISEL, dans *La France Catholique* du 19 mai 1960.

claire aux déclarations faites par M. Krouchtchev à Rambouillet, qu'*«un traité de paix entre Moscou et Pankow ne saurait affecter les droits des Occidentaux à Berlin»*[5].

En réalité, dans une conjoncture internationale aussi tendue et avec des partenaires qui ne se soucient guère de l'honneur des traités, la valeur juridique d'un tel instrument serait purement fictive. Mais dans notre monde, la fiction est encore une forme et l'on aura beau faire la contradiction entre les deux mondes sera consommée, la rupture achevée. Les occasions et les prétextes de conflit seront accrus. L'équilibre de guerre et de la paix en Europe deviendra plus fragile encore.

Cependant, nous savons désormais que nous pouvons vivre, *durer,* mais au jour le jour, dans une situation de politique internationale aussi précaire. Nous pouvons aussi attendre, car on ne vit pas sans attendre – et, sauf dans l'angoisse qui est une agonie, on n'attend point sans espérer; nous pouvons donc espérer que des changements se produiront un jour ou l'autre en Russie qui favoriseront la libération de l'Europe orientale. Alors, avec ou sans traité de paix, on pourrait enfin *avoir la paix* en Europe pour peu que l'on s'entende sur l'Allemagne.

Je crois que le maintien inconditionnel de nos droits et l'affirmation intangible de nos positions sur le problème allemand, s'ils sont indispensables pour résister à l'offense politique menée par la Russie sur Berlin-Ouest ne doivent pas être nécessairement accompagnés de cet esprit de résignation au malheur de l'Europe orientale que je viens d'évoquer.

Je vous demande donc, et je vous demande encore si, puisqu'offensive il y a – avec l'affaire de Berlin montée de façon artificielle (une colère de dictateur), et puisque menace il y a – avec la question du traité de paix –, je me demande si la possibilité d'une contre-offensive est *inconvenante* ou *déraisonnable.*

---

5. Dans sa conférence de presse du 26 mars 1959, le Général de Gaulle s'était déjà prononcé sans ambages sur le droit de passage des Alliés Occidentaux à travers l'Allemagne orientale : *«... Nous tenons pour nécessaire que l'Amérique, l'Angleterre et la France n'acceptent pas que qui que ce soit fasse obstacle aux allées et venues de leurs troupes de Berlin. En vertu de la victoire ainsi que des arrangements conclus naguère avec la Russie soviétique, les trois puissances ont le droit de passage.»*

Inconvenante, vous ne le pensez certainement pas, n'étant point de ces gens qui veulent croire si fort à la détente qu'ils en oublient de dire aux Russes que la paix, dont ceux-ci parlent si haut, *doit être l'œuvre de la justice.*

Déraisonnable ou imprudente... Certes, on est en droit de penser qu'en politique pure ou positive il vaut peut-être mieux dire le Droit et rien de plus, ce qui signifie en l'occurrence maintenir les nôtres – nos droits – sans le moindre abandon et maintenir les exigences de justice et de liberté qui font que les Occidentaux n'ont pas reconnu le gouvernement de Pankow (je vous renvoie à la conférence du Général de Gaulle citée plus haut) et exigent la réunification de l'Allemagne à partir d'élections libres. Mais la politique doit être définie dans toute son extension pour une fin qui lui est assignée. Or, que voulons-nous? Que nous proposons-nous de faire? Nous garder? Nous défendre? Défendre l'Occident? Oui, mais nous en arrivons à ce point que la défense de l'Occident n'est possible, n'est praticable que dans le contexte d'une politique mondiale.

Et ce n'est pas vous qui me contredirez sur ce point, puisque vous avez largement approuvé les principes de la politique extérieure du Président de la République française, lesquels semblent bien tirés d'une conception planétaire de la politique internationale. Vous avez notamment explicité son intention de parvenir à un accord sur une définition ou plus exactement sur la fixation définitive des frontières en Europe *et aussi en Afrique* et d'obtenir de l'URSS sa non-ingérence dans les affaires africaines contre la reconnaissance du *statu quo* territorial en Europe.

Je ne rappelle cela que pour illustrer avec un exemple fourni par vous cette imbrication des continents entre eux dans les affaires internationales qui fait que l'on ne peut parler de l'Europe sans que l'Afrique apparaisse, de la Russie sans que ce soit l'Asie, de l'Allemagne sans la comprendre dans l'Europe, etc. (Cependant, je me réserve de parler une autre fois de cette question des frontières en Europe, car je ne crois pas qu'on doive les définir vraiment en dehors du traité de paix; et tant que nous n'en sommes pas là...).

Pour l'heure, nous n'en sommes qu'à *l'idée* de traité de paix. Et je trouve que cette idée ne doit pas appartenir exclusivement à la Russie soviétique et à M. Krouchtchev. *«Nos projets sont prêts»*, déclarait celui-ci parlant, lors de sa conférence de presse du Palais de Chaillot, du traité de paix avec la République d'Allemagne

Orientale. *Dans l'actuelle conjoncture, nous pourrions, nous aussi, avoir nos projets.* N'avons-nous point une idée de l'organisation de l'Europe et de la place de l'Allemagne dans cette organisation? N'avons-nous point quelque idée de l'avenir de l'Europe et partant de son ordre naturel? Proposer quelque chose dans ce sens ne signifie pas qu'on croit cette chose immédiatement réalisable. Cela signifie au moins que l'on est capable de prévoir et que l'on sait ce que l'on veut.

Un beau jour cela pourrait être nécessaire.

En résumé, il y a les positions qu'il ne faut pas lâcher, car ce sont celles de la défense de la liberté, et il y a les propositions que nous devons faire si nous ne voulons pas désespérer de la paix, de la paix dans la justice. Car le traité de paix est une notion de Droit et probablement de Droit naturel. A ce titre, il représente plus une exigence *de la justice pour la paix* qu'un argument diplomatique qu'il est cependant. Et, s'il devenait un jour un instrument de négociation aux mains des Occidentaux pour formuler leurs propositions d'organisation de l'Europe, *le traité de paix ne devrait jamais cesser d'être ce qu'il est par définition et conformément à l'esprit qui le fait demander ou proposer : la plus complète expression du droit à la paix.*

Mai 1960

5

Pour un traité de paix avec l'Allemagne

Mai 1961... La crise de Berlin annoncée de longue date pour ce printemps-ci ne s'est pas encore produite et la relance impérative des Russes aux Occidentaux pour la signature d'un traité de paix avec l'Allemagne n'a point encore eu lieu. Et déjà l'on suggère que cetté action diplomatique pourrait attendre, à l'automne, l'occasion du prochain congrès du parti communiste russe ou quelque autre circonstance.

Mais nous pensons que M. Krouchtchev ne règle pas forcément sa politique d'après le calendrier et recourt à plus d'expérience. A cet égard, l'entrevue que le chef du gouvernement soviétique doit avoir, le 3 juin, à Vienne, avec M. Kennedy, sera capitale pour la mise au point de la question allemande qui reste la grande affaire de la politique internationale[1].

On est bien obligé, en effet, de remarquer que la plupart des gens, hommes politiques et journalistes qui ont eu le loisir de s'entretenir avec M. Krouchtchev, auront été frappés de l'attention passionnée que celui-ci porte au problème de l'Allemagne et de l'impatience qu'il a de le voir résolu... selon ses vues. Le dernier en date de ces témoins des pensées et des soucis de M. Krouchtchev, le journaliste américain Walter Lippman, écrivait ré-

1. C'est en effet au cours de cette entrevue que le chef du gouvernement soviétique a remis au Président des Etats-Unis un mémorandum sur Berlin et le traité de paix avec l'Allemagne qui «à peu de choses près reprend les vues exprimées, il y a quelques semaines, à Walter Lippman» (*Paris Presse* du 13 juin). On trouvera celles-ci plus loin.

cemment[2] ces lignes qui constituent une excellente introduction au chapitre actuel du traité de paix avec l'Allemagne :

> «A la fin de ma longue conversation avec M. Krouchtchev, il m'apparut évident que, dans l'esprit de mon interlocuteur, c'est l'avenir de l'Allemagne qui est le problème majeur. J'ai cherché d'abord à comprendre pourquoi il considérait ce problème comme si urgent et je lui ai donc demandé si, étant donné qu'un accord est encore une éventualité très lointaine, une trêve de cinq ou dix ans ne serait pas souhaitable. Il me répondit que c'était impossible. Pourquoi? Tout simplement parce qu'une solution du problème allemand était nécessaire avant que "les généraux d'Hitler avec leurs douze divisions OTAN aient obtenu des armes atomiques de la France et des Etats-Unis. Avant que cela (n')arrive il faut qu'un traité de paix fixant les frontières de la Pologne et de la Tchéco-slovaquie stabilisant l'existence de l'Allemagne Orientale soit signé. S'il n'en était pas ainsi, l'Allemagne Occidentale entraînerait l'OTAN dans une guerre pour l'unification et pour la restauration de l'ancienne frontière orientale".»

Il paraît cependant à Walter Lippman et à d'autres observateurs politiques que M. Krouchtchev renonçant à rallier les Occidentaux à signer avec l'Allemagne – ou plutôt avec les Allemagnes – le traité de paix de ses voeux se résignerait à signer un traité de paix séparé avec la seule «République Démocratique» d'Allemagne Orientale. D'abord pour sortir d'une impasse dans laquelle il est entré de sa propre initiative en lançant son fameux ultimatum du 27 novembre 1958; ensuite, pour causer de l'embarras aux Occidentaux en créant, en Allemagne et en Europe une situation nouvelle de droit international qui aurait pour effet de rendre le sort de Berlin-Ouest plus délicat encore et plus incertain; plus problématique aussi la réunification de l'Allemagne.

Tout de même, ce ne serait pas là une victoire diplomatique, pas plus que la dévastation d'un pays par une armée en retraite ou la démolition des ponts sur un fleuve ne constituent une victoire militaire. Et l'on peut bien imaginer que les Alliés occidentaux,

---

2. *Le Figaro,* 19 avril 1961.

s'accommodant d'une situation nouvelle de la guerre froide et d'un état nouveau de la paix dangereuse dans laquelle ils vivent en Europe depuis la fin de la guerre – et tout en refusant de tenir pour valable ce qui représenterait une dénonciation unilatérale des accords d'occupation[3] de 1945 – ne prennent le parti de tenir à Berlin envers et contre tout, c'est-à-dire en y assumant le risque de guerre.

Au reste, si la rencontre Kennedy-Krouchtchev a bien lieu prochainement, il est très probable que *l'évaluation* de ce risque ne sera pas absente de leurs discussions.

Il est donc prématuré de supputer les intentions de la Russie Soviétique à propos du traité de paix séparée avec l'Allemagne. Mais il est temps, il est toujours temps – *une fois que l'on a réaffirmé la volonté de rester sur les positions que l'on occupe si l'on ne voit pas l'utilité d'en occuper d'autres qui soient meilleures pour les intérêts dont on a la charge* – il est temps alors d'examiner comment la notion de traité de paix, reprise à notre compte, pourrait être utile et favorable au règlement de cette question allemande dont l'immobilisation peut nous faire oublier que d'autres choses y sont liées plus ou moins directement et, *par exemple, la libération des pays occupés d'Europe orientale.*

Aussi bien notre propos ne sera pas aujourd'hui d'examiner dans quel esprit de justice et dans quelle forme du droit est *recevable* la notion de traité de paix[4]. Nous constatons simplement *qu'elle est déjà reçue.* Et d'abord par les premiers intéressés ou plutôt *concernés :* les Allemands de la République Fédérale de Bonn.

Russes et Allemands de l'Ouest parlent donc le même langage, mais ils ne s'entendent pas sur le fond du problème.

Que peuvent-ils attendre les uns des autres d'un traité de paix? C'est ce que nous nous proposons de rechercher maintenant.

---

3. Le Conseil de l'OTAN (Oslo, en mai 1961) avait réaffirmé la validité de ces droits.
4. Cf. *La défense de l'Occident et l'idée d'un traité de paix* (*La Nation Française*, du 15 juin 1960).

1. Et d'abord, *quel traité de paix pourrait être accepté par les Allemands?*

Les Allemands de l'Ouest savent bien reconnaître dans les mots traité de paix le signe de leur défaite totale de 1945. Ils en acceptent le principe. Adenauer, dans une conférence de presse tenue, le 10 mars, à Bonn, ne se refusait pas à la négociation d'un traité de paix conclu pour «l'ensemble de l'Allemagne» et complété par un pacte de non-agression avec la Pologne. Parlant de l'offre qui venait de lui être faite par Moscou de conclure un traité de paix séparé, il remarquait *«qu'aucun traité n'avait été signé entre les Alliés et la République Fédérale et que pour cette dernière, seul un accord réunissant les anciens ennemis était de nature à normaliser en droit une situation de fait aujourd'hui ancienne». «Cependant,* ajoutait M. Adenauer, *aussi longtemps que le droit à l'autodétermination n'aura pas été reconnu à la zone soviétique, alors que Moscou ne cesse de la réclamer pour d'autres pays, il sera impossible d'avancer dans cette voie»*[5].

M. Adenauer maintient donc le «préalable» d'élections libres dans la République de Pankow laquelle cependant les refuse depuis qu'en 1952 elle a mis à la porte de son territoire une commission de l'ONU chargée d'enquêter sur la possibilité de telles élections. Quant au traité proprement dit, le chef du gouvernement allemand n'envisage pas de l'établir sans y annexer un pacte de non-agression, c'est-à-dire un *arrangement* avec la Pologne. Il ne s'agirait donc vraisemblablement pas dans son esprit du *statu quo* tel que les Russes le préconisent.

Mais il semble en réalité que le chancelier Adenauer, tenu par sa fonction d'avoir réponse à tout – même aux propositions reçues – ne croit guère à celle-ci, la Russie soviétique étant ce qu'elle est... On peut s'en rapporter à ce qu'écrivait là-dessus en octobre 1959 le correspondant du *Monde* à Bonn, Alain Clément :

> «... Une vieille idée du chancelier Adenauer, forgée en pleine guerre froide, toujours déçue par les événements et à laquelle pourtant il n'y a rien à objecter dans l'ordre de la

5. *L'Information* du 11 mars 1961.

raison : c'est qu'il est vain de vouloir débattre du sort de l'Allemagne avec Moscou, tant que l'URSS n'est pas devenu raisonnable. Sous les auspices du désarmement, c'est en somme la "conversion" de l'URSS qu'attend le Dr Adenauer. Tant qu'elle n'est pas en vue, il est téméraire et prématuré selon lui d'entamer une discussion sérieuse à quatre du problème allemand et a fortiori du problème berlinois isolé de son contexte allemand[6].»

La France n'ayant point les mêmes raisons que l'Allemagne Fédérale de redouter la négociation d'un traité de paix, mais ayant cependant beaucoup de raisons de se méfier des propositions soviétiques, aurait tout intérêt à ne pas mépriser la *sagesse* dont fait preuve le chancelier Adenauer à l'égard de l'URSS. Car il est encore plus *prudent* de croire à la *conversion* de celle-ci qu'à ses *progrès* vers l'Occident. Et l'on peut, sur ce point, l'attendre plus raisonnablement d'un miracle que d'un «développement naturel».

2. Les Russes? Que veulent-ils?

Leur thèse est désormais bien connue. Les Russes veulent la fixation des frontières de l'Allemagne avec la Pologne et la Tchécoslovaquie; l'abolition du statut d'occupation à Berlin et la constitution du Berlin-Ouest en ville libre. Ils ne veulent pas de la réunification de l'Allemagne. Ils ne veulent pas non plus du réarmement de l'Allemagne de l'Ouest. Ils savent que les dirigeants de Pankow ne supportent plus que la rage au coeur la présence à Berlin des Alliés occidentaux et c'est sur le statut de l'ex-capitale du Reich qu'ils ont engagé leur politique tendant au règlement définitif et formel du problème allemand. Les Russes, et particulièrement M. Krouchtchev, se plaisent à croire que la signature du traité de paix avec l'Allemagne assurerait dans l'Europe qu'ils dominent, la «tranquillité de l'ordre» communiste.

Entre ces positions allemandes et russes sur la question du traité de paix, l'antagonismes paraît complet. Et il l'est bien. Mais le restera-t-il toujours? C'est la question que l'on doit se poser et que

6. *Le Monde,* 19 décembre 1959.

l'on s'est depuis longtemps posée. Le risque d'une entente germano-russe favorisée, par exemple, par les incertitudes de la social-démocratie, les mouvements brutaux d'un nationalisme résurgent, etc., ont été maintes fois évoquées et ici notamment. *«Pour que l'Allemagne sorte du Pacte atlantique et soit absorbée peu à peu dans le camp soviétique,* écrivait Raymond Aron, *il n'est pas besoin que les Allemands se convertissent au communisme, il suffit que par légèreté, impatience ou prétention, des ministres allemands tentent de nouer avec les Soviétiques et perdent la partie*[7]*.»*

Or, il semble qu'à l'heure actuelle la question du traité de paix soit principalement l'affaire des Russes et des Allemands, les Alliés de ceux-ci étant là pour la défense des positions de droit et force hors desquelles il ne peut y avoir de conversation sérieuse avec les Soviétiques.

Cela est nécessaire mais peut-être point suffisant.

Certes, nous n'ignorons pas que les «Trois» alliés occidentaux (France, Etats-Unis d'Amérique, Royaume-Uni) ont élaboré, lors de la conférence tenue par eux, en mai 1959, à Genève, un «Plan de paix» pour l'Allemagne qui reste un instrument de bonne diplomatie, mais sans doute rien de plus. Car, comment se fait-il que personne ait jamais paru croire à ce plan qui semble avoir été élaboré pour la forme quand il s'agirait d'aller au fond des choses et de lier la question du traité de paix avec l'Allemagne à une doctrine de la paix en Europe? Quelle pourrait être cette doctrine? En quoi consisterait-elle?

C'est ce que nous voudrions suggérer en quelques points – comme on jetterait au «vent de l'histoire» la semence des événements futurs.

Premièrement : savoir que le projet de traité de paix est dans l'état présent de l'Allemagne et de l'Europe un paradoxe et le tenir pour tel. Il est paradoxal, en effet, de rechercher un juste accord entre l'Allemagne – nous voulons dire l'Allemagne libre et ralliée à l'Occident – et la Russie soviétique puisqu'on ne peut imaginer que la Russie accepte de signer un traité de paix qui ne serve pas ses intérêts et qu'il ne saurait être question, seize ans après la guerre, de

7. *Le Figaro* du 19 novembre 1955.

faire la paix avec l'Allemagne comme si celle-ci venait d'être vaincue.

Deuxièmement, les Russes en cette affaire étant demandeurs, nous devons l'être également. Or, qu'avons-nous demandé jusqu'à présent? Des élections libres dans l'Allemagne de l'Est. Pourquoi? Pour la réunification? C'est affaire de politique et les Russes refusent ces élections... Pour le principe? et parce que, dans une démocratie, comme prétend l'être la DDR (Deutsche Demokratische Republik), il est juste, il est normal, il est élémentaire que les élections soient libres? C'est alors affaire de droit! Nous devons maintenir cette demande. Mais ne pas trop attendre qu'il y soit répondu pour avancer dans la solution du problème.

Troisièmement : adopter sur le point crucial des frontières de l'Allemagne avec la Pologne et la Tchécoslovaquie l'attitude prudente et réservée que le chancelier Adenauer a su recommander à ses alliés, y compris au Président de Gaulle (qui s'était par deux fois prononcé publiquement sur ce sujet) et selon laquelle le règlement définitif du sort des territoires allemands placés à Potsdam sous administration polonais ne pourra intervenir que lors de la discussion du traité de paix.

C'est surtout à cause de la Pologne qu'est délicate cette question de frontières car, à bien y regarder, la Pologne est certaine d'avoir cédé à la Russie 180.000 km carrés de son territoire de 1939, mais ne l'est point encore *en droit* de conserver les 100.000 km carrés des territoires historiquement germano-polonais de l'Est que les accords de Potsdam lui ont attribués provisoirement. On ne peut rassurer la Pologne sur ce point sans reconnaître *ipso facto* à la Russie soviétique les annexions de territoires qu'elle a pratiquées unilatéralement au détriment de la Pologne elle-même, de l'Allemagne (Prusse Orientale) et des Etats Baltes rayés purement et simplement de la carte d'Europe. Mais cette prudence qui vaut pour réserver l'avenir n'empêche point de considérer cette grave et grande affaire dans l'esprit que recommandait aux Allemands le cardinal Doepfner, le 16 octobre 1960, en la fête de Sainte Hedwige, patronne du diocèse de Berlin : «La communauté pacifique des peuples et des Etats est plus importance pour l'avenir que les questions de frontières. Un passé plein de misères nous montre que dans bien des cas les frontières ne peuvent correspondre exactement aux nationalités. La sauvegarde absolue du droit des minorités, l'établissement de relations confiantes entre les peuples, des frontières véritablement ouvertes aux hommes et aux échanges : voilà les tâches décisives de l'avenir[8].»

Quatrièmement : à la question des frontières lier *inséparablement* le sort des populations allemandes qui ont été rejetées par la guerre, l'avance russe et l'évacuation forcée de ces pays où elles se trouvaient fixées depuis les premiers temps de la civilisation chrétienne en cette partie de l'Europe et où elles ont leur patrie naturelle. Demander que puissent y retourner tous ceux des réfugiés qui le voudraient, non plus pour y dominer ou pour y être les avant-postes et le cheval de Troie du *Drang nach Osten* et de la plus grande Allemagne, mais pour y vivre selon leurs lois : les Baltes en Lettonie, Estonie et en Lithuanie, les Prussiens en Prusse Orientale, ces régions étant sous domination de la Russie Soviétique, les Allemands de Poméranie, Posnanie, Silésie dans les régions placées sous l'autorité de la Pologne et les Sudètes en Tchécoslovaquie.

Une telle demande ne pourrait-elle être présentée au nom de la «coexistence pacifique» chère à M. Krouchtchev? Bien sûr, il ne s'agirait pas dans ce projet de livrer à la discrétion d'Etats communistes les populations allemandes émigrées. Il ne s'agirait pas de ramasser des otages. Il s'agirait de garantir à ces populations, aussi longtemps que cela serait nécessaire, une sorte d'autonomie interne sur le modèle du fédéralisme personnel. Mais une telle garantie ne pourrait être assurée que par une commission du traité de paix composée des anciens Alliés : Français, Anglais, Américains et Russes.

Cette commission siégerait à Berlin où les contingents de troupes des Alliés occidentaux se trouveraient demeurer normalement et non par la condescendance de M. Krouchtchev[9].

Dans cette perspective, le problème du statut de Berlin-Ouest ville libre pourrait être plus facilement résolu. De même, les gages d'une paix juste et certaine étant donnés, il deviendrait plus simple de s'entendre sur le désarmement.

---

8. *La documentation catholique,* du 20 novembre 1960.
9. Le chef du gouvernement soviétique avait admis que des troupes des quatre puissances ou neutres pourraient stationner à Berlin-Ouest pour y garantir les statuts d'une ville libre *(Le Monde,* 10 mars 1960).

La réunification de l'Allemagne pourrait se faire dans une organisation de type confédéral où devrait être assurée la représentation de populations appartenant à des Etats distincts.

Ce serait une préfiguration de cette constitution de l'Europe que Proudhon voyait comme «confédération de confédérations».

Rêveries? Mais demain il fera jour et c'est bien la lumière que nous attendons. Utopie? Mais qui donc a parlé de paix et d'un traité de paix? S'il s'agit d'un piège de M. Krouchtchev, et il s'agit de cela pour une part; de la part d'un de ces despotes qui «ne savent que mentir», alors sachons y voir clair et refusons d'y tomber. Mais s'il s'agissait *aussi* d'un *«acte manqué»*? Il dit : la paix, la paix... Il en propose une application. Et nous nous demandons si, en le prenant au mot, ce n'est pas le communisme russe qui peut être mis en cause.

«Sous les auspices du désarmement», le chancelier Adenauer attendrait, le temps qu'il faudra, la «conversion» de la Russie...

Pourquoi l'Europe ne l'attendrait-elle pas sous les auspices d'un traité de paix?

Mai 1961

Troisième Partie

L'EUROPE ET LE PROBLÈME ALLEMAND

1

Le problème allemand

On lit dans le *Journal* d'Ernst Jünger (tome I), à la date du 15 février 1943 : «... Lettre de Friedrich Georg, d'Uberlingen : *"Il se peut bien que nous en arrivions à un point où nos adversaires seront obligés de penser à notre place; et si, par esprit de vengeance, ils ne le faisaient pas, ils retomberaient alors dans un profond et sombre trou".*»

Cette opinion – prophétique – qui n'a cessé d'être vraie, dès le temps où elle a été émise et en chaque occasion où les anciens adversaires de l'Allemagne ont eu à débattre du problème allemand dans son ensemble, est aujourd'hui en passe d'être vérifiée pour l'alternative pessimiste qu'elle laisse entrevoir.

Elle énonce, en tout cas, la profonde morale de l'histoire de l'Allemagne depuis la défaite de celle-ci en 1945. Elle dit quel est le devoir de ses anciens adversaires et qu'ils n'y doivent point faillir sans dommage pour tout le monde et pour eux-mêmes.

Certes, il a bien fallu, par la force des choses, occuper totalement et se mettre totalement à la place d'une Allemagne anéantie, brisée par sa défaite. La dénazification et la rééducation (qui nous ont tout de même valu le fameux *Questionnaire* d'Ernst von Salomon...), l'administration du territoire allemand par les puissances occupantes jusqu'à l'instauration d'un régime libéral : la République Fédérale de Bonn; tout cela – y compris l'importante aide américaine – a bien constitué une «prise en charge» de l'Allemagne par ses anciens ennemis, *les Alliés Occidentaux, ceux dont la faute avait été de conduire la fin de la guerre sans vouloir ou savoir discerner dans l'allié russe qui déferlait sur l'Europe orientale et y asseyait sa puissance, l'adversaire du lendemain.*

De l'autre côté, dans la zone d'occupation soviétique, les déménagements d'usines, les spoliations économiques de toutes sortes, la mise en place d'un régime communiste devenu plus tard la DDR allaient constituer non pas «une prise en charge» mais un véritable *asservissement.* Ce n'est bien entendu pas cela que les Allemands lucides comme les frères Ernst et F. Georg Jünger avaient attendu des ennemis de leur nation.

Qu'attendre d'eux, cependant, puisque chaque tentative de règlement de la question allemande s'est, depuis Potsdam, soldée par un échec? Et c'est une gageure que de conjecturer que ces anciens alliés puissent avoir aujourd'hui du destin de l'Allemagne une même pensée, c'est-à-dire une même doctrine qu'ils exprimeraient dans le cadre adéquat d'un traité de paix.

Mais il n'est pas dit et il n'a pas été dit que les anciens adversaires de l'Allemagne hitlérienne, membres d'une coalition hétérogène, dussent avoir *ensemble* de l'état présent à venir de l'Allemagne une même conception.

Ce qui importe objectivement dans cette affaire, c'est que l'une ou l'autre conception puisse prévaloir assez pour être acceptée voire ratifiée par chacun des antagonistes.

Les Russes l'entendent bien ainsi qui s'emploient à imposer leur point de vue sur l'Allemagne et forcer leurs anciens alliés à la signature d'un traité de paix qui serait *leur* traité de paix. Il est vrai que les difficultés de la République d'Allemagne orientale et le réarmement de l'Allemagne de l'Ouest les ont amenés à penser que dans cette partie du monde le temps prochain ne travaillait pas pour eux et, partant, que le *statu quo* allemand n'était pas une solution tant qu'il n'était pas modifié pour Berlin et confirmé pour le reste.

Mais en face? Quelle est la doctrine des Occidentaux? Non seulement la doctrine au sens de la thèse ou du programme, *mais la pensée profonde, ou même l'arrière-pensée?*

On connaît la position théorique permanente des Occidentaux sur la réunification de l'Allemagne en un seul Etat au moyen d'élections libres. A vrai dire, cette position a été assortie à la conférence des Ministres des Affaires Etrangères Occidentaux, à Genève, au mois de mai 1959, de propositions tendant à établir un processus de réunification qui permettrait une certaine coopération entre les deux actuels Etats allemands. Et l'on est arrivé chez les Occidentaux à admettre l'idée de la coexistence provisoire et indéterminée de deux

Etats allemands, tout en maintenant le droit aux élections libres au nom du principe d'auto-détermination, lequel tend à *résumer* tout le problème allemand[1].

Il s'agit là d'une doctrine officiellement définie. Elle vaut ce qu'elle vaut et, comme on dit, elle a le mérite d'exister. Elle correspond à la philosophie politique des démocraties occidentales. Elle a toutefois le défaut d'être un peu courte et de n'avoir pas été approfondie suffisamment. Elle est facile, elle est toujours prête à être exposée... Elle permet de voir venir... Elle est surtout la loi même de l'accord entre l'Allemagne et ses alliés (accords de Paris, octobre 1954). *Mais nous craignons qu'elle ne résiste pas à l'épreuve de vérité que les événements et l'analyse – pour ne pas dire la psychanalyse des thèses alliées sur l'Allemagne – lui feront subir.*

Ont déjà commencé de lui faire subir...

Nous entendons bien que cette doctrine de réunification au moyen d'élections libres constitue une solide et, en principe, inébranlable position de refus et de défense contre les intimidations russes. Mais pourquoi n'est-elle pas davantage une position de reconquête? Pourquoi n'en fait-on pas une exigence inlassablement représentée? Pourquoi, en un mot, les Alliés occidentaux laissent-ils toujours les Russes engager le fer sur la question allemande, et se contentent-ils de parer (et parfois se laissent-ils surprendre : le mur de la honte...) quand ils devraient, eux, être les attaquants, les demandeurs? Pourquoi? Mais, dira-t-on, parce qu'ils sont des libéraux et non des contre-révolutionnaires. *Or, au siècle où nous sommes, il ne devrait plus y avoir d'incompatibilité entre la doctrine de la liberté politique et celle de la contre-révolution et les libéraux devraient se souvenir de leurs aînés qui n'étaient pas des conservateurs de la liberté, mais qui en furent des propagateurs.*

---

1. Voici, d'après l'*Information* du 20 septembre 1959, ce qu'écrit à ce sujet Walter Lippmann dans le *New York Herald Tribune :* «Depuis la fondation de la République Fédérale, la politique ouest-allemande, comme d'ailleurs celle de l'Occident, a consisté à vouloir à la fois l'intégration de l'Allemagne Fédérale dans l'OTAN et le Marché Commun, et d'une manière générale dans toutes les institutions européennes et, d'autre part, la réunification de l'Allemagne, ce qui est contradictoire. Il y a maintenant un choix inévitable à faire. Depuis plus de dix ans les puissances occidentales ont basé leur politique sur la partition de l'Allemagne. C'est certainement un fait qu'il faut considérer comme tel.»

Il y a cependant à l'absence de dynamisme des Alliés occidentaux dans la question allemande une autre raison spécifique. Bien qu'il ait été convenable et prudent de n'en point parler pendant des années, il est devenu nécessaire à l'heure critique où nous nous trouvons de faire la lumière et de rechercher la vérité sur les intentions des Occidentaux à l'égard de l'Allemagne. Pourquoi, alors, ne pas dire que l'Occident n'est pas sans appréhender la réunification de l'Allemagne – à supposer qu'elle puisse se faire – et cela pour au moins deux motifs principaux, que l'on énumérera simplement sans avoir à les développer, car cela a été fait bien souvent.

Le premier, c'est qu'une Allemagne réunifiée en un seul Etat redeviendrait du même coup la première puissance de l'Europe.

Le second, c'est qu'une telle Allemagne par le regain de puissance qu'elle aurait obtenue de sa réunification poserait à la Pologne la question des territoires de l'Est.

Autrement dit : *on ne connaît pas les limites de la réunification de l'Allemagne en un seul Etat...* Voilà pourquoi, ces craintes tues longtemps et non sans sagesse, on a reporté sur la création de l'Europe, et surtout de l'Europe des Six, un zèle que le refus soviétique de la réunification de l'Allemagne dispensait d'y apporter.

Aujourd'hui, et singulièrement depuis la crise de Berlin de l'été passé, nous en sommes arrivés en ce qui concerne les rapports entre la République Fédérale et les Occidentaux au point qu'il n'est pas possible d'avoir sur l'état présent et à venir de l'Allemagne une doctrine qui ne soit pas libre de toute arrière-pensée. Si difficile peut-il sembler de la faire connaître. Et il n'est pas permis non plus de ne pas avoir de doctrine sur l'Allemagne. Car si nous ne comprenons pas les Allemands quand nous sommes en mesure de le faire, ceux-ci seront tentés de se comprendre eux-mêmes (à vrai dire, ils le sont déjà et les difficultés intérieures de la République Fédérale à la suite des dernières élections le montrent bien).

*
* *

Pour comprendre le problème allemand tel qu'il se pose à la conscience allemande, nous ne voyons rien de mieux que de recourir à l'étude philosophique qu'en a donné Karl Jaspers dans une série d'articles de *Die Zeit* d'Hambourg, reproduits par la revue *Preuves* dans ses numéros de décembre 1960 et janvier 1961, sous le titre *Liberté et réunification.* Même si l'on conteste d'une certaine façon les conclusions de cette étude, on doit reconnaître qu'il ne paraît guère possible de traiter avec plus de profondeur de la question allemande telle qu'elle se pose aujourd'hui et d'abord au peuple allemand.

Que dit Jaspers?

Son propos pourrait être résumé en la phrase suivante :

LA LIBERTÉ PASSE AVANT LA RÉUNIFICATION.

En effet, *«la liberté politique est une exigence absolue»,* tandis que *«la réunification est une exigence relative»,* celle-ci n'est pas *«absurde», «mais comparé à la liberté, elle est indifférente».* Ainsi, *«liberté et réunification ne sont pas des contraires, mais des buts que l'on peut dissocier l'un de l'autre».*

A cette dissociation Jaspers s'emploie avec une rigueur de démonstration qui n'aboutira peut-être pas sur le plan de la politique pratique, car elle ne réalise pas que dans la situation actuelle de l'Allemagne radicalement divisée l'unité du peuple allemand comme tel ne subsiste plus que dans l'effort et la volonté de réunification. Mais sur le plan de la philosophie de l'histoire allemande qu'elle reconstitue, elle ouvre d'amples perspectives d'avenir pour l'Allemagne et pour l'Europe.

Maintenir l'exigence de réunification paraît à Jaspers non moins dangereux qu'illusoire. Dangereux parce que l'idée de réunification a un côté passionnel en même temps qu'elle n'est pas réaliste. Elle favorise le retour d'un nationalisme dont la condamnation n'est plus à prononcer. Elle entretient une volonté de puissance qui risque de faire explosion. *«... Le terme magique de réunification peut susciter un délire national, sauvage, pernicieux, analogue à celui du national-socialisme, capable de séduire les esprits jusqu'à leur faire rechercher la réunification par la force en commun avec les Russes, si bien que désormais la liberté pour laquelle on avait désiré la réunification serait perdue pour les intéressés et pour l'Occident.»*

L'idée de réunification sera d'autant plus obsédante et nocive pour l'esprit allemand qu'elle est *politiquement impossible. «La volonté de granit des Russes,* dit Jaspers, *interdit de songer à la réunification dans la liberté ou même à la création d'un Etat neutre garanti par des élections libres.»*

Le seul espoir réaliste concernant la réunification viendrait d'un changement de la Russie. Encore dans une telle conjecture – pleine d'incertitude – la réunification deviendrait-elle possible, mais moins que certaine. Dangereuse et illusoire la réunification est aussi et enfin *non nécessaire.* Elle implique, en effet, de l'unité allemande une idée superficielle, ambigüe et qui se trouve être remise en question depuis la défaite du IIIe Reich et l'immobilisation de l'Allemagne d'aujourd'hui. *«Ce que recouvre le nom d'Allemagne est politiquement en pleine transformation»,* dit Jaspers. Et l'on peut sans exagérer dire qu'il voit dans cet état de choses une occasion vraiment historique de *réinventer* l'Allemagne. De la retrouver.

L'Allemagne, en effet, n'est pas ce qu'un vain peuple pense et d'abord elle n'est pas ce que les Allemands ont accoutumé de penser de leur nation. *«Le sentiment national allemand ne s'est toujours pas identifié avec une conscience déterminée, chrétienne, de l'Etat, cela ne s'est produit qu'une fois dans la période où régnaient les conceptions liées à l'Etat national et de façon alors décisive pour le cours des événements.»* Mais *«pour peu qu'on réfléchisse à l'histoire, on voit que cette sorte de conscience nationale allemande liée à un Etat n'a été qu'un épisode».*

Episode bismarckien ayant représenté une incontestable réussite politique, mais contingente et liée à l'intelligence et à la volonté d'un seul homme qui ne pouvait lui survivre ni être reprise, sans catastrophe comme cela devait se produire sous Guillaume II et Hitler, car elle méconnaissait la nature véritable de l'Allemagne qui est d'être, selon la définition de Schelling, «un peuple de peuples».

Revenue à la croisée de ses chemins, l'Allemagne d'aujourd'hui se retrouve un peu – par liberté d'esprit plus que par libre disposition physique d'elle-même – dans la situation de l'Allemagne d'avant 1848.

«Jakob Burckhardt, explique Jaspers, *qui faisait ses études en Allemagne autour de 1840 pouvait alors écrire dans une lettre :* “Je considère comme la tâche de ma vie de montrer aux Suisses qu'ils sont des Allemands.” *C'est qu'il admettait d'emblée une chose qui semblait aller de soi : le mouvement pour la liberté tendait à réaliser une vaste union confédérale allemande. D'abord la liberté puis cette union confédérale. Mais bien avant 1848, il vit que les forces*

réelles allaient en sens inverse : d'abord l'unité c'est-à-dire la puissance, puis la liberté (c'est-à-dire la dignité politique). Il s'en dissocia complètement et jamais plus au cours de sa vie, il ne répéta la parole surprenante qui se trouvait dans sa lettre.»

Et voici qu'aujourd'hui encore, c'est le sentiment et la volonté de la *puissance* que l'on retrouve dans l'idée de réunification et qui tend à détourner de la conquête de la liberté politique – laquelle, nous venons de le voir, est un autre nom de la dignité politique.

Or, les Allemands dans la situation où ils se trouvent doivent subordonner l'unité à la liberté, la réunification à la libération. *«Il faut soumettre l'exigence de la réunification à un examen en vue d'établir si c'est bien elle qui a le plus de chances de conduire à la libération de nos compatriotes allemands ou si, au contraire, elle ne risque pas de rendre celle-ci encore plus difficile.»*

Mais pour Jaspers la cause est entendue – et perdue. Ne dira-t-il pas encore : *«Ce qui nous est demandé à nous, Allemands, dans cette situation, c'est de renoncer à un but de toute façon inaccessible pour le moment et qui, à vues humaines, le restera très vraisemblablement : une Allemagne unie avec Berlin comme capitale»?*

Le renoncement à la réunification sera exempt d'ambiguïté. Pas de compromission avec l'Allemagne de l'Est qui n'est pas un véritable Etat *(«la zone où le peuple n'a pas la libre disposition de soi, où le "volontariat" même est forcé ne peut pas être reconnu comme un Etat en droit»).* Pas d'intégration de Berlin-Ouest dans la République Fédérale qui ne serait pas conforme aux accords internationaux *(«la République Fédérale et Berlin ont en commun leur droit, leur monnaie et leur structure sociale. L'unité politique leur est interdite.»* Et *«pour l'Allemagne Orientale le destin d'un Etat neutre, marginal, est inévitable.»*

Une telle rigueur à l'encontre d'un sentiment national dont le philosophe essaie de dissuader ses compatriotes ne serait toutefois pas suffisamment expliquée par le souci de ne pas nuire aux Allemands de l'autre côté du «mur» et d'aider par la patience à leur libération. Il faut que Jaspers ait délibérément choisi pour l'Allemagne un avenir, un ordre de grandeur autres que ceux d'une réunification improbable autant qu'incertaine[2]. Et cet avenir, cette renaissance historique seront donnés à l'Allemagne dans son état de *«membre de la grande communauté où s'affirme l'Occident»*.

L'unification de l'Occident est ainsi préférée et substituée à la réunification allemande : «L'unité qui importe aujourd'hui, c'est l'union confédérale de l'Europe, et celle de l'Europe avec l'Amérique. Que dans cette vaste union, indispensable pour que tous les Etats libres puissent affirmer leur existence, il y ait en qualité de membres confédérés un ou plusieurs Etats allemands, ne tire pas à conséquence pour le destin commun.»

Voilà donc pour la «réunification». Reste la «libération». La question est plus difficile encore... Cependant les Allemands, tous les Allemands, ne peuvent pas ne pas la vouloir et l'attendre – mais dans la patience, dit Jaspers. Dans l'angoisse aussi. *«Notre plus grand souci, c'est que la faculté de déterminer librement sa propre vie doive se faire attendre encore longtemps dans la zone Est. En comparaison d'une perte possible de l'être-allemand chez des hommes d'origine allemande, tout le reste et la réunification aussi n'est pas l'essentiel.»*

Mais quand Jaspers en vient au *comment* de cette «libération», c'est pour demander *de quel prix il faudrait payer la liberté des Allemands de l'Est.* Et il répond lui-même en avançant que la ligne Oder-Neisse serait *«l'unique rançon vraiment considérable»*. Après quoi on peut donner par hypothèse la constitution d'un Etat neutre d'Allemagne Orientale. Neutre, mais libre (comme l'Autriche? C'est nous qui le demandons).

En compensation du renoncement à la force pour la libération de l'Allemagne Orientale, l'Allemagne de l'Ouest, refusant de se laisser aller au neutralisme où la pousserait de plus en plus la Russie Soviétique, serait en droit d'attendre de ses Alliés occidentaux leur solidarité dans l'épreuve de Berlin.

*
* *

---

2. «N'y a-t-il pas d'autre voie que celle de la réunification tendant à rétablir le territoire bismarckien, avec pour conséquence logique le refus de reconnaître jamais pour frontière la ligne Oder-Neisse?»

Si remarquables soient-elles, les réflexions de Karl Jaspers sur le sort et le destin de l'Allemagne ne laissent pas d'être un peu abstraites de la nécessité et de la conjoncture politique laquelle, dans l'affaire allemande, se présente moins comme une cour de justice que comme un champ de bataille où le droit des gens mis en cause ne doit pas moins bien être défendu. Et l'être prudemment.

Pour se défendre d'être le seul à faire prévaloir la libération sur la réunification – ce qui est un très juste et légitime point de vue – Jaspers invoque les propos respectivement tenus par le chancelier Adenauer et le ministre F.-J. Strauss qui font passer l'obligation morale de rechercher et d'attendre la libération des Allemands de l'Est avant tout autre objectif spécifiquement politique[3].

Mais Adenauer voulant réserver l'avenir se garde bien de *conclure* et de donner d'avance ce qui ne peut être donné sans contre-partie. La force et la faiblesse sur le plan politique de l'étude de Jaspers sont là... Le problème allemand y est magistralement énoncé. Un nouveau *Discours à la nation allemande* – et dans un autre esprit, combien plus proche du nôtre. Mais la conclusion en est *précipitée. Il paie la rançon,* alors qu'il faut au contraire demander *réparation,* moins pour les territoires perdus (car c'est la loi de la guerre) que pour les populations déracinées et chassées de leur patrie contrairement au droit des gens.

De la réflexion historique de Jaspers il sort une idée originale – et originelle – de l'Allemagne, singulièrement précieuse à l'heure actuelle et éclairante pour l'Europe.

Les deux possibilités de l'Allemagne, les deux *possibles* de l'âme *allemande :* la *puissance* ou la *culture* – au sens complet que

---

3. *«Ce qui me tient à coeur,* dit Adenauer cité par Jaspers, *c'est que nous obtenions enfin pour les dix-sept millions d'Allemands au-delà du rideau de fer, la possibilité de vivre comme ils le veulent. C'est pourquoi je pense que nous ne devrions pas considérer toute cette question sous ses seuls aspects nationaux ou nationalistes, ou sous ceux d'une zone de pouvoir (Machtbereich), mais en nous attachant au fait que là-bas dix-sept millions d'Allemands sont astreints à une manière de vivre et de penser dont ils ne veulent pas.»* Et F.J. Strauss : *«Est-ce donc réellement en premier lieu la réunification qui nous presse, nous tourmente, nous oppresse et nous presse. Ce n'est pas après tout la réunification au sens d'un rétablissement de l'unité de l'Allemagne en tant qu'Etat, ce qui nous tient bien plus à coeur, c'est le rétablissement dans cette région de conditions de vie démocratique et de la dignité humaine.»*

les Allemands donnent à ce terme et qui est celui de *civilisation* – sont dans cette étude nettement établis.

Pour les Allemands, même tenus comme ils le sont, il y aurait donc, et il y a, dès à présent, *en conscience* un choix à faire : volonté de puissance ou mission de civilisation. Ou l'Allemagne cherche à redevenir le Reich dominateur que nous avons connu, ou l'Allemagne, en recouvrant la liberté à laquelle elle a droit, aide à la libération et à la stabilisation définitive de l'Europe dont elle garde les clefs pour la partie orientale et l'ouverture sur la Russie.

En jouant sur les mots on pourrait dire que Jaspers voudrait qu'au lieu de chercher à redevenir un *Etat national* l'Allemagne d'aujourd'hui soit un *état de conscience* pour devenir demain un état de civilisation, un *être-allemand* conformément à sa mission dans l'histoire.

On ne saurait reprocher à Jaspers de vouloir ainsi le bien moral de son pays. Qu'on s'efforce d'empêcher l'Allemagne de céder à son penchant nationaliste, ce n'est pas nous qui nous en plaindrons, mais nous y croirions davantage si nous voyions donner à l'Allemagne dans la lutte qui se livre entre les deux mondes *un combat où s'engager, un ordre de bataille* – et ce ne peut être alors que la bataille contre le communisme athée pour la civilisation d'abord . (Et tel n'était pas il y a vingt ans l'ordre strict de la bataille qu'elle menait contre la Russie soviétique.)

Refaire une Allemagne pacifique et libre, en accord avec la Russie, car on ne la refera pas sans elle, et voir dans cette entreprise de politique européenne une occasion de combattre et de réduire le communisme, tel est notre problème, telle pourrait être notre tâche.

Mais il ne faut pas se faire d'illusions! Ce n'est pas de l'action directe des actuels gouvernements occidentaux que l'on peut attendre cette entreprise. Même en ce qui concerne la réunification dont ils maintiennent non sans droit ni raison l'exigence, tout en sachant que la Russie soviétique ne peut s'exposer à de retentissantes défaites électorales dans ce qui lui est un empire, les gouvernements occidentaux n'auront jamais le courage ou la volonté de passer des paroles aux actes, c'est-à-dire de faire pour obtenir ce qu'ils demandent la seule guerre possible, logique, en ce domaine : la guerre révolutionnaire.

Car l'autre guerre est enfermée dans les pactes de sécurité militaire comme dans la boîte de Pandore et les deux Grands, USA et URSS, ne laisseront à personne le soin de disposer de leurs forces pour les mettre en équilibre approximatif dans ces deux plateaux de la balance que représente l'Allemagne divisée.

Les gouvernements libéraux d'Occident ne sont plus libéraux que pour eux-mêmes. Pour conserver. Pour se conserver.

On comptera donc sur eux pour cela. Mais pour donner une solution au problème allemand et aider du même coup à la libération des nations captives, c'est aux hommes de bonne volonté qu'il faudra faire appel, au *pacte* devant Dieu de ces hommes de tous les pays pour qui la paix sur la terre ne saurait être recherchée dans la mensongère «coexistence pacifique» mais, au contraire, dans l'*invention patiente d'un ordre du monde* ou, si l'on veut, d'*une organisation des nations* dans laquelle le communisme se trouverait naturellement dépassé, éliminé – admis à la débâcle, comme au printemps la neige dure et glacée qui recouvre l'immense Russie.

Mars 1962

2

L'Europe et le problème allemand

I

Les multiples questions soulevées à propos de ce qu'il est convenu d'appeler la «construction de l'Europe unie», si elles ont l'avantage de montrer l'importance réelle de cette tâche *historique,* n'en ont pas moins pour effet d'obscurcir le concept d'Europe et d'en réduire la notion à cela seul que le réalisme politique peut en saisir.

C'est pourquoi la recherche d'une définition de l'Europe aussi complète que possible et menée en esprit de fidélité à la doctrine qui prévaut aujourd'hui de ce côté-ci du rideau de fer et selon laquelle *il n'y a pas d'Europe sans unité européenne* nous conduit à jeter un coup d'oeil précisément de l'autre côté du rideau de fer sur les pays asservis de l'Europe orientale qui sont «aussi l'Europe»[1] et avec lesquels nous possédons en commun depuis mille ans les liens inestimables de cette civilisation chrétienne qui constitue par elle-même une des définitions possibles de l'Europe.

Nous nous demandons alors si dans la fin que nous poursuivons d'une Europe unie destinée à sauvegarder ces biens inestimables et ces valeurs d'une civilisation qui ne rend pas à César ce qui est à Dieu, nous pouvons, sans contradiction grave, sans négligence égoïste et sans pusillanimité ou, au moins, sans déchirement insupportable, exclure de cette même fin le salut, et ce qu'il faut entendre par là, de ces nations asservies au communisme athée. De ces

---

1. Voir le livre d'Anton ZISCHKA, publié sous le titre : *C'est aussi l'Europe,* éd. Robert Laffont.

nations enrôlées «malgré elles» dans le camp de la révolution communiste.

Pourquoi l'Europe? nous demandons-nous, sinon pour la liberté et pour la paix?

Mais qu'est-ce à dire *l'Europe de la liberté* et qu'est-ce à dire *l'Europe de la paix?*

L'Europe, dit la géographie, est comprise entre la mer glaciale arctique au Nord, l'Océan Atlantique à Ouest, la Méditerranée et ses annexes ainsi que le Caucase, au Sud, les Monts Oural, le fleuve Oural à l'Est (Larousse).

Est-ce donc cette Europe-là qu'il s'agit de construire? Est-ce sur ces *données géographiques* que les Européens, c'est-à-dire les partisans de l'Europe unie, entendent construire l'Europe?

Non.

Non, puisqu'à ces données géographiques se superposent, et de telle manière qu'elles s'y opposent, les *données politiques* qui forcent à distinguer dans l'Europe de la géographie deux parties principales situées de part et d'autre du rideau de fer : l'Europe sous domination soviétique et l'Europe du monde libre.

Il est évident que la construction envisagée, souhaitée et voulue de l'Europe est prévue là où elle est possible et réalisable, c'est-à-dire dans l'Europe des peuples et des nations libres.

L'Europe à construire est donc une entité originale qui ne manque pas d'antécédents historiques divers, mais ne correspond que pour partie aux données de la géographie, de telle sorte que cette Europe n'est pas toute l'Europe, mais une partie de l'Europe possible.

Quelle Europe?

Regardons une carte. Nous voyons qu'il s'agit en gros de l'Europe du Conseil de l'Europe, l'organisation la plus représentative des peuples du continent, dont les pays membres sont : l'Autriche, la Belgique, Chypre, le Danemark, la France, la République Fédérale d'Allemagne, la Grèce, l'Irlande, l'Islande, l'Italie, le Luxembourg, les Pays-Bas, la Norvège, la Suède, la Suisse, la Turquie, la Grande-Bretagne et Malte[2].

2. L'Espagne fait partie de la Convention culturelle européenne. Elle a rejoint en 1977 le Conseil de l'Europe qui compte aujourd'hui vingt-trois membres (note de 1990).

Mais cette Europe qui fait bien partie du «monde libre», allons-nous la regarder comme *l'Europe de la liberté?* Mérite-t-elle vraiment cette dénomination? On peut en discuter, car la formule est ambigüe. L'Europe de la liberté est l'Europe qui *jouit de la liberté* et qui, à ce titre, est assez attirante pour que de l'autre côté on la regarde comme une terre promise (ainsi des Allemands de l'Est). Mais la liberté y est davantage un climat, un air que l'on respire sans effort, qu'une passion, qu'une force en mouvement, qu'une idée neuve.

Il est un peu triste de l'écrire, mais il s'agit d'une simple constatation : la liberté ne paraît pas être l'«idéal» capable de soulever le navire échoué pour le remettre à flot. Rappelons-nous la Hongrie implorant l'Europe interdite au matin du 4 novembre 1956.

Donc, l'Europe libre est une chose et l'Europe de la liberté en est une autre. L'une existe, l'autre reste une allégorie. L'Europe libre, en effet, n'est pas l'Europe de la liberté pour ceux qui ont la liberté, mais bien pour ceux qui ne l'ont pas.

Mais cette dernière assertion ne suffit-elle pas à prouver que l'Europe de la liberté existe réellement?

Elle n'est plus, cependant, qu'une *Europe refuge.* Non plus cette Europe de la révolution française et des révolutions du XIXe siècle où les empires se faisaient et se défaisaient, où les Etats s'unifiaient et se constituaient au nom de la liberté : celle-ci représentant alors, avec ce que cela comporte d'irrationnel, un espoir pour les peuples d'Europe et un objectif assez clair pour certaines parties de ces peuples, la bourgeoisie, par exemple.

Aujourd'hui, l'Europe de la liberté ne bouge plus dans l'Europe libre.

Bouge-t-elle du moins dans l'Europe asservie?

Autrement dit, la liberté a parlé sur ce point. Elle a été concluante et pour longtemps concluante. Tour à tour, l'Allemagne de l'Est (1953), la Pologne (1956), la Hongrie (1956) se sont révoltées. En Allemagne de l'Est le conflit est affirmé en permanence à la face du monde avec le Mur de Berlin destiné à prévenir l'exode clandestin, presque toujours héroïque, d'une partie de la population allemande de l'Est. En Pologne, le conflit est affirmé d'une autre façon, mais certain également, avec la résistance de l'Eglise à l'Etat. Partout ailleurs, la résistance est dans l'âme des peuples, si elle n'est pas organisée ou en quelque sorte déléguée.

On peut donc dire que les conditions d'un soulèvement en Europe orientale au nom de la liberté sont réunies du fait de l'oppression qui y règne.

Mais, sans parler d'un écrasement immédiat, toujours possible, à l'exemple de la Hongrie, quel appui extérieur recevrait cette requête de la liberté?

Il est difficile d'examiner la chose froidement et comme en perspective. Un esprit pacifique y regimbe plutôt.

La question, cependant, pour n'être pas actuelle, ne paraît pas inopportune ou aberrante. Car, de même que la «déstalinisation« pratiquée en Russie par M. Krouchtchev a connu en Europe orientale les répercussions que l'on sait et qui allaient toutes dans le sens d'un affranchissement de la tutelle russe et du joug soviétique, de même un affaiblissement du régime en Russie pour quelque cause que ce soit ne laisserait pas de suggérer aux nations captives et aux peuples asservis de l'Europe orientale le desserrement d'une étreinte que l'on est toujours disposé à hâter.

Or, dans l'hypothèse d'un tel événement et même, en tout état de cause, dans la réalité de fait de l'oppression soviétique en Europe orientale, nous pouvons nous rappeler un exemple et un principe.

L'exemple, c'est, encore une fois évidemment, l'écrasement de la Hongrie sous les yeux du monde libre.

Le principe, c'est si l'on veut la condamnation de la non-intervention (qui fit l'objet voici un siècle d'un des articles du *Syllabus,* et qui reste toujours valable. Ne fut-elle pas reprise d'une certaine manière par Pie XII intervenant en faveur de la Hongrie en 1956?).

Si la non-intervention est réprouvée, c'est que l'intervention est recommandée. Mais de quelle nature pourrait être aujourd'hui une telle intervention? Le recours à la guerre comme moyen de règlement de conflits politiques entre Etats est exclu explicitement et solennellement non pas par Mao Tsê-tung, mais par le Pape au nom du Droit, et tacitement par les grandes puissances, en raison de ce qu'on appelle l'*équilibre de la terreur* – en lieu et place d'un bon sens bien partagé.

Mais la politique étant l'art du possible, il y a d'autres moyens que la déclaration de guerre ou l'agression manifeste et caractérisée.

Il y a la «guerre révolutionnaire», à base de terrorisme. Agression camouflée, elle a de l'extérieur les apparences d'une révolte spontanée (et elle peut, certes, contenir des motifs de révolte), mais elle est aussi une «technique de la guerre», art simple et tout d'exécution, disait Napoléon.

Excluons cependant d'y recourir. En effet, une chose est d'y *répondre* et de la faire et même de la gagner dans une situation donnée si elle a été imposée; autre chose serait de l'introduire dans un pays où la condition primordiale de complicité et d'existence de la population se trouverait au départ réalisée.

Mais nous l'excluons décidément, car, *offensive, elle n'est pas de notre morale.*

Maintenons, cependant, le *principe de l'intervention* qui signifie au moins que nous n'acceptons pas de laisser les choses dans l'état où elles sont en Europe orientale. Mentalité de guerre froide, dira-t-on... Et s'il s'agissait de la justice et de la soif qu'on a d'elle?

Maintenir le principe d'intervention à l'encontre d'une tyrannie, qui sévit en permanence en Europe orientale, c'est faire savoir au monde et à nous-mêmes que nous ne pouvons pas «dormir pendant ce temps-là».

Mais quant à nous demander ce que pourrait faire cette intervention dont le principe nous paraît valable et quelle pourrait être son efficacité, nous devons nous poser la question de savoir *si nous avons utilisé toutes les ressources de l'art politique.*

L'invocation à la liberté, nous avons dit pourquoi nous redoutons de la voir demeurer sans réponse. Avant d'examiner ce que pourrait donner l'invocation à la paix, et la paix selon l'ordre et le Droit, il serait juste d'observer que le souci de la libération des pays d'Europe orientale et d'une intervention en leur faveur n'a jamais été absente de la conscience des bâtisseurs de l'Europe. Ceux-ci, en effet, ont fort bien vu quelle force d'*attraction* pourrait avoir, à coup sûr, la réalisation, pour les pays de ce côté-ci du rideau de fer, de l'union de l'Europe en une communauté que nous appellerons l'*Europe de la puissance.*

Il est bien certain qu'une telle Europe affectée d'un potentiel qui est celui d'une troisième force mondiale, dont l'existence rendrait plus difficile un rapprochement trop poussé de l'URSS et des Etats-Unis, cette Europe doit sa constitution en cours à la solidarité d'un anticommunisme déterminé.

Nul doute que cela ne lui donne une force nécessaire à s'agréger dans l'avenir d'autres Etats de l'Europe centrale et orientale.

Mais dans quel *ordre* un tel mouvement pourrait-il se produire?

Est-ce être Européen médiocre que de chercher à le prévoir et de chercher *dans un statut, à définir, de l'Allemagne tout entière la possibilité de cette organisation définitive de l'Europe?*

*

* *

En effet, l'attraction de l'Europe – que nous supposerons pour la clarté de l'hypothèse être l'Europe des Six constituée en une Fédération «supranationale», telle qu'elle est prévue au Traité de Rome et dans ses implications – cette attraction, pour être bienfaisante et vraiment libératrice, devrait se faire dans un certain ordre et d'une manière telle que celle-ci ne peut être abstraite des réalités politiques, historiques et géographiques.

Que la libération des républiques populaires de l'Est se fasse lentement à la suite de l'affaiblissement des partis communistes de chacun de ces pays, et qu'elle donne lieu ou non à des négociations avec l'Union Soviétique; ou qu'elle se produise brutalement à la suite d'un effondrement du régime soviétique ou d'une révolution qui laisserait la bride sur le cou aux Etats asservis par la Russie (et en excluant dans ce dernier cas la possibilité de règlements de compte bilatéraux, c'est-à-dire en supposant, par exemple, que les pays baltes ne proclament pas immédiatement leur indépendance comme ils seraient en droit de le faire), il resterait – en tout état de cause – *à régler le sort de l'Allemagne de l'Est* et à fixer définitivement *les frontières de l'Allemagne.*

Ce problème-là – le problème allemand réduit à ses données essentielles et, si l'on ose dire, incompressibles – ne se trouverait donc pas réglé par la constitution de l'Europe unie et il serait un peu abusif de la part d'Européens avertis d'assurer que pour régler le problème allemand il faut et il suffit que nous fassions l'Europe (étant toujours entendu que l'on fait l'Europe que l'on peut, c'est-à-dire l'Europe des Six, et non pas l'Europe de «l'Atlantique à l'Oural»).

Ce qu'il faut dire, c'est : *Faisons l'Europe et le problème allemand sera plus facile à résoudre.* C'est ce que disait déjà, avec beaucoup de simplicité, Robert Schuman quand il écrivait :

> «Il y a en Allemagne tous les complexes, mais le complexe dominant est actuellement celui de la coopération, plus spécialement celui de la coopération européenne. C'est ce que j'ai pu constater moi-même dans de multiples conversations dans les milieux universitaires, syndicaux ou autres. Et si cette idée triomphe, je suis persuadé que même ceux qui, en Allemagne, ne lui sont pas favorables, finiront par l'accepter avec discipline, même si cela implique un renoncement à la reconquête des provinces de l'Est.
>
> En effet, on ne saurait, pour des raisons psychologiques, attendre qu'un gouvernement allemand renonce formellement et de façon définitive au retour des territoires de l'Est. La France, après le traité de Francfort qu'elle avait dû signer, n'a jamais accepté moralement la coupure de l'Alsace et de la Lorraine, ce qui ne signifie pas qu'elle avait l'intention de faire une guerre pour les récupérer. Mais on entretenait l'espoir d'un retour. Les Allemands ne réagiront pas autrement que nous l'avons fait. Les territoires de l'Est ne leur ont d'ailleurs pas été enlevés après un traité qu'ils auraient signé eux-mêmes. Ce que nous pouvons et devons réclamer, c'est qu'ils renoncent à tout recours à la force pour obtenir ce retour...[3]»

En vérité, il importe de rappeler de tels propos pour apercevoir que si la construction européenne est une chose, la définition complète du problème allemand en est une autre.

On doit cependant observer que Robert Schuman a fait ici la part assez belle aux revendications allemandes. Tout le monde n'est certes pas aussi compréhensif! Il y a, en effet, dans toute l'Europe, et à l'Ouest comme à l'Est, une autre école qui, sans se refuser à entendre les revendications allemandes, estime à la manière de Goethe, qu'une injustice (possible) est préférable à un désordre (certain) et qu'en ce qui concerne les frontières de l'Allemagne – c'est-à-dire les territoires annexés – les choses sont bien comme elles sont.

Comme elles sont depuis vingt ans!

Le réalisme qui inspire cette doctrine doit être tenu pour absolument valable, même s'il n'est pas toujours affranchi de tout ressen-

---

3. *Pour l'Europe,* Ed. Nagel.

timent envers l'Allemagne, que nous écartons pour notre part, mais dont nous savons qu'il existe puissamment dans l'Europe de l'Est comme dans l'Europe de l'Ouest.

C'est pourquoi la recherche d'une solution du problème allemand devra tenir compte de chacune de ces attitudes : attitude réaliste, voire *répréhensive,* de l'école dont nous parlons, qui recrute parmi des Français de droite et de gauche et dont les points de vue ont été assez bien définis dans plusieurs enquêtes et reportages du *Monde,* parus à l'occasion du vingtième anniversaire de la fin de la guerre[4]. (Rappelons encore que la reconnaissance de la ligne Oder-Neisse est un des principes de l'actuelle politique allemande du gouvernement français.)

Nous nous demanderons d'abord avec les tenants de cette deuxième école si, après tout, les frontières de l'Allemagne *doivent* faire problème. Car, si elles ne le font pas, ce ne serait vraiment pas la peine de le poser.

Pour l'Allemagne de l'Ouest, ces frontières font problème. La thèse officielle de Bonn, en dehors de tout irrédentisme avoué, est que les frontières de l'Allemagne ne peuvent être fixées *en dehors d'un traité de paix.*

Pour l'Allemagne de l'Est, ces frontières, les frontières de Potsdam, sont reconnues *comme frontières de paix.* Les mettre en question ne peut que faire le jeu d'une politique «revancharde» ou «belliciste».

Mais, dira-t-on, l'Allemagne de l'Est, dominée par Moscou, ne s'exprime pas librement. Son avis ne compte pas. Il serait d'ailleurs différent si ce pays, recouvrant sa liberté, pouvait se donner un autre gouvernement. Tel serait par exemple le cas d'une Allemagne de l'Est décident de sa réunification à la suite d'élections libres.

L'objection est considérable, répondent nos réalistes qui ne sont pas pour autant favorables au régime de Pankow... Mais, ajoutent-ils, l'Allemagne ne pourra obtenir la libéralisation du régime politique de l'Allemagne de l'Est et tenir ainsi la clef principale de la réunification que par l'effet d'une négociation aux termes de laquelle elle devra renoncer à toutes revendications territoriales.

---

4. Il s'agit notamment de l'enquête-reportage de M. Michel TATU, «La frontière Oder-Neisse a vingt ans» *(Le Monde,* des 20 juillet 1965 et jours suivants).

Nous retrouvons là un thème de la politique gaulliste définie par M. Couve de Murville à l'Assemblée de l'ONU, le 30 septembre 1965 :

> «Le peuple allemand sera réunifié conformément aux principes de l'autodétermination et dans le cadre d'une sécurité européenne bien établie. Cela devra, bien entendu, intervenir dans la paix et par un accord général entre l'Est et l'Ouest. Comme la division de l'Allemagne est née de la division de l'Europe, la condition nécessaire à la disparition de l'une est la disparition de l'autre. Il s'agit d'une transformation profonde et nécessairement progressive de la situation présente. La France, pour sa part, y apporte, selon nous, une contribution positive, en renouvelant peu à peu des relations confiantes avec les pays de l'Europe orientale, dont la plupart sont pour elle des amis de longue date. Il ne nous paraît pas qu'il existe d'autres voies que l'évolution que nous imaginons et souhaitons pour procéder pacifiquement aux transformations nécessaires et mener ainsi à bonne fin les tâches forcément liées de la réunification de l'Allemagne et de la réunion de l'Europe.»

On observera que les mots de *traité de paix* ne figurent pas dans ce programme de règlement de la question allemande et d'organisation de la sécurité européenne qui en sont cependant les éléments constitutifs indispensables. Peut-être s'agit-il encore du style d'une politique qui avance des propositions sans énoncer ce à quoi elles doivent logiquement aboutir.

Pour nous, nous pensons que ce programme constitue une proposition de traité de paix auquel il ne manque que le nom et... l'accord des autres puissances intéressées. Et ceci n'est pas sans influencer cela. Car, dans l'état actuel des choses, un accord général sur de telles données ne paraît pas possible.

Ceci dit, il faudrait examiner si d'un autre point de vue, il n'existe pas de propositions également recevables.

Revenons pour cela aux propos de Robert Schuman. L'Allemagne, disait-il, devrait *renoncer à la force* pour recouvrer ses territoires de l'Est. Et, suggérait-il, nous sommes en droit d'exiger qu'elle y renonce.

Il s'agit là, certes, d'un minimum, mais il n'est pas inutile d'en faire une des conditions strictement inviolables de la paix et de la sécurité de l'Europe. En effet, il y a bien des usages de la force. Une manifestation de la puissance armée à l'exclusion de tout versement de sang devrait bien, en certains cas, être tenue pour un usage de la force contraire au droit. Hitler n'a-t-il pas réoccupé la Rhénanie, réalisé l'Anschluss et annexé la Tchécoslovaquie, sans répandre le sang?

Observons que Robert Schuman, s'il dit que l'Allemagne devrait renoncer à la force pour recouvrer ses territoires de l'Est, ne dit pas qu'elle devrait renoncer à recouvrer ces mêmes territoires. Dans ce cas, elle ne pourrait les recouvrer que par la négociation.

Or, il ne pourrait s'agit que d'une négociation juste et loyale qui exluerait par exemple une négociation directe de l'Allemagne avec la Russie conclue sur le dos de la Pologne. Une telle négociation serait en effet de l'ordre d'un coup de force.

Donc, une négociation de l'Allemagne ayant pour objet, ne disons pas le recouvrement, mais de façon plus abstraite, le sort des territoires de l'Est, *ne pourrait être qu'une négociation pacifique et de l'ordre formel d'un traité de paix.*

Le gouvernement allemand (Bonn) ne dit pas autre chose. Et le gouvernement soviétique réclame depuis des années la signature d'un traité de paix.

Les divergences entre ces deux gouvernements sont cependant extrêmes.

Pourquoi cela?

Parce que, d'une part, le gouvernement de Bonn a des revendications à faire valoir sur les territoires de l'Est et d'autre part, le gouvernement soviétique demande essentiellement à un traité de paix d'officialiser le *statu quo* allemand.

De telles divergences font apparaître cependant que l'objet d'une négociation à laquelle participeraient les Alliés ne serait ni vain ni illusoire.

Robert Schuman y pensait-il lorsqu'évoquant le développement possible de la communauté européenne du côté de l'Allemagne de l'Est, il écrivait :

> «Une réunification impliquerait bien entendu une réadaptation des Communautés européennes et notamment celle du

> charbon et de l'acier qui, même si la Silésie restait en dehors de celle-ci, se trouverait étendue à un certain nombre de mines et d'industries sidérurgiques de la zone orientale. Nous pouvons cependant être assurés de ne pas être placés malgré nous devant un fait accompli. Nous serons à même de sauvegarder nos intérêts, puisque la réunification ne pourra se faire sans l'accord de la France»[5]?

Dans l'hypothèse où se place ici Robert Schuman, pour évoquer le nouvel *état* de l'Allemagne, où celle-ci, réunifiée, deviendrait partie intégrante de la Communauté européenne – la réunification n'aurait pu être obtenue que par la renonciation aux territoires de l'Est – dont la Silésie notamment.

On ne voit pas qu'une telle situation puisse résulter d'autre chose que d'un accord ayant la valeur et l'importance – sinon la dénomination elle-même – d'un traité de paix conclu entre l'Allemagne, les Alliés de l'Ouest et les puissances de l'Est, dont la Russie soviétique en premier lieu.

La réunification contre, en gros, la reconnaissance de la frontière Oder-Neisse? N'en revient-on pas aux propositions de la politique gaulliste?

Il est possible, en effet, que le terme de ces deux politiques, celle du général de Gaulle et celle que nous tirons des propos de Robert Schuman, soit à peu près identique. Ce terme, ce but sont du reste ceux qu'assigne à la politique allemande l'opinion publique occidentale dans son ensemble, mais les voies et les moyens sont radicalement différents.

Car l'une se fait dans l'Alliance atlantique et la Communauté européenne, l'autre en s'en affranchissant le plus possible.

On pourrait dire que l'une s'efforce de *comprendre* le plus possible l'Allemagne dans l'Occident, l'autre s'efforce de *surprendre* l'Allemagne par une entente avec l'Union Soviétique, laquelle ne peut cependant être complète, en raison de l'exigence libérale de l'auto-détermination pour l'Allemagne de l'Est.

La politique gaulliste semble vouée à l'échec, car elle suscite la méfiance de ses alliés sans épouser cependant toutes les vues de l'interlocuteur indispensable de l'Est. Mais la politique que nous

5. *Pour l'Europe, op. cit.*

dirons *dans l'esprit de Robert Schuman* est vouée au piétinement – sauf en ce qui concerne les progrès de l'intégration européenne – car elle ne pose pas décidément le traité de paix comme la solution définitive du problème allemand.

Il serait intéressant de se demander pourquoi. Pourquoi? Mais peut-être pour détourner de sa tendance *nach Osten* la volonté de puissance de l'esprit national allemand et la diriger vers la construction de l'Europe occidentale. Probablement ensuite parce que la recherche définitive d'une solution au problème des frontières orientales allemandes implique un accord avec la Russie et les autres pays de l'Europe de l'Est, dont la Pologne et la Tchécoslovaquie. Or, la recherche d'un tel accord serait contraire au dynamisme de l'intégration de l'Allemagne dans l'Europe de l'Ouest.

Enfin, certainement, parce qu'en toute bonne foi, on ne croit pas possible la signature d'un traité de paix sans l'abandon par l'Allemagne de ses provinces orientales.

D'où en manière de compensation, le soutien accordé par les Alliés occidentaux, la France comme l'Amérique aussi l'OTAN, à la cause de la réunification.

Dans sa compréhension du problème allemand, Robert Schuman n'allait-il pas – comme on l'a vu – jusqu'à évoquer la perspective d'une Allemagne de l'Est s'intégrant à la Communauté Economique Européenne?

Un tel événement ne pourrait se produire qu'à la suite d'un accord avec la Russie et les puissances de l'Est. D'un accord qui aurait toutes les dimensions d'un traité de paix, car on ne saurait laisser de côté le règlement des problèmes économiques que poserait une telle intégration pour l'Europe de l'Est comme pour celle de l'Ouest.

On ne pourrait, non plus, laisser sans règlement l'affaire cruciale de l'armement de cette Allemagne ou plutôt de ces Allemagnes puisque chacun d'elles a son armée, et appartient à un système de sécurité différent, voire adverse.

Si maintenant nous nous demandons pourquoi la perspective évoquée par Robert Schuman n'a été ouverte que de façon fugitive alors qu'en s'y arrêtant un peu on pouvait y découvrir les vastes horizons de l'histoire prochaine de l'Allemagne et de l'Europe, nous répondrons qu'à la réflexion il s'agissait essentiellement pour un esprit européen mesuré et sagace de sérier les questions et de n'agir que par étapes. Prudemment. Or, la première étape de la fondation de l'Europe, c'est sa constitution, laquelle est impensable si l'Allemagne est laissée à sa dangereuse solitude, au rêve tantôt amer et exaltant de son propre destin; si elle n'est pas attachée à l'Occident par des liens autant que possible définitifs d'intérêt et de solidarité.

Ceci étant acquis, l'Europe, c'est-à-dire la Communauté européenne, devrait dans une étape suivante, aider l'Allemagne à satisfaire d'une manière raisonnable les demandes qu'elle-même admet ne pouvoir être étudiées en dehors d'un traité de paix.

II

D'une manière *raisonnable*... On nous permettra de souligner ce dernier mot. Quelle que soit, en effet, la façon dont sera posée, dans son intégralité, le problème allemand, ne faudra-t-il pas que la solution qui y sera donnée soit r*aisonnable?*

Or, il est possible d'affirmer dès maintenant, en connaissance des seules données du problème, ce qu'il y a de raisonnable ou de déraisonnable dans certaines solutions proposées ou seulement envisagées.

L'Allemagne, c'est un fait, se trouve actuellement divisée en cinq parties : deux Etats, la RFA et la RDA, dont le second asservi au régime soviétique et qui n'est pas reconnu de la plupart des nations du monde libre, une ville, Berlin, elle-même divisée en deux zones, et d'anciennes provinces dont les unes (la Silésie, la Poméranie, une partie du Brandebourg et de la Prusse Orientale) sont placées sous l'administration polonaise, les autres (une autre moitié de la Prusse orientale) sous administration soviétique.

Est-il raisonnable de laisser l'Allemagne dans cet état? Oui, est-on tenté de répondre spontanément puisque cet état – cet état de choses – dure depuis plus de vingt ans et que l'Allemagne y est tranquille (sinon pour elle-même, du moins pour ses voisins).

Mais les Russes eux-mêmes ne sont pas entièrement satisfaits du sort actuel de l'Allemagne puisque d'une part, ils ont, pendant des années, réclamé à grand renfort de menaces, la signature d'un traité de paix qui officialiserait le statut de l'Allemagne, et, puisque, d'autre part, ils ne cessent de dénoncer dans le réarmement de l'Allemagne une cause de trouble et de malaise en Europe.

Ainsi donc, les Russes et leurs alliés ne sont pas satisfaits du sort actuel de l'Allemagne en raison de l'insécurité que leur donne la République Fédérale Allemande.

Mais celle-ci et les Alliés occidentaux peuvent-ils être, de leur côté, satisfaits du sort de l'Allemagne?

Non, car les Alliés, s'ils savent se faire une raison du sort des territoires annexés (dont les populations ont été transportées dans l'Allemagne de l'Ouest), ne peuvent en toute justice et droit admettre le régime de la tyrannie communiste imposé à Berlin-Est et dans la République Démocratique Allemande.

Ils sont en droit et ils ont même le devoir d'exiger que la liberté soit donnée à cette population allemande qui, depuis vingt ans, témoigne à la face du monde par un exode perpétuel et héroïque, de son aversion pour le régime communiste qui lui est imposé. La République Fédérale, elle, n'est pas satisfaite du sort des Berlinois et des Allemands de l'Est, et cela est à son honneur. Elle n'admet pas non plus que les territoires placés sous administration polonaise et soviétique puissent être tenus pur définitivement annexés.

Nous pensons qu'il n'est pas impossible de rapprocher, dans une certaine mesure, du moins – la mesure *raisonnable* dont nous parlions tout à l'heure – ces points de vue cependant divergents.

On peut d'abord admettre avec les Russes que la signature d'un traité de paix avec l'Allemagne contribuerait à la sécurité de l'Europe, s'il avait pour effet d'y ralentir la course aux armements.

Mais il s'agirait là d'un *effet* et le règlement du problème allemand doit porter d'abord sur les *causes*.

La cause de l'insécurité européenne, c'est, en premier lieu, la puissance russe à deux cents kilomètres du Rhin et la raison pour laquelle on en est venu à réarmer l'Allemagne jusqu'à envisager de la laisser participer à la défense nucléaire.

La cause de l'insécurité européenne, c'est aussi le régime communiste imposé à l'Allemagne de l'Est. Mais c'est encore le régime communiste imposé à tous les autres pays de l'Europe orientale, à commencer par la Pologne qui a toute possibilité de réclamer à l'Allemagne la dévolution légale des 100.000 km^2 de territoires qui lui ont été confiés à Potsdam, mais qui ne saurait, en l'état actuel des choses, demander à la Russie de lui rétrocéder les territoires (170.000 km^2) situés à l'ouest de la ligne Curzon que celle-ci s'était fait attribuer à la conférence de Yalta.

La partie n'est donc pas tout à fait égale et si l'on parlait de signer un traité de paix avec l'Allemagne en l'état actuel des choses, il faudrait que l'on renonce à considérer comme précaires les annexions que la Russie a opérées aux dépens de ses satellites et en tout cas de la Pologne, puisque celle-ci se trouve directement intéressée au traité de paix avec l'Allemagne...

Or, qui peut prétendre que l'Allemagne ou certains Allemands rejettent entièrement cette hypothèse d'un craquement de l'empire soviétique qui remettrait en jeu tout ou partie des annexions russes?

Dans l'examen que nous faisons ici des positions et propositions diverses relatives à un traité de paix avec l'Allemagne, nous excluons toutefois cette hypothèse comme assez peu raisonnable, c'est-à-dire, en l'espèce, assez peu pratique pour notre raisonnement. Du reste, le problème russe, si problème russe il y a, n'est pas tant question de territoire que de régime soviétique et d'impérialisme russe imposé à des peuples différents.

Revenons au problème de la sécurité en Europe tel qu'il se pose aujourd'hui.

Il est clair que si l'URSS veut limiter le réarmement de l'Allemagne Fédérale, elle doit en payer le prix minimum qui n'est autre que la liberté de l'Allemagne Orientale.

Il est non moins évident que cette liberté ne peut être donnée ou abandonnée comme s'il s'agissait d'une défaite militaire et politique. La Russie soviétique ne peut consentir à une évacuation politique et militaire en dehors d'une négociation générale qui remettrait partiellement en cause l'ordre européen.

Dans une affaire aussi importante il y a d'un côté l'aspect politique des choses qui ressort de la diplomatie et, d'un autre côté, ce qui appartient au droit et à la justice.

La liberté pour l'Allemagne orientale et Berlin-Est s'impose comme une mesure de justice. Elle doit être sans cesse réclamée au nom du droit.

Or, cette liberté ne pourrait être réalisée que par l'établissement d'un régime authentiquement démocratique où les droits de l'homme seraient reconnue et assurés par exemple conformément à la déclaration du Conseil de l'Europe auquel accéderait cette république libérée de la suprématie du parti communiste unifié et cette liberté, disons-nous, est demandée par l'Allemagne Fédérale et les Alliés occidentaux en même temps qu'est exigée la réunification.

Il importe cependant, si l'on veut donner des chances de réussite à une négociation dont l'objet vaut tout de même d'être considéré – il importe de distinguer entre ce qui relève du droit et ce qui relève de l'art politique.

La liberté ou la constitution d'un régime politique libre en Allemagne Orientale a pour fin d'assurer le Droit. La réunification de l'Allemagne a une finalité politique.

Dans son livre *Liberté et réunification,* Karl Jaspers a établi que le bien propre et le bien commun – si l'on peut dire – des Allemands voulaient que l'on sépare radicalement ces deux exigences qui confondent deux ordres de valeurs différents et même il a invité ses compatriotes à renoncer à la seconde exigence, celle de la réunification au profit de la première, celle de la liberté.

Dans un autre livre, plus récent[6], où l'on relève plus d'une déclaration d'hostilité envers l'Allemagne, M. Jules Moch a cependant bien montré quelle contradiction politique il y avait pour l'Allemagne Fédérale à demander à la fois son réarmement et la réunification :

> «Il est aussi absurde pour le gouvernement de la RFA de poursuivre deux buts aussi opposés que la réunification et l'intégration en armes dans un des deux blocs de puissances. Seule une guerre victorieuse rendrait ces objectifs conciliables et Bonn affirme n'y pas vouloir recourir. Mais supposer que le camp oriental accepte de se dessaisir de la puissance industrielle et des effectifs potentiels de l'Allemagne de l'Est au profit de l'OTAN par l'intermédiaire de l'Allemagne de l'Ouest est contraire à tout bon sens. Les dirigeants allemands n'étant pas dépourvus de cette faculté, on est amené à conclure ou qu'ils ne souhaitent pas sincèrement la réunification et qu'ils la réclament seulement dans un but électoral ou au contraire, s'ils la désirent vivement, qu'ils la recherchent par l'Ouest dans une première étape pour basculer ensuite, armés, vers la neutralité et obtenir en échange de l'URSS leur réunification. Quand sont-ils sincères? Quand ne le sont-ils pas?

---

6. *Histoire du réarmement allemand* (Ed. Laffont).

Car ils ne peuvent l'être également dans des revendications aussi contradictoires.»

Il ne s'agit que de s'entendre. La réunification peut être une exigence des Allemands eux-mêmes et valable pour eux-mêmes. Ils ont le droit de rechercher l'unité pour leur peuple à condition que celle-ci ne détruise ni ne mette en question l'existence d'autres nations voisines.

Cette exigence de nature politico-juridique ne peut donc qu'être subordonnée à l'exigence de liberté. La réunification est une *contingence* que les Alliés occidentaux ne sauraient mettre sur le même plan que l'exigence de liberté pour l'Allemagne Orientale qui, en l'espèce, à valeur universelle. Les Alliés, non seulement pensent, mais doivent soutenir cette exigence de liberté, c'est-à-dire de libération et situer l'exigence de réunification à la place parmi les autres contingences de l'ordre européen y compris celles que la réunification affecte singulièrement.

Nous en venons ainsi au problème des frontières.

L'importance, pour ne pas dire la gravité de ce problème a été fort bien mise en lumière par la récente démarche de l'épiscopat polonais auprès de l'épiscopat allemand, invitant celui-ci aux cérémonies de commémoration du Millénaire de la Pologne. Rappelons que le régime des territoires situés à lest de la ligne formée par l'Oder et son affluent la Neisse est, en droit international, au terme des accords de Potsdam (20 juillet 1945) un régime *provisoire*. Mais à l'Est, en Pologne d'abord, comme en Russie, on entend bien qu'il est *définitif*.

Que penser de cette démarche sinon qu'elle tend à susciter une entente directe des peuples entre eux pour amener un accord entre les Etats, plus difficiles à réaliser parce que ceux-ci sont tenus par des obligations légales et ont besoin d'être entraînés – parfois là où ils ne veulent pas aller?

Mais surtout on se rappellera qu'à maintes reprises les gouvernements communistes polonais, et notamment celui de M. Gomulka ont reproché à l'Eglise catholique et par conséquent au Saint-Siège, de favoriser le point de vue de l'Allemagne sur le sort de ces territoires en ne nommant pas d'évêques dans les diocèses relevant de ces territoires.

En réponse à cette critique, l'*Osservatore Romano* du 23 juillet 1964 rappelait que le Saint Siège *«n'avait pas coutume de procéder à des changements dans les diocèses tant que les questions de droit international concernant ces territoires n'étaient pas réglées par des traités».*

Et le journal du Vatican, *invitant les autorités polonaises à se mettre en règle avec le droit international,* ajoutait *«qu'il leur appartenait d'obtenir que leur point de vue soit accueilli favorablement par les autorités compétentes».*

En vérité, il paraît désormais assez difficile de revenir sur l'appartenance à la Pologne des territoires situés à l'Est de la ligne Oder-Neisse sans remettre en cause l'existence même de l'Etat polonais[7].

Mais ne faudrait-il pas, du même coup, reconnaître l'appartenance à l'Union Soviétique de la moitié de la Prusse Orientale dont la ville de Koenigsberg où fut sacré le roi de Prusse[8]?

Pour les Allemands cela paraît aussi difficile à accepter qu'à éviter de reconnaître... A moins qu'ils ne tentent de donner la signification d'une proposition politique précise à des déclarations comme celles faites par M. Uwe von Hassel, ministre fédéral de la Défense, devant cinquante mille participants aux journées de la Prusse Orientale qui avaient lieu à Düsseldorf en juin 1965? *«L'avenir de la Prusse Orientale,* disait ce ministre allemand, *dépend non seulement de la Pologne, mais aussi d'une entente avec l'Union Soviétique. Au demeurant il est lié au devenir d'une future Europe unie.»*

Compte tenu du réalisme brutal qui a justifié naguère cette politique d'annexion, il apparaît aujourd'hui que toute proposition tendant à faire valoir les droits des Allemands chassés de leur pays

---

7. Dans *Les Conséquences politiques de la paix* (1921), Jacques BAINVILLE écrivait que «pour ressusciter la Pologne il fallait tailler à même l'Allemagne». *«Le drame de la Pologne, disait-il encore, c'est qu'elle n'est pas un Etat.»* Aujourd'hui le primat de Pologne, le cardinal WYSZYNSKI, déclare en réplique aux campagnes de presse menées contre l'épiscopat polonais à propos de sa lettre aux évêques allemands que «sans ses frontières (Oder-Neisse) l'existence de la Pologne en tant qu'Etat serait presque impossible» (Les journaux du 7 janvier 1966).
8. Georges Bidault le rappelait ou plutôt l'apprenait à Staline. Voir G. BIDAULT : *D'une résistance à l'autre,* Paris 1965, p. 148.

devra être fondée sur la *distinction catégorique du droit des personnes et de l'administration des territoires.*

Une chose est celle-ci, une autre est celle-là. Et cette distinction qui apparaît nécessaire dans l'affaire allemande, peut l'être également dans d'autres affaires difficiles du monde contemporain et de l'époque actuelle.

Le droit à la patrie que proclament les Allemands réfugiés et dont M. Georges Penchenier du *Monde Diplomatique* se demandait dans un reportage cependant fort remarquable sur l'irrédentisme allemand à l'égard des provinces de l'Est, quel il pouvait être – ce droit peut être expressément déduit de l'article 13 de la Déclaration universelle des Droits de l'homme :

> *1. Toute personne a le droit de circuler librement et de choisir sa résidence à l'intérieur d'un Etat.*
> *2. Toute personne a le droit de quitter tout pays, y compris le sien et de revenir dans son pays.*

Il n'y a donc pas de raison de ne pas le prendre en considération.

Mais le faire valoir réellement implique que l'on consente en esprit à des sacrifices et que l'on admette des renoncements depuis longtemps effectués.

A notre sens, tant en ce qui concerne les territoires placés sous administration polonaise qu'en ce qui concerne ceux placés sous administration soviétique, l'Allemagne doit accepter de les aliéner de son patrimoine, mais en ce qui concerne le droit des Allemands réfugiés de ces territoires à y retourner pour y vivre sans aliéner leur nationalité, l'Allemagne ne saurait renoncer à le défendre et à en réclamer l'organisation.

Certes, la reconstitution de minorités allemandes en Pologne, Russie, voire Tchécoslovaquie, paraîtrait une entreprise risquée. Mais, d'une part, la physionomie de l'Europe n'est plus celle du Traité de Versailles (notamment depuis que Staline a modifié la géographie politique de l'Europe orientale), d'autre part, le droit reconnu aux Allemands réfugiés de retourner dans leur pays d'origine n'implique pas que les douze millions de réfugiés le fassent tous valoir. Combien resteront en Allemagne occidentale où ils ont depuis longtemps trouvé la sécurité et l'aisance plutôt que d'effectuer un retour si problématique dans leurs provinces d'origine!

Ou bien faudra-t-il leur reconnaître un statut particulier de nationalité?

Cependant, un droit est un droit et dans la perspective d'un traité de paix, il est nécessaire de le prendre en considération et d'en prévoir l'organisation.

Les Allemands des provinces orientales devenues partie intégrante de la Pologne, de la Russie et de la Tchécoslovaquie pourraient être représentés au sein d'une Confédération allemande *(Staatenbund)* qui réunirait également l'Allemagne de l'Ouest et l'Allemagne de l'Est libre.

Dans cette perspective de l'unité allemande réalisée sous la forme confédérale[9] les pays d'Europe centrale et orientale seraient amenés à se fédérer à leur tour, de telle sorte que l'Europe à venir prendrait progressivement la forme d'une «confédération de confédérations» que Proudhon lui voyait déjà, il y a près d'un siècle.

La clef de cet avenir, c'est la négociation réussie d'un traité de paix avec l'Allemagne.

L'Europe y a-t-elle intérêt?

On a toujours intérêt à la paix à condition que celle-ci ne soit pas un leurre. A condition que l'ordre de cette paix instaure, représente un progrès sur l'état de choses actuel qui, rappelons-le, car cela doit être un de nos soucis d'Européens de l'Ouest bien tranquilles, laisse fort à désirer pour les pays situés de l'autre côté du rideau de fer.

Juin 1966

---

9. Voir A. FRANÇOIS-PONCET, *De Versailles à Potsdam*, en particulier le chapitre XIII (Ed. Flammarion).

3

Les accords d'Helsinki ou le simulacre d'un traité de paix

Ce qu'on a appelé communément les Accords d'Helsinki, c'est en d'autres termes l'Acte final de la Conférence sur la Sécurité et la Coopération en Europe (CSCE), un document volumineux et disert qui a été signé le 1er août 1975 à Helsinki par les représentants de trente-cinq pays participant à cette Conférence, soit la quasi-totalité des pays européens, à l'exception de l'Albanie, mais aussi la Turquie, les Etats-Unis d'Amérique et le Canada. M. Léonide Brejnev représentait l'URSS qui compte quinze républiques couvrant la Russie d'Europe et une grande partie du continent asiatique jusqu'au Japon auquel elle n'a toujours pas restitué les îles Kouriles. Décidément, l'Europe c'est beaucoup plus que l'Europe, comme le disait Jacques Chardonne de l'amour.

La présence de la plupart des chefs d'Etat à cette réunion lui conférait une exceptionnelle solennité. Dans l'esprit des «hauts représentants» des Etats qui y prenaient part, la réunion plénière de la CSCE pouvait être regardée comme mettant fin à la guerre froide, au moins intentionnellement. En effet, la sécurité en matière d'armements et la coopération en matière économique pour l'URSS et ses satellites étaient devenus de véritables besoins et des besoins précisément économiques.

Toutefois, l'Acte final d'Helsinki n'était pas un véritable traité de paix. Il en était peut-être l'esquisse mais il n'en avait pas le nom et ne pouvait l'avoir. Il énonçait surabondamment un catalogue d'institutions sur la sécurité militaire, la coopération économique et les Droits de l'Homme, y ajoutant même un chapitre spécial sur la «sécurité et la coopération en Méditerranée» qui est toujours d'actualité. Mais des propositions sans moyens d'action – et les premiers d'entre eux qui sont le pouvoir et la volonté – restent des voeux pieux ou des projets à plus longue échéance. L'expérience a prouvé depuis quinze ans qu'en matière de sécurité, les questions relatives au désarmement nucléaire sont réglées entre Américains et Russes, que la coopération économique ne peut avoir lieu dans la disparité totale des économies (si l'on peut encore parler d'économie à propos du socialisme soviétique) et que les Droits de l'Homme ne peuvent être réduits à la «coopération humanitaire».

La CSCE qui se réunissait du 30 juillet au 1er août 1975 à Helsinki pour parapher l'Acte final qu'elle avait préparé depuis juillet 1973, était l'aboutissement d'environ vingt ans d'efforts de la diplomatie soviétique pour imposer à l'Europe tout entière, celle de l'Alliance atlantique, celle du projet de la CED en 1954, puis celle de la CEE, un régime de paix que l'on pourrait appeler la *pax sovietica* par dérision et par comparaison avec la *pax romana* qui bien qu'imparfaite a fondé pour partie la civilisation européenne. Cette *pseudo* paix consistait principalement en la reconnaissance des frontières issues de la seconde Guerre Mondiale en Europe de l'Est, y compris la frontière qui séparait les deux Allemagnes, RFA et RDA. Un règlement de paix sur cette base devait ouvrir aux Américains la possibilité de quitter l'Europe comme ils avaient imprudemment commencé de le faire au lendemain de la capitulation de l'Allemagne, les 7 et 8 mai 1945, et dès lors assurer aux Soviétiques la suprématie militaire sur le continent. Le communisme est un impérialisme et se comporte comme tel.

L'histoire de cet effort et de ce travail diplomatique qui va de la conférence de Berlin en janvier 1954 à celle d'Helsinki en 1975 est fort intéressante à suivre, par exemple dans l'étude très complète qu'en a donnée M. Aleth Manin sous le titre *La Conférence sur la Sécurité et la Coopération en Europe (La Documentation française,* mars 1976), puisqu'elle permet de suivre vingt ans de diplomatie en période de «guerre froide» et de «coexistence pacifique» pour un enjeu qui n'est autre que l'établissement de la paix en Europe – sous les concepts de sécurité et de coopération.

«Cette Conférence d'Helsinki aboutit à faire cautionner par les Occidentaux les frontières établies en 1945 par la force en Europe orientale et centrale. C'est ce qu'en attendait l'URSS, qui considéra

sans objet les engagements qu'elle avait pris, qu'il s'agisse des droits de l'homme ou de la libre circulation des hommes et des idées...» En écrivant cela, Claude Delmas *(La Coexistence pacifique,* PUF Que sais-je?, p.118) met sans plus de façons l'accent sur les deux principaux résultats d'Helsinki et résume l'opinion qu'on pourrait en avoir. Mais il faut aussi y regarder de plus près. D'abord au sujet des frontières, le premier des Occidentaux à les avoir «cautionnées» n'était-ce pas le chancelier Willy Brandt en 1970? Dès lors il était plus facile pour les autres Alliés occidentaux d'admettre l'intangibilité de frontières dont ils avaient pensé avec raison qu'il serait périlleux d'en souhaiter le changement. Aujourd'hui même, en 1990, après la reconnaissance par le Bundestag de la frontière germano-polonaise on peut se demander combien de fois encore il faudra reconnaître cette frontière.

D'autre part, en ce qui concerne les Droits de l'Homme que Brejnev, le satrape, pouvait reconnaître sans scrupule de conscience, on doit bien constater qu'ils ont été pour les régimes communistes d'Europe et de Russie, une véritable *pierre d'achoppement* sur laquelle ils se sont en partie brisés. Car si les Occidentaux, malgré de réels scrupules, on veut bien le penser, se sont résignés à signer avec les chefs communistes des accords dont ils savaient qu'il n'était pas dans leur esprit de les respecter, les opposants aux régimes communistes, quant à eux, savaient qu'ils se voyaient donner avec cette nouvelle Déclaration des Droits de l'Homme une aide significative pour leur résistance. Une défense pour leur droit et, selon l'expression de Jean-Marc Varaut, «un droit au droit». On sait d'ailleurs l'usage intelligent, mais intraitable, courageux et plus encore héroïque que firent les dissidents et opposants des régimes communistes de Soljenitsyne à Boukowski, de Sakharov à Vaclav Havel devenu président de la nouvelle République de Tchécoslovaquie, des illustres et des sans nom, dont parmi ces derniers tant de religieux des Eglises du silence.

Nous pensons donc, et maintenant comme hier, qu'il fallait signer ces Accords d'Helsinki faisant de la Conférence sur la Sécurité et la Coopération en Europe une nouvelle institution européenne, laquelle s'est réunie trois fois en dix ans, de 1977 à 1987, à Belgrade, Madrid et Vienne, et dont on annonce une nouvelle session à Paris en novembre 1990. Mais l'intérêt de la CSCE n'est pas dans ces assises internationales lointaines et tamisées, il est dans l'aéropage qu'elle constitue pour instruire au nom des Droits de l'Homme le procès des régimes totalitaires. Prendre les Soviétiques au mot, les amener au Droit, cela n'avait pas toujours été possible, mais leurs régimes déclinant, leur idéologie s'affaiblissant, le temps faisant son oeuvre d'usure, la corruption s'y ajoutant, il était devenu possible à leurs opposants de l'intérieur et de l'extérieur de résister ouvertement. Ce qu'ils ont fait depuis près de vingt ans. Par des propositions politiques, économiques, sociales et concernant les droits de l'homme, ils ont voulu préparer l'avenir de l'Europe, indivisible selon eux. Leur vision de l'Europe nous intéresse, nous regarde et nous devons la connaître, nous autres Européens de l'Ouest, libéraux à ne savoir plus quoi être d'autre. Constatant que les «liens de plus en plus nombreux se tissent entre les nations et les continents», M. Markos Krstic, représentant yougoslave du Groupe de Paris fondé en 1971 pour la défense des droits de l'homme dans les pays de l'Europe de l'Est, observait que «l'Europe n'échappait pas à ce développement dans le monde».

> «Il ne s'agit pas uniquement de l'Europe de l'Ouest, ajoutait-il, mais aussi et surtout de celle du Centre et de l'Est de l'Europe tout entière, de tous les peuples de l'Atlantique jusqu'au-delà de l'Oural. Il est impossible que l'Europe demeure très longtemps divisée en deux blocs avec des systèmes politiques, économiques et sociaux différents, militairement opposés. L'Europe est indivisible. L'avenir de la paix et du monde passe par elle. Toute conception, toute attitude, toute politique, toute action qui vise le maintien de la division de l'Europe se heurte déjà et se heurtera toujours plus aux changements qui vont bouleverser notre continent. L'Europe ne peut plus se concevoir que globalement, y compris le peuple russe et les autres peuples européens de l'Union Soviétique. L'Europe de l'Ouest, devenue atlantique, subissant et acceptant la division du continent dans le fait et dans l'esprit, se cantonne à la défense de sa propre liberté et de son bien-être. N'ayant pas la volonté d'une politique commune, européenne, à l'égard de l'autre partie du continent, les puissances ouest-européennes ont retrouvé les anciennes pratiques. Elles se comportent envers l'Union Soviétique et les pays communistes comme s'il s'agissait d'une puissance traditionnelle avec ses alliés, visant, certes, la domination sur

> le continent, mais demeurant, par ailleurs, d'intéressants partenaires commerciaux et utilisables parfois, comme contrepoids sur l'échiquier mondial. A notre époque, ces anciennes pratiques, dont les effets sont très limités, sapent, au contraire, les bases mêmes de leur propre indépendance. Bien qu'essentielle contre le danger soviétique, l'alliance avec les Etats-Unis ne préserve pas pour autant l'Europe de l'Ouest des aléas de la politique américaine qui a ses propres obligations et intérêts mondiaux. L'«autre Europe» est totalitaire. Il ne s'agit ni de l'empire russe, ni d'un empire «asiatique», ni d'un empire de type nazi, mais d'une entreprise gigantesque de domination et de transformation du monde par une minorité organisée et une idéologie conquérante. Actuellement, seule la volonté d'expansion soviétique va dans le sens de l'unité du continent. Elle prend les aspects les plus divers et les plus surprenants : de la force pure jusqu'à la subversion la plus insidieuse, de l'expansion étatique jusqu'à un communisme internationaliste, dialectique et occidentalisé. Statique dans sa politique européenne, l'Europe de l'Ouest est la partie de notre continent la plus dynamique sur les autres plans. C'est une société ouverte, créative, pluraliste, libre, qui a démontré, depuis la guerre, sa vitalité étonnante et qui est « malgré la crise actuelle – mieux adaptée aux transformations qui s'opèrent dans le monde. Certes, les dangers de ruptures sont toujours présents, mais apparemment cette société compte incomparablement plus d'atouts pour l'avenir que celle, réalisée par l'idéologie totalitaire, en Europe de Centre et de l'Est... Il est encore temps de répondre au défi de l'histoire. Tous les espoirs pour notre continent ne sont pas perdus. Une conception globale, une volonté d'exister et d'agir, une voix propre sont indispensables à la solidarité et à l'alliance des peuples européens qui se forgent sous l'emprise totalitaire et qui portent peut-être en germe l'Europe de demain» *(Message Européen,* 1983).

Il serait bon que désormais de tels propos soient dits et entendus dans une réunion plénière de tous les Etats européens comme peut l'être la CSCE, ne serait-ce que pour prévenir les tentations d'enfermement sur soi ou d'auto-suffisance «intégrationniste» d'une part et d'anarchie nationaliste d'autre part qui guettent et l'Europe de l'Ouest et ce qui est toujours encore un peu l'Autre Europe.

Avril 1990

Quatrième Partie

«ÉDUCATION EUROPÉENNE»

1

Éducation européenne

Paru au lendemain de la Libération, *Education européenne,* le beau roman de Romain Gary dont l'action se passe en Pologne pendant la dernière guerre mondiale, signifiait par son titre sans ambages ce qu'avait été pour beaucoup de combattants clandestins l'esprit de résistance à l'hitlérisme, ce fléau qui aggravait d'un racisme insupportable un impérialisme allemand déjà inacceptable. L'Europe se refusait à l'asservissement nazi comme elle s'était toujours refusée au cours de l'histoire à la domination d'une seule nation, France comprise; son destin étant de constituer un équilibre entre les Etats et les nations qui la composent. Aujourd'hui, cet équilibre semble rompu, ou plus exactement, l'équilibre de l'Europe est maintenu tant bien que mal et plutôt mal que bien par une sorte de compensation qui n'est autre que l'équilibre de la terreur. L'équilibre de la terreur, c'est pour l'Europe l'équilibre stratégique compensateur d'une politique qui, dès avant la fin de la guerre, dès 1944, a laissé mettre en place les conditions qui allaient donner à un autre impérialisme, le communisme soviétique, les possibilités d'annexer une partie de l'Europe et de menacer du même coup tout le reste du continent au point d'obliger celui-ci à trouver dans l'Alliance atlantique la protection permanente des Etats-Unis d'Amérique.

Notre propos n'est pas d'examiner si dans le retour sur elle-même que doit faire l'Europe, l'Europe libre, elle peut trouver l'énergie d'assumer elle-même sa propre défense et de garantir ainsi une indépendance de principe envers les Etats-Unis. L'Europe, même diminuée de 1984, doit se rappeler que c'est dès la guerre de 1914-1918 qu'elle a intéressé à son sort la grande République américaine et qu'il en est résulté une «communauté de destin» dont il serait aujourd'hui téméraire et probablement vain de chercher à s'affranchir.

Susciter une énergie européenne (au sens où Barrès parlait de «l'énergie nationale») devant la menace insidieuse et progressive de la «finlandisation» qui est d'abord un état d'esprit, c'est à coup sûr une action indispensable. La défense de l'Europe libre doit être complète, commune, cohérente et sans arrière-pensées. Il faut donc encourager tout ce qui contribuera à la renforcer en même temps qu'à la garantir contre un faux pacifisme. Mais on ne saurait oublier que l'énergie européenne a déjà trouvé dans la volonté de faire l'Europe affirmée publiquement depuis 1948 par les pionniers de l'unité européenne son modèle et son mentor. Si aujourd'hui les peuples d'Europe élisent au suffrage universel un Parlement européen dont le champ d'action délimité par le Traité de Rome est sans doute restreint, c'est aux Européens de bonne volonté (parmi lesquels il y avait surtout des démocrates chrétiens) qu'ils le doivent. Il est donc heureux qu'en cette année «d'élections européennes» les Français «nationaux» (provisoirement dans l'opposition) se trouvent rassemblés ayant balayé pour beaucoup les restrictions mentales souvent superfétatoires dont ils s'étaient bardés lors des élections de 1979. L'énergie qui procède du sentiment va donc retrouver la volonté qui procède de la pensée, sur le chemin de l'unité européenne que nous voyons comme un aboutissement historique et aussi comme une forme nouvelle de salut public pour l'équilibre général de la planète dangereusement mis en question.

Cependant, il faut bien dire que cette perspective d'unité européenne demeure actuellement sinon lointaine du moins encore assez floue. Les Etats-Unis d'Europe sont une belle idée qui sera peut-être réalisée un jour et vers laquelle il faut avancer, mais non sans avoir bien reconnu au préalable le chemin qui y conduit. L'Europe actuelle n'est pas encore mûre pour une unité politique à laquelle font obstacle des problèmes comme celui de la réunification allemande sans parler de la détermination même des dimensions de cette Europe dont tant de nations authentiquement européennes vivent captives dans la mouvance soviétique. Et pourtant l'Europe ne sera pas européenne dans les limites de la petite Europe. L'Europe sera l'Europe pan-européenne, comme l'avait bien vu dès avant la guerre le Comte Coudenhove-Kalergi, fondateur de l'Union pan-européenne dont le Président est aujourd'hui l'Archiduc Otto de Habsbourg. C'est dans cette perspective que doit être comprise, définie, entreprise une éducation européenne motivée par la résistance au communisme soviétique. Mais la résistance nécessaire – comme la défense – ne suffit pas pour faire l'Europe. L'éducation européenne dont nous avons besoin doit tendre vers un idéal de justice et de liberté. Justice et liberté pour l'Europe! Cela doit être dit, publié, proclamé. Cela doit être la devise de l'éducation européenne d'aujourd'hui.

Mai 1984

2

L'Europe et le nationalisme

On ne sait s'il est indispensable de prendre date pour marquer certains points de l'histoire en train de se faire aujourd'hui en Europe, mais à tout le moins, il peut être opportun de noter qu'en ce printemps de l'année 1989 il se passe dans notre continent – et même au-delà dans une semblable mouvance – un certain nombre de choses appelées à une possible convergence.

Quels sont ces points notables de l'actualité historique? Nous dirons qu'ils sont d'autant plus remarquables qu'on les situera dans l'ensemble dont ils font partie. Cette proposition est sans doute un peu mathématique mais on ne l'avance que pour clarifier la situation. Il y a bien, en effet, aujourd'hui sur le continent européen géographiquement (et non politiquement) défini comme allant de l'Atlantique à l'Oural, des *ensembles* politiques qui sont d'une part l'ensemble des pays libres, celui de l'Alliance atlantique comprenant aussi des pays neutres comme la Suisse, la Suède et l'Autriche; d'autre, l'ensemble des pays communistes dominés par la Russie soviétique auxquels appartiendrait encore la Yougoslavie d'ailleurs neutraliste. Nous laisserons de côté l'Albanie même si, isolée en droit de tout ensemble européen, elle est un Etat communiste de l'espèce la plus accomplie. Cette première distinction de deux «ensembles» d'Etats et de nations en Europe appelle, bien entendu, des précisions, voire des corrections. Ainsi en est-il de la Finlande dont on ne peut dire vraiment qu'elle est un pays communiste mais dont il est certain qu'elle n'est guère «libre» puisqu'elle est sous surveillance et que l'extension de son *état* – de droit et de fait inséparablement – est envisagée pour l'Europe tout entière sous le nom de «finlandisation». A l'intérieur de chacun des ensembles il y a bien des situations différentes qui tiennent à la personnalité propre des pays le constituant, à sa géographie et à son histoire souvent la plus récente. Ainsi, la France a une situation particulière dans l'Alliance atlantique et l'Allemagne ne peut posséder l'arme atomique, tandis que de l'autre côté si l'on note une évolution des régimes communistes en place vers plus de liberté, il n'en reste pas moins que la présence de l'armée soviétique limite singulièrement ces tendances et ces aspirations à la liberté. Au sud de l'Europe, dans les Balkans encore chargés des antagonismes des civilisations et de leur histoire, la Yougoslavie est certes libre vis-à-vis du communisme extérieur mais non point intérieur et quant aux relations internationales l'ensemble dont elle fait partie est celui des « non alignés» qui est typiquement extra-européen.

Il résulte de ce coup d'oeil sur les ensembles européens que ce n'est décidément pas l'abstraction mathématique qui les caractérise ni même l'uniformité. Puisqu'au contraire on relève à l'intérieur de chacun d'eux des différences essentielles qui sont précisément celles constituées en premier lieu par les différences nationales exprimant l'existence de peuples différents ayant chacun leur histoire, c'est-à-dire leur mémoire. Ces personnalités qui sont autant de singularités ne sont pas incompatibles en principe avec l'appartenance à un ensemble qui peut être un système d'alliances mais, bien entendu, à condition que ces systèmes respectent leur état, leur être. Or, si cette condition est valable en gros pour l'ensemble que constituent les pays de l'Europe libre et de l'Alliance atlantique qui les défend pratiquement tous, même les neutres, elle ne l'est plus pour les pays de l'ensemble communiste ou encore «socialiste» pour employer le terme même servant à définir la «doctrine Brejnev». On se rappelle que selon cette doctrine fameuse et tacitement admise par le monde entier aucun pays de l'ensemble socialiste soviétique n'avait le droit d'en sortir sans être rappelé à l'ordre et à l'ordre militaire. Or, aujourd'hui, nous sommes *à la veille* de la remise en question de cet ordre de guerre froide et de paix surarmée. La cohérence et l'unité contraintes de l'ensemble socialiste (brejnévien) est remise en question par les peuples soumis à ce régime au nom de la démocratie par laquelle il faut entendre d'abord la liberté et le droit ou encore la justice et à cause de l'incapacité de ces régimes dans le domaine économique qui était pourtant leur raison d'être – si l'on en croit le marxisme dont ils se réclamaient *absolument*. Aux yeux des peuples soumis une réussite économique pouvait faire passer, sinon excuser, l'absence de liberté et de droit, mais au contraire l'échec économique ne fait que souligner et rendre insupportables dans le domaine politique les contraintes de ces Etats matérialistes. Dès lors, tout semble donc ouvertement remis en question, de l'économique au politique et du politique au militaire.

Mais observons que ce qui sera remis en question, c'est le *régime* de ces nations de l'Est européen, *ce ne sont pas ces nations elles-mêmes*.

*
* *

Les pays de l'Europe occidentale, les Etats-Unis et le Canada ont commémoré le quarantième anniversaire de l'Alliance atlantique lors de leur réunion de Bruxelles fin mai 1989, où le Président américain George Bush a fait des propositions que nous dirons très «dialectiques» pour un désarmement vraiment contrôlé et proportionnellement équilibré en Europe. A l'occasion de cette réunion on a pu dire avec raison que l'Alliance atlantique avait apporté à l'Europe une des plus longues périodes de paix de son histoire. A vrai dire, cette paix était une sorte d'état de non-guerre dont la formule avait été donnée admirablement en 1947 par Raymond Aron : «Paix impossible, guerre improbable». La paix impossible, c'était la paix de droit ou selon le Droit. Il a donc bien fallu se contenter du fait, la guerre devenant de moins en moins probable en raison d'ailleurs de ses implications nucléaires. Mais pendant ces quarante années qui en font quarante-cinq depuis la fin de la deuxième guerre mondiale, il s'est passé dans un certain nombre d'Etats européens ce qui s'était passé durant ce temps de paix de la période de la Sainte Alliance, allant de 1815 à 1854 (guerre de Crimée). Pendant cette période il y avait eu, dans la plupart des grands pays d'Europe, l'Angleterre exceptée, les Révolutions libérales et les Révolutions socialistes de 1830 et 1848. Les révolutionnaires «libéraux» demandaient principalement une *constitution* à leur souverain; les socialistes demandaient, mais diversement, que le droit *au* travail soit aussi le droit *du* travail (Proudhon) ou que les prolétaires prennent le pouvoir auquel la philosophie de l'histoire les destinait et changent radicalement la société (Marx - Engels : *Le Manifeste communiste,*

1848). Aujourd'hui, c'est une démocratie «réelle» – à l'occidentale – et non plus «populaire» que demandent les peuples privés de liberté et comme ils ont fait l'expérience de la révolution communiste, ils rejettent la «dictature du prolétariat» parce qu'elle est d'abord celle du parti communiste et ils n'acceptent plus le socialisme que dans le cadre de la liberté civile et politique.

Ce sont là, en vérité, des changements de régime. Ils sont importants, ils sont décisifs, mais ils ne mettent pas en cause l'existence des nations où ces changements sont appelés à se produire. Le fait national subsiste, résiste et persiste.

I

La liberté et le droit que demandent (en réalité depuis 1953, 1956, 1968, 1980, etc.) les Allemands de l'Est, les Hongrois, les Polonais, les Tchèques, les Baltes, etc., ils le font aujourd'hui en invoquant la *démocratie,* une démocratie pluraliste qui représente à leurs yeux une sorte de légitimité. Or, se référer à la légitimité sous quelque forme que ce soit, en avoir le souci et montrer qu'on en a le souci, c'est faire valoir la justice de la cause que l'on soutient. Demander une «constitution» aux régimes autoritaires du siècle dernier en Europe, c'était parler la langage du Droit. D'ailleurs, les libéraux de l'époque étaient le plus souvent des avocats et des poètes. On dirait aujourd'hui des «intellectuels». C'était Montesquieu qui eût interpellé directement Louis XV. Le dialogue n'est pas inimaginable, d'ailleurs il a eu lieu et il a toujours lieu dans la politique française par descendance interposée. Demander la démo-cratie à des régimes communistes qui s'en réclament théoriquement pour ne pas dire verbalement (ce qui serait plus vrai), c'est engager à la face du monde un dialogue avec un pouvoir tyrannique mais affaibli par la contestation qu'il suscite, les mauvais résultats de sa politique économique qui le condamnent à terme, la corruption et le favoritisme qui contredisent effrontément ses principes et sa finalité.

Voici donc ce qui est en train de se passer en cette Europe à l'Est du rideau de fer et qui se produit même en Russie soviétique où une expérience «démocratique» plus ou moins contrôlée (élection d'un Parlement et même des dirigeants jusqu'alors désignés à des fonctions politiques) est en cours. Jusqu'où ira cette expérience on l'ignore, mais on nous assure qu'il n'y aura pas de retour en arrière? Sans doute, l'histoire dans sa continuité temporelle ne se reproduit jamais *à l'identique*. Mais *au semblable?* La Russie avait connu aussi une expérience libérale sous le tzar Nicolas II, de 1906 à 1914. Le régime tzariste s'est écroulé sous les coups de la guerre et de la révolution conjuguées et le bolchevisme est survenu avec Lénine, Staline et consorts. L'expérience démocratique s'est arrêtée là, en dépit des «droits» – notamment le droit de sécession – proclamés sous les constitutions de 1923 et 1936, lesquelles «constituent» en fait autant d'impostures.

*
* *

On restera donc vigilant sinon méfiant en ce qui regarde l'évolution démocratique et libérale de l'Union Soviétique, empire eurasien par nature, et dont l'histoire, celle de l'Empire russe depuis un millénaire, véhicule le poids de ces deux continents réunis en un seul et qui retombe toujours quand il parvient à l'aplomb de l'Europe chrétienne comme le rocher de Sisyphe.

Mais en va-t-il de même pour les autres nations et peuples de l'Europe orientale?

Certes non! Pour eux la revendication démocratique, aujourd'hui (comme hier la revendication libérale) est une exigence aussi interne qu'externe. Elle ne met pas seulement en cause le régime communiste à l'intérieur, mais encore l'alliance communiste soviétique à l'extérieur. Elle est donc pleinement nationale. Mais étant nationale elle ne peut ignorer les contraintes de la nature et de l'histoire qui font que ces pays : la Pologne, la Tchécoslovaquie (Bohême, Moravie, Slovaquie), la Hongrie, etc., existent *là où ils sont.* Or, ils sont voisins quand ce n'est pas frontaliers de la Russie – quel que soit son régime – comme ils l'avaient été aussi il n'y a pas si longtemps de l'Allemagne prussienne, de l'Empire autrichien et jadis des Turcs ottomans. Il y a là un rapport de forces inéluctable et une pluralité de pouvoirs inégaux. Le drame de cette Europe (l'Autre Europe) a été et est encore d'être formée de petites nations voisines de grands empires et d'entretenir constamment entre elles des rivalités sans cesse renaissantes à propos de provinces dont l'appartenance est sans cesse contestée comme la Silésie, la Galicie, la Transylvanie, la Ruthénie, etc.

Nous ne dirons pas entre qui et qui ces contestations, ni pourquoi, car ce serait ouvrir tout un chapitre à l'intérieur de cette étude d'ordre général sur le nationalisme en Europe.

Nous avons commencé à parler d'ensembles, restons donc dans les ensembles, même s'ils sont remis en question, même si nations et peuples voisins, grands et petits, ont du mal à rester... *ensemble.* Ce désaccord qui d'ailleurs se poursuit tout au long de l'histoire, c'est un *fait* particulièrement exemplaire et manifeste aujourd'hui. Mais c'est aussi un fait que la géographie, c'est-à-dire ici la nature, a rapproché ces peuples et nations et les a rendus *voisins,* ce qui veut dire très souvent (Proudhon le note dans son *Principe Fédératif) ennemis.* En tout cas littéralement : *adversaires.* Ce sont ces différends, ces rivalités, ces antagonismes, voire ces haines qu'il faut pourtant surmonter. Cela s'est vu entre peuples rivaux et ennemis même héréditaires dans l'histoire de l'Europe. Cela s'est vu entre la France et l'Angleterre, cela se voit entre la France et l'Allemagne. Mais cela ne peut résulter que de la paix et de la paix dans la justice.

*

* *

La paix dans la justice – et dans la liberté – c'est déjà plus qu'un mot et plus qu'un voeu pieux, c'est un état qui implique des conditions propres à garantir son maintien et son développement.

La première de ces conditions qui est l'absence de guerre ou de perspective de guerre étant peut-être réalisée mais *ne suffisant pas,* il importe d'examiner s'il est possible de réunir d'autres conditions pour la réalisation de cette paix authentique. Disons-le, cette paix authentique doit avoir un fondement *réel.* Elle est, disait récemment le Pape Jean-Paul II, «le fruit de l'activité solidaire», «la solidarité politique devant aujourd'hui se réaliser à la hauteur d'une ligne d'horizon qui dépassant chaque nation ou chaque bloc de nations se présente avec des dimensions proprement continentales ou mondiales» *(Christi fideles laici,* 30 décembre 1988). Ainsi, dans une absence de guerre qui n'est pas une paix de droit mais qui existe en raison d'un rapport de forces, il faut bien le dire *terrorisantes* (demandons-le aux Allemands), dans une *solidarité* éprouvée par une résistance populaire et nationale dont la Pologne a donné l'exemple et le modèle, dans la poursuite d'une entreprise *communautaire* (celle des Douze) qui tend à dépasser la précarité et l'instabilité des systèmes d'alliances; dans tout cela se mettent en place les éléments qui permettront au continent européen de constituer l'ordre de cette paix dont il a besoin définitivement tant pour sa propre survie que pour l'équilibre des autres continents auxquels le destin de l'Europe ne peut être étranger ni indifférent.

*
* *

Devant cet état de choses, cette apparition d'éléments favorables à l'instauration d'une paix plus positive que négative, cette sorte de dégel et d'appels d'air dans un monde si longtemps fermé sur lui-même et terriblement agressif en même temps, le monde du communisme soviétique, l'Occident, c'est-à-dire l'Europe atlantique, ne peut se contenter de rester sans rien dire ou du *wait and see* traditionnels, encore qu'en politique et en politique internationale on ne doive jamais se départir de la prudence qu'implique cette maxime. D'ailleurs, si l'on regarde bien ce qui s'est passé à la fin du mois de mai, à Bruxelles, pour la quarantième anniversaire de l'OTAN, l'Occident n'est pas resté sans rien dire ni sans prendre position vis-à-vis du bloc antagoniste des armées de l'Europe de l'Est sous domination soviétique. Les propositions en matière de désarmement avancées par George Bush, le président des USA, ont fait sensation et les propos qu'il a tenus ensuite à Bonn et à Mayence lors de son voyage en RFA ont montré qu'il avait bien conscience de ce qui se passait de nouveau à l'Est. Il a déclaré en effet que l'Europe devait mettre fin à sa division résultant de la «guerre froide» (c'est-à-dire pratiquement depuis la fin de la deuxième guerre mondiale) et que les USA s'emploieraient à l'y aider.

Aux yeux de l'opinion et au dire des commentateurs «médiatiques» (presse, radio, télévision), M. Bush aurait repris l'initiative en matière de désarmement et marqué un point sur M. Gorbatchev qui, depuis deux ans au moins, depuis Reykjavik, était toujours le premier à avancer sur cette voie de la paix en Europe que marque la diminution des forces armées des deux blocs. On sait assez que ces forces armées sont constituées tant par des armes stratégiques nucléaires à portée variable que par des armes dites conventionnelles dans lesquelles la supériorité soviétique est écrasante, de sorte que désarmer en matière stratégique ne suffit pas et qu'il faut désarmer autant en matière conventionnelle. L'initiative de M. Bush tend à rétablir cette proportionnalité dans le désarmement et elle a reçu l'accord chaleureux de ses partenaires européens de l'Alliance atlantique, dont les comportements en ce domaine sont toutefois différents et obéissent à des considérations qu'il faut bien dire nationales. Ainsi la France et l'Angleterre refusent de laisser porter en compte leurs armements nucléaires dans une négociation globale qui est menée entre les deux puissances dominantes adverses, les USA et l'URSS. Ainsi l'Allemagne est en voie de refuser décidément que son territoire soit le premier champ de bataille d'un éventuel conflit nucléaire. On connaît d'autre part les situations différentes des membres de l'OTAN en ce qui concerne les bases militaires consenties (si l'on peut dire) aux Américains. Par contre, on ne sache pas qu'il y ait autant de libertés à l'intérieur de l'ensemble constitué par le Pacte de Varsovie. Mais patience! Il commence à en être question; par exemple en Hongrie qui souhaite proclamer sa neutralité, c'est-à-dire se retirer de l'alliance soviétique.

A y regarder de près, chaque nation pose ou posera en raison de sa différence qui n'est autre que son existence propre *le problème de son appartenance* inconditionnelle à un ensemble uniforme. Ceci étant, qu'en est-il du désarmement en Europe et que peut-on en penser?

C'est un truisme de dire que si l'on envisage de désarmer, c'est parce que l'on a préalablement armé et même surarmé. Pourquoi donc a-t-on armé?

Revoyons l'histoire des quarante-cinq dernières années. Les conditions d'une capitulation sans condition exigée de l'Allemagne par les Alliés, si elles étaient efficaces pour obtenir une victoire absolue sur ce pays qui avait dominé l'Europe du Finistère au Caucase, laissaient sans *projet* l'avenir de la paix en Europe d'où les Américains comptaient naturellement se retirer, sitôt la guerre gagnée. «Je fais la guerre», avait dit Clémenceau non sans énergie quand on lui parlait de propositions de paix en 1917. «Nous faisons la guerre», avait déclaré Roosevelt au nom des Alliés dès la conférence de Casablanca en 1943 et pour éviter toute discorde entre eux. Mais la discorde vint, comme elle devait venir puisqu'elle n'avait été que repoussée. Elle était inscrite dans la nature du régime soviétique incompatible avec celle des «grandes démocraties» occidentales. Les exigences de Staline à Yalta (février 1945) puis à Potsdam (juillet-août 1945), le non-respect des engagements «démocratiques» pris par Staline à l'égard de la Pologne, l'instauration de régimes communistes dans les pays «libérés» de l'Europe de l'Est, puis le coup de Prague (1947), le blocus de Berlin (1948) et enfin la guerre de Corée (1950) survenant d'ailleurs après la prise du pouvoir en Chine par Mao Tsê-tung en 1949, tous ces événements brièvement recensés aboutirent à l'état dit de «guerre froide» dont l'Europe n'est pas encore sortie.

Il en résulta que les Américains qui avaient commencé le rapatriement de leurs troupes dans l'été 1945 les maintinrent et les renforcèrent, puis s'engagèrent dans la défense de leurs alliés et par conséquent de l'Europe par le Pacte atlantique de 1949. La guerre froide devint ensuite la «coexistence pacifique» par le pouvoir des mots, du fait de sa prolongation, et par la crainte d'une guerre dévastatrice dépourvue de motifs et de buts. *Coexistence nucléaire* serait aussi juste. Nous en sommes là et probablement en sommes-nous là jusqu'à la fin du monde, de ce monde humain historique qui a commencé il y a environ six mille ans sur les rives du Nil et de l'Euphrate.

*

* *

Il est certain qu'avec l'explosion atomique d'Hiroshima et de Nagasaki en 1945 a commencé une période nouvelle de l'histoire de l'humanité s'inscrivant dans ce «temps du monde fini» que Paul Valéry voyait «commencer» et annonçait ainsi vers 1912 dans ses *Regards sur le monde actuel.* Aujourd'hui, il ne reste pas douze ans pour la consommation du siècle et il y a eu entre-temps deux guerres mondiales horriblement meurtrières, remplies d'hécatombes et même de génocides. Le développement, la technicité et la surabondance des armements rendent inimaginable une troisième guerre qui viendrait à se produire en ce «temps du monde fini». Mais inimaginable ne veut pas dire inconcevable (chacun peut en faire l'expérience psychologique) et l'on sait bien que les conceptions stratégiques d'une nouvelle guerre ne cessent d'être élaborées par les états-majors et les chefs civils et militaires responsables (si l'on peut dire) des grandes puissances de la planète. A partir de là, et puisqu'il y a conception des modalités d'une nouvelle guerre, il y a quand même un débridement de l'imagination à ce sujet dans certains récits et scénarios de cette nouvelle guerre et des formes d'un affrontement dont le principe dominant est celui de la dissuasion. Cela veut dire que l'homme reste conservateur de lui-même jusque dans son espèce et qu'il vise toujours plus à dominer qu'à détruire. Mais est-il assez maître de sa puissance devenue *excessive* pour réaliser cela? Telle est la question à laquelle on peut répondre négativement quand on sait que l'homme ne peut plus maîtriser l'emploi de sa puissance devenue démiurgique. Il ne peut plus prévoir les conséquences, ou plutôt il ne peut que redouter qu'elles n'annihilent son entreprise, qu'elles ne la rendent *absurde*. L'absurde, c'est un mot du siècle qui y a trouvé beaucoup de sens et ce sens doit être compris. Certaines actions comme les actions guerrières ne sont plus possibles sans devenir absurdes. Elles auront quand même lieu, n'en doutons pas, mais plutôt localisées, circonscrites et tolérées à certains niveaux et sous certaines dimensions. Ainsi, nous avons vu ces temps derniers qu'à défaut de l'usage des armes nucléaires encore réservé, celui des armes chimiques n'était pas exclu. Les buts de la guerre existent encore mais ils sont limités. Ce sont les grandes conquêtes armées visant à l'hégémonie sur un continent qui semblent exclues désormais de l'histoire de la Terre. Quand Hitler prétendait instaurer la domination allemande pour mille ans d'histoire, il rapportait cette durée, ce temps historique, à un espace conquis et aménagé, celui de l'Europe de l'Atlantique à l'Oural et au Caucase. L'opération «Barbarossa» était orientée dans le sens de l'expédition ou de la croisade de l'Empereur Frédéric Ier disparu dans les flots du Taunus, fleuve d'Anatolie. Mais la conquête hitlérienne était déjà anachronique, «le monde fini» étant déjà commencé qui interdisait les conquêtes de type annexionniste et colonial (Hitler voulait coloniser l'espace russe). Cependant, l'homme étant toujours conquérant, c'est-à-dire pour une part prêt à se donner et à se dévouer, missionnaire, mais aussi égoïste, dominateur et tyrannique, aventurier, le monde fini n'empêchera jamais les conquêtes. Il les favorisera sous d'autres formes. Les Japonais, pour ne citer qu'eux, sont là pour nous le prouver.

II

L'Europe aura beaucoup contribué à ce que s'accomplisse «le temps du monde fini». En effet, il ne lui suffisait pas de ses réels et graves problèmes d'équilibre entre les nations et les Etats qu'elle avait à résoudre sur son étroit continent, il lui fallait encore songer à se partager plus ou moins le continent africain (Conférence de Berlin 1885), s'octroyer des concessions en Chine, des protectorats dans l'Asie du Sud-Est, conquérir la Sibérie jusqu'au détroit de Behring, peupler l'Australie et la Nouvelle-Zélande, se donner un Empire aux Indes et ne reconnaître enfin d'autre chasse-gardée que le continent des deux Amériques, de peuplement d'ailleurs européen, dont la doctrine de Monroe interdisait l'accès. L'Amérique fit céder l'Espagne à Cuba (1886) avant que le Japon ne fasse reculer la Russie tzariste à Port Arthur (1905). Il est vrai que depuis les navigateurs grecs de l'Antiquité jusqu'aux navigateurs et explorateurs portugais, espagnols, italiens, anglais, français, allemands, danois et norvégiens, du XVe au XXe siècle (Pôle Nord et Antarctique), les Européens ont toujours été les premiers à se déplacer, à s'aventurer et même à s'expatrier dans le vaste monde. Conquérants, oui, mais les Arabes, les Mongols, les Turcs l'ont été aussi... Pourquoi ne le sont-ils pas restés?

Ce qui meut les Européens et fait leur supériorité dans la conquête, qu'il s'agisse de celle des territoires, des marchés et même des populations, c'est que la civilisation qu'ils apportent est toujours la dernière, la plus *moderne*. (Ce qui n'est arrivé qu'une fois aux Arabes.) La conquête européenne n'est pas seulement une *expansion*, mais elle est véritablement une *extension*. Il en a été ainsi jusqu'au XXe siècle qui a vu, avec l'entrée en Europe des Américains en 1917 pendant la Grande Guerre, leur suprématie s'affirmer dans le monde et y demeurer jusqu'à présent[1]. Qu'en sera-t-il demain, demain étant le XXIe siècle qui est désormais à la porte?

Qu'en sera-t-il pour l'Europe?

---

1. Qui dit suprématie dit *puissance*. La puissance réelle ou potentielle est un des critères qui retiennent le plus généralement les têtes pensantes de notre civilisation planétaire. Il y aurait beaucoup à dire là-dessus, mais ce serait un autre débat.

Sera-t-elle amenée à concurrencer les Etats-Unis comme le fait déjà le Japon, comme pourrait le faire et le fait déjà, sur le plan militaire, l'URSS, comme pourrait aussi le faire la Chine avec son milliard d'hommes? Mais nous voyons que l'URSS et la Chine ont, l'une et l'autre, leurs problèmes politiques qui se posent de façon critique et même dramatique, de sorte que du fait du problème du communisme qu'elles ont à résoudre, ni l'URSS, ni la Chine n'ont actuellement la possibilité d'être les grandes Puissances qu'elles ont la capacité d'être. Leur instabilité sera peut-être aussi dangereuse que l'est ou que l'était leur stabilité monolithique.

La lutte pour la «domination mondiale», selon l'expression de James Burnham, qui était en cours entre les deux puissances, les USA et l'URSS, voici une quarantaine d'années, ne prendra pas fin d'un seul coup, mais elle est en train de s'élargir à d'autres puissances. D'aucuns voudraient que l'Europe trouve sa place dans cette compétition mondiale qui tend à reconstituer sous le signe de la puissance économique et technologique des empires commerciaux où l'on finira par vendre tout et n'importe quoi. L'Europe, nous dit-on depuis des années, est *potentiellement* la première puissance du monde. Il s'agit de l'Europe de la CEE, autrement dit, géographiquement, de l'Europe de l'Ouest, plus la Grèce. Historiquement, cette Europe correspond à peu près à celle de Charlemagne (plus la Grèce alors byzantine) et il n'est pas sans intérêt de le noter. S'il en est ainsi, et il en est bien ainsi, de l'évaluation du potentiel économique de l'Europe, pourquoi l'Union Européenne n'est-elle pas encore faite? On dira qu'elle sera faite au moins économiquement au 1er janvier 1993. Il y a pour cela une volonté commune des Douze qui ont voté l'Acte unique. Mais cette union économique conduit aussi nécessairement à une union politique et c'est là où les choses se compliquent, car la *réalité politique* de l'Europe, et spécialement de l'Europe des Douze constituée de pays libres, ce sont les nations, de grandes et de petites nations, mais toutes des nations souveraines, des Etats-nations. C'est de cette réalité politique historiquement fondée que doit tenir compte la volonté politique (elle aussi) de ces Etats et de leurs gouvernements de parvenir à une forme d'union politique qui se saurait être accomplie en trois ans, montre en mains, comme une (vulgaire) intégration économique. D'ailleurs, la communauté politique d'Etats européens n'implique pas la fusion de ces Etats en un seul. L'objectif de la superpuissance pour l'Europe est une ambition de technocrates. On demande à l'examiner.

*
* *

Il ne semble pas que les nations européennes soient prêtes à se fondre en un seul Etat (eût-il un autre nom) gouverné par la Commission de Bruxelles avec un Parlement doté de pouvoirs législatifs. Cela est si vrai qu'en pleine campagne électorale, M. Valéry Giscard d'Estaing, qui a pourtant fait beaucoup pour le progrès des institutions de la Communauté européenne quand il était Président de la République française, a marqué sur le plateau de Gergovie, là où Vercingétorix battit autrefois les Romains, les limites nationales à ne pas dépasser dans la construction de l'Europe. Indiquons-les car il faut les conserver présentes à l'esprit pour l'avenir :

> «Nous disons oui à l'union de l'Europe, mais nous disons non à la perte d'identité de la France... Une vaste communauté que nous allons constituer doit accepter les diversités et respecter les fortes identités de ses membres, que nous-mêmes comme nos partenaires entendons préserver. Les institutions communautaires n'ont pas vocation à s'occuper de tout... L'union n'exerce que les compétences qui lui sont attribuées, les compétences non attribuées restent aux Etats membres. C'est le fameux principe de subsidiarité. Nous demandons qu'il figure dans le prochain traité sur les institutions européennes et qu'il soit accompagné d'une procédure permettant aux Etats membres de veiller à son respect. Il restera ainsi un domaine précis et étendu de compétences aux Etats membres» (6 juin 1989).

Remarquons toutefois que M. Giscard d'Estaing n'a sans doute pas choisi à la légère l'Auvergne arverne pour se montrer un Français sans reproche. De ce côté-là on ne pourra pas, estime-t-il, lui en remontrer. On ne doutera pas cependant qu'Européen sans reproche, il ne l'est pas moins. Les débuts de sa campagne l'avaient montré fort zélé en faveur de l'union européenne. La vérité, c'est que les deux attitudes sont valables, qu'elles doivent être adaptées et qu'il faut réellement faire une union européenne qui soit assez forte et donc assez «intégrée» pour constituer non point une superpuissance souveraine, mais une puissance dont la solidarité s'exprimera par les institutions communautaires qu'elle se sera données. La Communauté européenne, ce sont des nations qui ont mis en commun tout ce qu'elles pouvaient y mettre sans se détruire elle-mêmes, non dans le but de constituer une superpuissance mais dans le but de garder en commun, sans pouvoir la remettre en cause, la paix dont elles ont besoin pour leur développement, celui des autres nations et peuples, ainsi que pour le progrès du Droit.

Qu'est-ce que l'Europe? Un ensemble de nations, dirons-nous pour nous contenter d'une définition minimum. Ces nations ont toutes une histoire, il y en a de grandes et de petites. Il y a parmi elles des nations qui sont des Etats et ont la souveraineté, marque d'une société parfaite au regard des théologiens. Il y a aussi des nations qui ne sont que des *nationalités,* c'est-à-dire qu'elles n'ont pas d'Etat mais qu'elles sont un peuple et qu'elles ont aussi histoire, tradition, culture. On les trouve dans ce qu'on appelle les régions, au point que certains esprits qui s'emballent quelquefois mais brillent souvent plus que la plupart dans la constellation politique (ainsi d'Edgar Faure) parlent (ou parlaient) volontiers d'une «Europe des régions» qui, si elle se faisait contre l'Europe actuelle des nations, en viendrait probablement à démolir la construction de la Communauté européenne en cours. Ces nations qui coexistent ensemble sur le continent européen ont généralement mille ans d'histoire. Mais leur histoire, sur une telle portion de temps, est loin d'être la même. Il serait intéressant à cet égard de faire l'histoire comparée des diverses nations d'Europe comme la France, l'Allemagne, l'Espagne, l'Italie, l'Angleterre, etc. On ne pourrait que constater la diversité de leurs processus d'unité, de leurs régimes, de leurs cultures. L'histoire religieuse propre à chacune d'elles est aussi très significative de leur identité et de leurs différences. Mille ans d'histoire de l'Europe ou plutôt mille ans de l'histoire des nations du continent européen, nous montreraient comment ces nations se sont formées, constituées, et par quels moyens; quels ont été les alliances et les systèmes d'alliances qu'elles ont fait ou défait. La guerre, si elle est trop souvent intervenue dans leurs rapports, n'a pas été le seul moyen de leur unité ou de leurs ententes. L'unité des nations européennes ne s'est pas faite exclusivement par le fer et par le sang. S'en tenir à la conception hégélienne de l'histoire pour expliquer la formation des nations européennes ne serait pas moins aberrant que d'expliquer toute l'histoire humaine par la lutte des classes comme le voulait Marx, même s'il y a dans cette explication une part certaine de vérité. Néanmoins, la guerre entre les nations européennes a tellement sévi qu'elle ne peut plus être admise comme un moyen de la politique. Il ne s'agit du reste pas tellement d'une «prise de conscience». Celle-ci a eu lieu depuis longtemps. Quand Péguy s'écrie dans un vers bien connu mais jamais trop redit :

Mère, voici vos fils qui se sont tant battus!

les deux guerres mondiales de la première moitié du XXe siècle sont encore à venir.

Il aura fallu ces deux guerres, et par-dessus le marché l'explosion de deux bombes atomiques en Extrême-Orient, pour que les nations européennes s'aperçoivent qu'elles ne pouvaient plus se faire la guerre sans se détruire mutuellement et par conséquent s'autodétruire. A la conscience du bien commun s'ajoute de façon déterminante la crainte de la guerre moderne qui exerce principalement ses ravages dans les populations civiles.

Disons-le bien, ce sont les nations européennes et ce sont les nationalismes européens, avec des responsabilités plus ou moins grandes et plus ou moins partagées, qui ont amené l'Europe à remettre son sort entre les mains des Américains et des Russes (P. Valéry avait parlé ironiquement de l'aspiration de l'Europe à «être gouvernée par une commission américaine»).

Cette Europe-là, elle était loin apparemment de celle de la Reine Victoria, de celle de la Conférence de Berlin, en 1885, des trois Empereurs continentaux et de la République qui donnait un Empire (colonial) à la France, l'Europe d'entre 1870 et 1914. Pourtant, c'était bien la même Europe qui cherchait la puissance au détriment de l'équilibre, décidée à préférer la guerre à la paix et projetant ses querelles à l'extérieur du continent. C'était l'Europe de *Kiel et Tanger* (cf. l'ouvrage de Ch. Maurras).

A ceux qui la regardaient de l'extérieur du continent, c'était l'Europe, une entité,une sorte de puissance divisée contre elle-même, mais unie contre les autres. C'est ainsi que, lucidement, un Lyautey de son point de vue africain au Maroc pourra juger la guerre de 1914 comme une «guerre civile». Mais ce n'était qu'à moitié vrai. La guerre de 1914 était bien une guerre des nations européennes entre elles.

En effet, pour ceux qui regardaient l'Europe de l'intérieur, il s'agissait bien d'une guerre internationale au-dedans de ce petit continent qui allait entraîner le monde entier dans ses querelles nationalistes.

Regardée à peu près comme une à l'extérieur, l'Europe se faisait la guerre sur son continent et c'était cela la réalité. A ce moment-là (avant 1914), l'Europe n'était pas l'entité *une* que le monde extérieur voulait au fond qu'elle soit, mais bien un ensemble de *nations qui n'étaient pas,* mais pas du tout, *d'accord entre elles,* selon un propos de Bismarck.

Mais quoi? S'agissait-il bien de l'Europe comme entité dans chacune de ces conquêtes qui allaient achever la «finition», c'est-à-dire en quelque sorte la *définition* du monde? Ne s'agissait-il pas plutôt des nations européennes souveraines et concurrentes? L'Europe des Etats et des nations ou des Etats nationaux, c'était déjà l'Europe qui, du XVIe au XXe siècle, se disputait le monde et se disputait encore plus fort dans sa propre demeure, le continent européen. Voilà quelque chose qu'il serait prudent de se rappeler quand on proclame l'«Europe des Etats» ou l'«Europe des nations» en réplique à d'autres formules évoquant les abandons de souveraineté. Est-il d'ailleurs une bonne formule en ce domaine de la construction européenne? Personnellement, «l'Europe des personnes et des peuples» qui fut le titre et le thème d'une «Semaine sociale» à Strasbourg en 1966, me satisferait assez parce que plus humaine que technique. Elle reste cependant insuffisante, car elle laisse de côté le facteur politique que doit comporter nécessairement toute véritable union européenne. Laissons donc cette question d'une définition parfaite de l'union de l'Europe à réaliser. Ce que nous voulons rappeler, c'est que les nations et les Etats nationaux de l'Europe, dans les temps modernes, ont été à la fois les constituants et les constructeurs de l'Europe et ceux-là mêmes qui, par deux fois en trente-cinq ans, y ont fait la guerre et l'ont conduite aux bords de la destruction.

Autrement dit, il n'y aurait pas d'Europe (et par conséquent, on n'aurait pas à «faire l'Europe») si les nations européennes avec leur Etat et leur souveraineté propres n'existaient pas – si elles n'étaient pas une réalité historique et toujours actuelle (car l'histoire, forme du temps, a toujours un passé, un présent et un avenir). Mais ces nations qui forment un ensemble, au moins géographique et qui ont aussi en commun un même héritage de civilisation, de culture et de religion (le christianisme), doivent désormais s'entendre entre elles sous peine de mort et de mort collective, *et pour cela établir entre elles des liens plus forts et plus résistants à l'histoire que ceux des pactes et des alliances classiques*. Il semble que les liens communautaires, dont les nations de l'Europe libre font l'expérience depuis bientôt quarante ans, puissent l'amener au «dépassement» de ces querelles et à ce «niveau d'horizon» plus élevé dont parlait le Pape Jean-Paul II.

Et si ces liens communautaires sont de type ou de nature fédératif, si leur utilité est prouvée autant que leur efficacité, pourquoi ne seraient-ils pas valables? Pourquoi n'introduirait-on pas un peu de fédéralisme dans le nationalisme? A nom de quelle philosophie politique ou même de quelle idéologie le refuserait-on? La véritable philosophie politique vise au bien commun de la cité, du peuple, de la nation ou de l'ensemble des nations. Elle se méfie de l'*apriorisme* et recherche l'empirisme. Surtout organisateur.

Du reste, il ne suit pas de là que fédéralisme et nationalisme doivent s'opposer de façon irrévocable. Ils doivent au contraire composer entre eux de telle sorte que l'union européenne devienne une communauté de nations, c'est-à-dire d'Etats nationaux, s'agissant des Etats nationaux existant sous cette forme aujourd'hui. Il serait imprudent, en effet, de concevoir la communauté européenne comme un ensemble où prendraient place des Etats nouveaux, inexistants jusqu'alors en tant que tels. Certains laudateurs de l'Europe des régions nourrissent peut-être cette idée, mais elle ne doit pas être retenue, car elle serait destructrice de l'Europe qu'elle vouerait à la balkanisation. Ceci dit, il est probable que la construction européenne devrait donner un réel épanouissement économique et culturel aux régions *qui ont bien leur histoire dans l'histoire de l'Europe et pas seulement dans celle des Etats nationaux dont elles font partie.*

Par là nous en venons à la distinction qui est faite entre nation et nationalité. L'existence d'un Etat souverain et reconnu comme tel confère à la nation la plénitude de son existence de droit. La nationalité, c'est la tendance d'une population ou d'un groupe de populations à exister dans un Etat national, à devenir juridiquement la nation qu'elle prétend être. Des traités de Vienne et de Paris, en 1814 et 1815, aux traités de Versailles, Saint-Germain et Trianon, en 1919 et 1920, la politique européenne a été sans cesse confrontée aux problèmes des nationalités et de l'unité nationale, celles de l'Italie, de l'Allemagne pour finir par le démantèlement néfaste de l'Empire austro-hongrois, la création de la Tchécoslovaquie, de la Yougoslavie, etc. La politique des nationalités qui consistait à reconnaître à chaque nationalité le droit à se constituer en Etat souverain, c'est-à-dire d'être dévoré par les grands Etats s'il s'agissait d'une petite nationalité ou, au contraire, de dévorer les petites nationalités voisines s'il s'agissait de grandes nationalités, cette politique qui avait été jugée aberrante par des observateurs lucides comme Proudhon au siècle dernier n'en a pas moins été poussée dans toutes ses conséquences et elle a abouti au déséquilibre profond, au vide politique qui existe actuellement dans l'Europe centrale et orientale. En effet, retirez par hypothèse l'armature politique du socialisme soviétique (d'ailleurs remis en question) et militaire du Pacte de Varsovie, quel ensemble solide de nations pourrait-il y avoir entre l'Allemagne par hypothèse réunifiée et la Russie soviétique reprise en main? C'est pour la circonstance et pour l'invention d'un «ordre de paix», selon l'heureuse expression du chancelier Kohl, en Europe centrale et orientale qu'il sera nécessaire d'associer le nationalisme au fédéralisme. Il ne s'agirait que de réunir des nations et des nationalités qui ont vécu ensemble pendant des siècles et ont souffert ensemble des dominations successives, totales ou partielles et plus ou moins longues, des Turcs, des Allemands et des Russes qui y sont encore.

Ne récusons donc point le nationalisme, si l'on se veut européen, *car c'est le nationalisme qui dans les pays de l'Autre Europe est en train de mener la bataille de la liberté.* Mais souhaitons que ce nationalisme qui se veut *démocratique* sache aussi rester *modéré,* notamment en ce qui concerne les questions territoriales. De ce côté, la difficulté n'est pas petite et nous en savons quelque chose, nous autres Français, comme aussi les Allemands, les Italiens, etc. Le nationalisme doit être surmonté, comme toute forme d'égoïsme national qui serait incompatible avec l'intérêt commun bien compris. Mais dire que le nationalisme est caduc dans l'histoire de l'Europe comme étant complètement «dépassé», c'est se condamner à construire l'Europe avec des partis, des bureaucrates, des oligarques. Le fédéralisme bien compris ne vise d'ailleurs pas à cette constitution d'un super-Etat dénationalisé. Le fédéralisme bien compris doit limiter le nationalisme et vice-versa.

Il y a nationalisme parce qu'il y a existence de nations et parce qu'il y a existence de nations, il y a sentiment national avec ce qu'il peut comporter comme tout sentiment de tendance au bien et au mal, de naturel et aussi d'excessif. Le sentiment national égoïste, chauvin, xénophobe, étroit d'esprit et autosatisfait n'est pas bon, on s'en doute. Le sentiment de l'honneur et de l'intérêt national est valable comme sont bons les sentiments qui sont attachés aux qualités propres à chaque nation, à chaque peuple *et qui sont autant de qualités humaines.* Exalter le nationalisme, c'est souvent se dresser contre le voisin (qui a peut-être le droit d'être nationaliste lui aussi) ou dresser le voisin contre soi. Abaisser le nationalisme, le condamner *ex abrupto* en le tenant pour un faux patriotisme, alors qu'il s'en distingue par une différence non de nature mais de degré, c'est méconnaître sa réalité existentielle et très souvent être amené à exalter à son détriment un nationalisme voisin. Reconnaître et servir le nationalisme voisin quand c'est au détriment de sa propre nation, c'est ne pas tenir la balance égale au détriment de la conscience nationale dont on n'est pas obligé de faire une mauvaise conscience. Georges Bidault, qui n'était pas nationaliste, disait-il, l'a fait souvent remarquer de sa plume à la fois incisive et retenue. Il disait aussi, à l'époque de la querelle en France de la Communauté européenne de défense (CED) : «Il faut faire l'Europe sans défaire la France.» Cela reste toujours actuel, mais à condition de tenir la partie égale : faire l'Europe, ne pas défaire la France. Nous sommes de ceux qui croient que cela est possible et réalisable.

Avril 1989

3

L’Europe et le fédéralisme

On a fait grand cas, ces dernières années, du propos rapporté de Jean Monnet, disant que s’il avait à refaire ce qu’il avait fait pour la «construction» de l'Europe, il commencerait par la culture. A bien réfléchir (mais il y en a de plus doués pour qui cela saute aux yeux...), ce qui fait que l'Europe est l'Europe, essentiellement, c'est précisément la culture et sa culture dont le caractère universel n'est plus à démontrer, l'histoire s'en étant chargée.

Voilà pourquoi il peut être vrai de dire avec Henri Condamine que *l’Europe est derrière nous* (cf. l’ouvrage de ce titre – Fayard éd.). Il y a même longtemps que l’Europe est derrière nous puisqu’il est admis généralement et appris couramment que l’Europe est un ensemble de nations et de peuples – ce qui s'exprime en fait et en droit par des Etats et des nationalités – marqué de la triple empreinte de la Grèce, de Rome et du Christianisme. Il y a donc deux mille ans et même trois mille ans que l'Europe est derrière nous. Cependant, il n'est pas moins vrai que l'Europe est encore devant nous, si l'on prétend aussi, avec juste raison, que tout ce qui jusqu'à présent peut être déclaré européen dans le domaine des Arts, Lettres, Sciences, Techniques, dans la religion, le droit et les moeurs, n'assure pas à l'Europe une unité organique réelle ne pouvant plus être remise en cause à l'occasion de guerres dévastatrices ou de conflits autodestructeurs.

*
* *

Ainsi donc, l'Europe est derrière nous tout entière, dans l'unité de sa culture qui fait que son passé vivant s'actualise dans le temps présent et tend à se prolonger dans l'avenir des nations et des peuples de ce continent, de telle sorte que lorsque nous disons aujourd'hui : *l'Europe est devant nous,* c'est notre volonté – et notre liberté – qui est impliquée dans cette assertion.

Faire l'Europe, si cela doit être autre chose qu'un slogan, ce sera rechercher le moyen sûr de prolonger dans l'avenir cette union culturelle séculaire, puissante et fragile à la fois, parce qu'elle peut toujours être remise en question par une idéologie tyrannique, un nationalisme exacerbé, une religion dominante et conquérante, un matérialisme rampant ou quelque maladie nouvelle des sociétés humaines que l'Europe n'aurait point encore expérimentée.

Le moyen d'union, nous le connaissons, nous autres hommes d'Europe, pour l'avoir beaucoup employé et plus ou moins bien. Ce moyen, nous pensons que c'est le Droit.

Le Droit au service de la culture pour réaliser l'unité de l'Europe.

Telle est la proposition que nous formons, mais en déclarant aussitôt que cette proposition doit être examinée de fort près. En effet, d'une part nous sommes ici en pleine abstraction, s'agissant d'une réalité concrète comme l'est l'Europe, d'autre part le mot culture étant employé aujourd'hui à tout propos et sans discernement, mais nous ne pouvons, si nous allons sérieusement *à la recherche d'un vrai fédéralisme,* nous en tenir à des incantations.

*
* *

Pour nous, Français, qui distinguons entre culture et civilisation, ce n'est pas le droit qui fait la culture, même s'il y contribue pour sa part, mais c'est le droit qui fait la civilisation et qui la fait principalement. On peut même dire que la civilisation est un droit commun aux nations qui s'en réclament. En 1862, dans son grand ouvrage *Du Principe Fédératif,* Proudhon estimait quant à lui que le droit commun suffisait pour établir «le contrat politique» par excellence qu'on nomme *fédération.* Il écrivait :

> «Pour que le contrat politique remplisse la condition synallagmatique et commutative que suggère l'idée de démocratie;

pour que, se renfermant dans les sages limites, il reste avantageux et commode à tous, il faut que le citoyen en entrant dans l'association : 1° ait autant à recevoir de l'Etat qu'il lui sacrifie; 2° qu'il conserve toute sa liberté, sa souveraineté et son initiative, moins ce qui est relatif à l'objet spécial pour lequel le contrat est formé et dont on demande la garantie à l'Etat. Ainsi réglé et compris, le contrat politique est ce que j'appelle une *fédération...*[1]»

Bien entendu, nous lisons ce texte aujourd'hui en pensant à une association d'Etats souverains et non pas seulement de citoyens. D'autre part, nous entendons par «démocratie» *le droit commun* réunissant les conditions qui permettent aujourd'hui, par exemple, à un Etat de demander son admission au Conseil de l'Europe.

En réalité, l'association pour le contrat politique dénommé «fédération» crée par elle-même un droit nouveau. C'est ce droit qui est le droit communautaire. Il n'y a donc pas à proprement parler d'exclusive entre le droit commun et le droit communautaire, mais contrat supposant une volonté libre de la part de chacun des contractants. Dans la construction européenne en cours depuis le mois de mai 1950 – depuis quarante ans – c'est bien ainsi que les choses se sont passées. La CECA (Communauté économique du charbon et de l'acier), ce fut d'abord l'institution d'une Haute-Autorité librement décidée par six Etats afin de mettre en commun leur production de charbon et d'acier. Institution économico-politique inventée par Jean Monnet, la CECA devait son existence aux difficultés que rencontrait alors la France pour faire prévaloir dans le règlement des problèmes liés au développement économique de l'Allemagne de l'Ouest des solutions du type nationaliste : problèmes de la Ruhr, de la Sarre, des zones d'occupation, etc.

Les grands traités européens comme le traité de Rome (1957) instituant la CEE et l'Acte unique (1987) préparant l'ouverture d'un grand marché intérieur européen au 1er janvier 1993, sont bien des contrats fédératifs impliquant de la part des Etats contractants une réelle liberté d'engagement – que l'on trouve a contrario dans le rejet de la CED (Communauté européenne de défense) par les députés

---

1. *Du Principe Fédératif et de la nécessité de reconstituer le Parti de la Révolution*, Paris, E. Dentu, 1863, p 67.

français en août 1954, même si ce résultat fut obtenu de la façon procédurière que l'on sait.

Dans cette construction européenne qui se poursuit depuis quarante ans et ne devrait pas s'arrêter, compte tenu de ce qui est déjà acquis notamment dans l'ordre du droit réglementaire et de la jurisprudence, c'est bien le droit qui est le maître d'oeuvre[2]. C'est lui qui doit le rester, non sans résister d'ailleurs à la tentation de constituer un super-Etat.

Il doit le rester de telle sorte que dans l'institution nouvelle et originale qui est la Communauté européenne (ni un Etat ni une nation, mais une communauté d'Etats et de nations, disait G. Bidault), les relations entre le droit commun et le droit communautaire s'établissent sur le modèle des rapports entre autorité et liberté dans le contrat fédéral. «Autorité, Liberté, les deux principes fondamentaux et antithétiques de tout gouvernement...» (Proudhon, *Du Principe Fédératif*, op. cit.).

*
* *

Cependant, le droit ne saurait agir sans référence à la culture. Un droit qui nie la culture est barbarie – d'une barbarie consciente et délibérée. On connaît le mot de Goering : «Quand j'entends parler de culture, je sors mon revolver.» Pour nous qui pourrions nous lasser d'un usage abusif et souvent vain de ce mot, nous aurions tort de ne pas lui garder la considération qu'il mérite[3]. En effet, c'est dans la culture que se trouve *l'idée européenne*, idée historique et civilisatrice à la fois qui doit guider les hommes de bonne volonté après tout désireux de procurer par les moyens du droit la paix à l'ensemble des nations de ce continent.

L'idée européenne, c'est celle qu'a suivie un Bernard Voyenne en mille ans d'histoire de l'Europe dans les projets et les «grands

---

2. «L'Entreprise européenne ne trouve le fondement que dans les traités qui la fondent, c'est-à-dire dans la règle de droit initiale et dans ses développements successifs. C'est là qu'elle doit trouver la source de sa continuité» (Michel MASSENET, *Le Droit de l'Europe*, Institut Euro 92).

3. A ceux qui seraient blasés par cet usage devenu abusivement «médiatique» de la culture, on ne peut que conseiller la lecture du beau livre d'Hannah ARENDT : *La crise de la Culture* (Gallimard).

desseins» de Sully, Leibnitz, l'Abbé de Saint-Pierre, Kant, etc.[4] C'est encore elle que l'on retrouve dans *l'idée impériale* d'Otto de Habsbourg[5], marquée si j'ose dire «du signe de la foi», puisqu'elle est l'idée constitutive du Saint Empire romain germanique préparant la monarchie austro-hongroise de constitution – sinon encore d'institutions – fédérative.

C'est encore l'idée européenne au sens premier et philosophique d'une *forme informante* qui fait dire à Proudhon – étudiant la crise des nationalités durant les années 1860 et polémiquant au sujet de «l'Unité et de la Fédération en Italie» – que «l'Europe sera une Confédération de Confédérations»[6]. Oui, *une Confédération de Confédérations,* et non pas une seule Confédération – voilà une idée qui pourrait nous intéresser singulièrement aujourd'hui, en 1990, et permettre à nos hommes d'Etats européens d'ajuster leurs vues politiques sur l'union européenne.

A vrai dire – et pour conclure – nous pensons que l'idée européenne ne doit pas être une idée purement théorique que l'on plaquerait sur la réalité mouvante de l'Europe. Nous la voyons plutôt comme un esprit tourné vers ce qui est le bien commun, essentiel et nécessaire à l'unité européenne : la paix – la paix qui est comme une création continue puisqu'il faut toujours inventer les moyens de l'établir.

Mai 1990

---

4. Bernard VOYENNE, *Histoire de l'Idée Européenne,* Petite Bibliothèque Payot.
5. Otto DE HABSBOURG, *L'Idée impériale – Histoire et avenir d'un ordre surpranational.*
6. P.J. PROUDHON, *La Fédération et l'Unité en Italie,* Paris, 1862, E. Dentu Libraire-Editeur.

4

L'Europe et le christianisme

Le sujet est immense. Pour le traiter, il ne serait que juste de s'enfermer dans les plus vastes bibliothèques et prévoir les plus longs et les plus savants développements. Faute de pouvoir faire tout cela, nous voudrions y donner un simple coup d'oeil qui serait une indication sur l'avenir conjugué de l'Europe et du christianisme.

L'Europe, c'est *là,* sur les rivages du Nord de la Méditerranée, face à l'Egypte africaine dans ses profondeurs et à l'Ouest du continent asiatique, berceau des premières grandes civilisations. L'Europe est cet endroit du monde où *une culture s'est affirmée comme une civilisation* qui n'est pas restée figée mais a évolué, s'est transformée, modernisée. Ce qui veut dire qu'elle a affirmé sa présence au monde en marquant le monde de son empreinte et, à mesure humaine, en le transformant.

Le christianisme, c'est la religion révélée de l'Ancien et du Nouveau Testament, l'Evangile et la Personne de Jésus-Christ, *vrai Dieu,* Fils du Père, dont la volonté est de donner à tous les hommes le salut qui est la vie éternelle identique à la connaissance de Dieu (Jn 17,3) et *vrai homme,* juif dans sa généalogie (il n'est donc pas «européen» : Nietzsche ne manquera pas de le crier sur les toits), instituteur de l'Eglise catholique (universelle) dont la vocation est d'appeler les nations à se tourner vers Lui, autrement dit à se convertir.

L'Europe et le christianisme... Il y a d'abord l'Europe dans l'espace et dans le temps historique. La géographie d'abord, puis l'histoire qui donne des noms à la géographie (et qui les change en partie souvent). Vient ensuite le christianisme. Deux mille ans de christianisme aujourd'hui, mille neuf cent trente-cinq ou quarante plus exactement, si l'on fait commencer le début du christianisme en Europe au moment où Paul de Tarse accompagné du disciple Silas, met le pied sur le continent à Thessalonique. «Ils traversèrent Amphipolis à Apollonie et ils arrivèrent à Thessalonique où les Juifs ont une synagogue» (Actes 17,1).

Cependant l'Europe, comme entité culturelle, ce qu'elle est essentiellement, existe *avant* le christianisme. Comptons encore un millénaire pour y inclure, peut-être largement, l'époque mycénienne et le temps d'Homère précédant l'expansion des Grecs dans la mer Egée et l'Ionie aux VIIIe et VIIe siècles avant Jésus-Christ. Puis Athènes, son rayonnement et son hégémonie, sa décadence avant sa défaite devant Rome au IVe siècle. Avant la naissance du Christ quand «parut un édit de César-Auguste ordonnant le recensement de tout le monde habité» (Mt 2,1) l'empire romain dominait sur une large partie de l'Europe du Sud et de l'Ouest et sur tout le bassin méditerranéen. Cette domination qui prendra fin au Ve siècle après Jésus-Christ, laissera à l'Europe le latin, le droit, «l'idée impériale» et ce qui reste de la Grèce.

Trois siècles de persécution implantent comme des croix le christianisme en Europe. Pour sa propagation, il profitera de l'espace politique et juridique que Rome a ouvert à la prédication de l'Evangile. Parlant du Christ, Péguy dira :

Le pas des légions avait marché pour lui.

L'Eglise devant les Barbares qui déferlent sur l'Europe et la peuplent, malgré l'embûche des hérésies déferlant elles aussi aux premiers siècles du premier millénaire chrétien, va prendre le relais de Rome dans la *tradition* de la culture et gardera dans les formes sociales nouvelles de la féodalité, ce qu'il y a de plus précieux dans la civilisation : la conscience religieuse ou encore «le caractère transcendant de la personne humaine» (Concile Vatican II, Constitution *Gaudium et Spes,* 76-2).

La religion sauvera les peuples et les transformera car les peuples barbares, de tribus qu'ils étaient, vont devenir des nations. En deux millénaires l'histoire du christianisme en Europe, c'est :

1. Mille ans d'évangélisation, de l'Irlande à l'Ukraine, dont l'Eglise persécutée a célébré en 1988 le millénaire de la conversion

de la Rous. (Et toute l'Europe a vu depuis deux ou trois décennies de pareilles célébrations.)

«L'histoire de la formation des nations européennes va de pair avec son évangélisation jusqu'au point que les frontières européennes coïncident avec celles de la pénétration de l'Evangile» (Jean-Paul II, *Discours en la cathédrale Saint-Jacques-de-Compostelle,* 9 novembre 1982).

2. Mille ans de rapports complexes, conflictuels, mais aussi constitutifs entre l'Eglise, les Eglises chrétiennes, les nations, les Etats (les Deux Glaives, le Sacerdoce, et l'Empire, les Condordats, la séparation de l'Eglise et de l'Etat, la laïcité, etc.).

Certes, l'histoire n'est pas finie de ces rapports multiples et variables entre l'Europe (ses peuples, ses nations, ses Etats) et le christianisme pour tout ce qui regarde l'exercice du pouvoir, la foi et les moeurs. Si les nations demeurent à peu près dans leur identité, la forme des Etats comporte généralement plus d'instabilité. Aujourd'hui en Europe, après les expériences totalitaires qui ont été faites avec le fascisme mussolinien, l'hitlérisme et les régimes communistes, l'esprit politique, traditionnel, libéral et démocratique *en est à refuser de trop donner à l'Etat.* En effet, il est aussi d'expérience humaine que la tendance de l'Etat, en tant que pouvoir, a toujours été dans l'histoire de prendre tout : les biens, les corps et les âmes, alors que son devoir est de réaliser «cette unité de la multitude que l'on appelle paix» (Thomas d'Aquin, *De Regno).*

Le temps de l'organisation de la paix est venu pour l'Europe tout entière. Toutes les populations de ce continent le perçoivent. La paix en Europe n'a été pendant les vingt années de l'après-guerre qu'un état de non-guerre. La «coexistence pacifique» ne fut ensuite qu'une drôle de paix pas très honnête. La paix n'est pas réelle sans la justice et sans la liberté reconnue par un droit effectif. L'Europe de 1990 devrait bientôt être constituée d'Etats libérés du totalitarisme. Les conditions de cet effort vers la justice ont été désignées par le Pape Jean-Paul II, témoignant de la participation de l'Eglise à l'établissement de la paix en Europe. «Si l'Europe se remet à penser dans la vie sociale avec la rigueur que renferment certaines affirmations de principe comme celles qui sont contenues dans la Déclaration universelle des Droits de l'Homme, dans l'Acte final de la conférence pour la Sécurité et la Coopération en Europe, si l'Europe en revient à agir dans la vie spécifiquement religieuse avec la connaissance et le respect dus à Dieu en ce qui concerne tout le droit et toute la justice... son avenir ne sera pas dominé par l'incertitude et par la crainte» (même Discours du 9 novembre 1982).

Pour qu'il en soit vraiment ainsi dans l'Europe en quelque sorte renouvelée par la débâcle du communisme survenue depuis 1989 en Europe centrale et orientale (même si les polices politiques y ont prêté la main), il conviendrait précisément que la justice et le droit de la paix y soient reconnus dans toutes leurs implications singulièrement en ce qui regarde les frontières, toutes les frontières issues de la dernière guerre. «Si dans les conseils des hommes les frontières doivent être des barrières et des lignes de séparation entre les peuples; dans les desseins providentiels ce sont des points de contact et des lieux de rendez-vous», écrivait Frédéric Ozanam dans son Cours sur la *Littérature allemande au Moyen Age.* Aujourd'hui encore, même si l'Europe n'a plus l'aspect de chrétienté qu'elle avait alors, le christianisme peut contribuer à rapprocher ces points de vue différents pour une organisation pacifique du continent.

Mais ce ne sera point le seul grand service que l'Europe peut attendre de l'Eglise catholique et des Eglises chrétiennes. *On en attend un autre dans les cinquante années à venir.* Si les Européens sont assez raisonnables pour ne pas s'épuiser en querelles internes à la communauté de civilisation qu'ils constituent même informellement, ils sauront apercevoir dans les *signes du temps* – du temps présent – que faute d'union ils risquent de perdre leur fameuse «identité culturelle». Or, celle-ci, seule la primauté spirituelle du christianisme peut la défendre et la maintenir, non point avec les divisions que le Pape ne possède pas mais avec l'autorité propre au véritable enseignement du Christ (Mc 1,22).

Juin 1990

Cinquième Partie

POURQUOI L'EUROPE?

1

Réalités politiques et économiques de l'Europe

On parle beaucoup de l'Europe et dans l'ensemble, nous autres Français, aujourd'hui, nous sommes plutôt d'accord pour faire progresser ce qu'il est convenu d'appeler la «Construction Européenne», en allant jusqu'à l'Union européenne, objectif qu'a proposé l'Acte Unique voté par le Parlement Européen en 1987.

L'idée même d'Etats Unis d'Europe n'est pas repoussée a priori, sans qu'on voie très bien comment pourrait être constitué un tel ensemble. Probablement imagine-t-on un accroissement de la CEE (Communauté Européenne, mais Communauté économique et non politique, observons-le), se faisant avec le temps par l'adhésion de pays nouveaux à l'ensemble que constituent aujourd'hui les Douze, naguère les Dix et d'abord les Six en 1957, lors de la création du Marché Commun par le Traité de Rome.

Il y a là, semble-t-il, un phénomène d'attraction comparable à celui qu'exerçait au XIXe siècle en Europe, la politique des nationalités qui vit l'unification de l'Italie, de l'Allemagne, la libération de la Grèce, la constitution de la Belgique et même, en 1916, celle de l'Irlande, mais qui se heurtait aussi aux nationalismes-impérialismes qu'elle rencontrait. La guerre de 1914-1918 sortit de la querelle qui dressait la Bosnie-Herzégovine contre l'Empire d'Autriche.

Aujourd'hui, les choses semblent se passer plus calmement et il ne saurait plus être question de dire que l'unité européenne se fera par le fer et par le sang, comme l'augurait Bismarck de l'unité allemande. Aujourd'hui, tel pays frappe à la porte de la CEE et demande bien poliment à y entrer. On lui répond de la même manière et, comme à l'Académie Française, si cela ne réussit pas toujours du premier coup, cela va beaucoup mieux au second.

Ainsi en ira-t-il vraisemblablement des candidatures annoncées comme celle de l'Autriche, voire de la Norvège qui reviendrait sur son précédent refus. Il est même possible que dans un avenir plus lointain la CEE finisse par s'étendre à la Turquie, sinon à certains pays du Maghreb comme le Maroc, déjà candidat malheureux, mais non découragé.

Il est dans la nature (qui se confond ici avec l'histoire) de l'Europe de s'étendre hors de ses étroites limites (celles d'un «petit cap du continent asiatique», disait Paul Valéry) et il ne serait ni absurde, ni contraire à la sémantique de voir la Communauté Economique Européenne enjamber la Méditerranée ou s'étendre vers le Proche-Orient, un ensemble économique n'épousant pas nécessairement les limites de la géographie.

Bien sûr, il s'agirait là d'une union économique qui, l'expérience des quarante dernières années le montre, facilite les rapports politiques et remplace souvent avantageusement les rapports d'équilibre fondés sur les alliances et les renversements d'alliances, la pactomanie, les bruits de bottes et les canonnières. Cependant, l'économie ne saurait supplanter complètement la politique ni l'occulter trop longtemps. La réalité des problèmes politiques de l'Europe existe bel et bien et il vaut mieux la regarder en face aujourd'hui pour tenter d'y apporter demain des solutions que d'éviter de la prendre en considération en se disant que le temps est galant homme ou en déclarant qu'on ne sait pas où l'on va...

Ainsi, ce qui se passe aujourd'hui en Europe de plus important, c'est, à notre avis, autant la préparation du grand marché de 1993, valable pour l'Europe des Douze, c'est-à-dire pour l'Europe occidentale et méditerranéenne, que la mise en question de la domination soviétique sur les pays de l'Autre Europe, celle où les peuples n'ont pas eu, depuis 1944-1945, la liberté de leur propre constitution, la souveraineté de leur Etat, l'Autre Europe, cette partie de l'Europe soumise à l'impérialisme de la Russie soviétique...

Or, l'histoire de l'Europe est caractérisée par le refus constant de la domination d'une puissance sur les autres nations de ce continent. Si le nationalisme européen a eu de lourdes responsabilités dans les guerres qui ont eu lieu en Europe depuis l'époque moderne et singulièrement depuis deux cents ans, il exprime aussi, à sa manière, le refus d'une hégémonie, qu'elle soit anglaise, espagnole, française, allemande, russe, ou encore cléricale, comme cela fut épisodiquement le cas depuis le Moyen Age.

Ce nationalisme modéré ou démocratique peut donc être facteur d'un équilibre réel et d'une véritable union entre les nations qui auront fini par comprendre les principes chrétiens que l'on retrouve dans les diverses expressions des Droits de l'homme : *«Ne faites pas à autrui ce que vous ne voudriez pas qu'on vous fasse à vous-même.»*

Ce nationalisme modéré ou démocratique peut aider à la formation dans l'Europe tout entière, de cet «ordre de paix» dont parlait il y a plus d'un an le Chancelier Kohl. Cet «ordre de paix», pour être réel et durable, doit envisager le repli de l'URSS sur des positions préparées à l'avance, par exemple ses propres frontières.

Pour cela, les pays libres de l'Europe doivent prendre en compte le voeu des peuples de l'autre côté du Rideau de fer, de sortir de la «Démocratie Populaire», forme hypocrite du totalitarisme, d'avoir des partis et des syndicats libres, de n'être plus occupés par les troupes soviétiques, de proclamer librement la neutralité de leur pays, comme viennent de la faire des centaines de milliers de Hongrois manifestant à Budapest.

C'est aussi l'Europe, disait, il y a vingt ans, des pays de l'Est, l'écrivain autrichien Anton Zischka, dans un livre qui portait ce titre.

Cette réalité-là, c'est aussi l'Europe, devons-nous dire aujourd'hui.

Mars 1989

2

Pourquoi l'Europe?

L'Europe est plus que jamais responsable de l'image qu'elle peut donner aux autres pays du monde d'une certaine forme de «paix dans la justice». Dans cette période d'évolution extrêmement rapide de l'Europe de l'Est et de l'URSS, la Communauté Economique Européenne a un rôle exemplaire à jouer dans l'établissement d'un dialogue culturel avec l'autre Europe qui aboutirait à une évolution paisible des régimes de ces différents pays.

Si l'Europe doit apporter quelque chose de plus et aux Etats qui la constitueraient en se donnant des institutions communautaires, il est temps alors de s'aviser que **ce quelque chose de plus doit être avant tout la paix, mais la paix dans la justice et la liberté**, ce qui n'a pas été le cas jusqu'à présent pour des pays d'une grande partie de l'Europe depuis quarante-cinq ans. **Une paix authentique doit être l'objectif numéro un de l'Union de l'Europe.**

Ne confondons pas la fin et les moyens. La puissance est souvent représentée, dans un esprit plutôt libéral, comme l'objectif principal de l'union de l'Europe, tant il est vrai que l'Europe formerait une puissance mondiale de premier ordre du fait de son potentiel industriel, commercial, technologique et pour un temps du moins démographique. L'Europe unie ne pourrait pas ne pas être puissante et très puissante et la puissance n'est pas un mal en soi bien au contraire! (On peut se référer là-dessus à la théologie de Romano Guardini, sans oublier ce que Pascal disait déjà de la force au service de la justice.) Mais pour l'Europe et l'avenir du monde, la puissance doit être un moyen, **le moyen d'une fin qui est la paix entre toutes les nations européennes,** conformément à leur vocation première, laquelle est une vocation chrétienne. L'Europe ne doit plus et même ne peut plus retomber dans les guerres fratricides où elle a failli se perdre et dont les conséquences ne sont pas encore à l'heure actuelle surmontées. Ce que le monde attend peut-être le plus de l'Europe, c'est qu'elle prenne les moyens de ne pas se détruire elle-même, car sinon elle pourrait entraîner tragiquement dans sa perte beaucoup d'autres nations du monde qui lui sont attachées.

En somme, le potentiel considérable de l'Union Européenne peut et doit d'abord être utile à la paix dont il sera surtout un moyen.

La démocratie non plus n'est pas une fin pour l'Europe, mais un moyen régulier de la constituer pour faire d'elle dans le monde une communauté unie, pacifique et dynamique au service de l'humanité et de la plus vaste communauté des nations.

A cet égard, nous pensons que l'Europe en formation a moins à craindre des fameux «égoïsmes nationaux» que de l'intrigue de partis facilement «supranationaux» pour qui l'Europe serait «la maison commune» dont il faudrait s'emparer.

«La maison est à moi, je le ferai savoir», disait Tartuffe appelé aussi l'«Imposteur».

Les «égoïsmes nationaux» peuvent être parfois contestables dans la défense de leurs intérêts, mais ils expriment un sens des responsabilités qui relève d'une politique expérimentale, pouvant être vraiment constructive et réalisatrice de l'idée européenne.

Quant à l'Europe, «maison commune», l'expression est à la fois brillante et dangereuse. Elle n'est d'ailleurs pas fausse si l'on veut considérer que l'Europe est la maison commune des nations qui la composent et qui l'ont déjà fait en mille ans d'histoire. Maison commune pour les nations, l'Europe ne saurait l'être pour le communisme révolutionnaire qu'elle refuse fermement depuis au moins quarante-cinq ans. Elle ne saurait laisser rentrer par la fenêtre ce qu'elle a eu tant de mal à faire sortir par la porte.

Vers la fin de sa vie, Jean Monnet disait, paraît-il, que s'il avait à refaire ce qu'il avait entrepris pour la construction de l'Europe et qui fut décisif, on le sait, il commencerait non par l'économie mais par la culture. Nous regrettons qu'il ne nous ait pas laissé la méthode ou la recette. La chance de l'Europe, c'est que des hommes politiques avisés comme Robert Schuman et le chancelier Adenauer aient su reconnaître l'intelligence des propositions de Jean Monnet. L'Europe culturelle moins matérialisable que le charbon et l'acier pouvait-elle faire l'objet de propositions du même ordre? Aujourd'hui, l'Europe communautaire est à moitié faite, mais elle peut encore se défaire parce qu'on ne l'aura pas complétée par ce qui lui manque précisément. Et ce qui lui manque, c'est moins de constituer une union politique – qui aujourd'hui pourrait être prématurée – que de reconnaître la dimension historique de sa destinée commune. L'Europe ne doit pas chercher avant tout à être une super-puissance, mais à devenir une communauté de civilisation fondée sur la paix, la justice et la liberté. Et s'il est vrai que l'Europe des Douze cherche l'union politique, moins pour devenir une super-puissance que pour exister réellement (sous peine de se défaire) , elle doit tout de même passer par l'épreuve de vérité nécessaire à l'achèvement de sa construction qui est **le dialogue avec l'autre Europe**. L'essence de l'Europe, sa vraie nature, est d'être une communauté de civilisation. Ou plutôt de **devenir** cette communauté car jusqu'alors elle a été dans l'histoire un ensemble de nations ayant une civilisation commune. La tâche historique qui nous incombe spécialement en cette fin du XXe siècle est de faire de cet ensemble une communauté[1].

Une anecdote historique fera mieux saisir ce qu'il faut entendre respectivement par ensemble et communauté.

En 1863, la Russie tzariste connaissait, déjà et encore, des difficultés avec la Pologne réduite depuis 1815 au Grand-Duché de Varsovie qu'elle régentait. Bismarck, toujours attaché à l'entente avec la Russie, soutenait celle-ci, contrairement aux autres puissances européennes émues par la nouvelle épreuve infligée à la Pologne.

L'ambassadeur d'Angleterre vint trouver Bismarck pour lui dire que «l'Europe ne comprendrait pas que la Prusse continuât à soutenir la Russie».

Bismarck l'interrompit aussitôt :

– Qu'est-ce que l'Europe? demanda-t-il à l'ambassadeur. Surpris, celui-ci répondit :

---

1. Rappelons que la construction européenne a vraiment commencé sous la forme communautaire en 1950 avec «le plan Schuman» élaboré par Jean Monnet.

– Mais... un ensemble de nations...

– Sont-elles d'accord entre elles? demanda Bismarck.

L'ambassadeur ne pouvait plus répondre, car les nations européennes n'étaient pas d'accord entre elles[2].

Il ne suffit donc pas à l'Europe d'être un ensemble de nations comme l'apprennent la géographie et l'histoire, mais il faut encore que ces nations soient d'accord entre elles. C'est à partir de là qu'il peut y avoir communauté. «Faire l'Europe», ce n'est pas autre chose que réaliser par la méthode communautaire cette succession d'accords que les Etats Européens sont appelés à conclure entre eux. C'est ainsi que le grand marché européen commun à l'Europe des Douze et devant être ouvert au 1er janvier 1993, sera l'aboutissement d'un accord conclu en 1957 entre six pays européens sous le nom de Traité de Rome. Et si de nouveaux Etats ont adhéré entretemps à cette communauté européenne, c'est que celle-ci a par nature un dynamisme propre à s'étendre au-delà même des limites géographiques de l'Europe. En effet, des pays comme la Turquie et le Maroc ont demandé à être admis dans la Communauté économique européenne. L'institution est donc bonne et constitue un instrument de progrès économique et social, sous certaines réserves cependant. Elle constitue un moyen d'entente entre les nations, favorisant en principe leur coopération pacifique et leur contribution au développement des autres nations qui peuvent avoir intérêt à s'y associer.

Il semble donc que grâce à la Communauté économique européenne (CEE), qui n'est autre que le Marché commun, mais avec en plus un dynamisme propre, les nations de l'Europe peuvent être d'accord entre elles. Mais il existe aussi en Europe des problèmes spécifiquement politiques et la question se pose, la question de Bismarck, de savoir si là-dessus aussi elles peuvent être d'accord entre elles. Nous voulons dire : *«d'accord sur la position de ces problèmes et de leurs solutions.* Elles désignent toutes les nations de l'Europe ou les nations de toute l'Europe. En ce point, la question prend une autre dimension; elle devient la question déterminante de l'union européenne, celle dont la réponse doit dire de façon définitive s'il est possible ou non de faire l'Europe politique. En effet, si les nations européennes ne sont pas d'accord entre elles sur

---

2. Cf. *Bismarck,* par Emile LUDWIG.

un ordre politique européen, il ne faudra plus parler de «faire l'Europe», mais plutôt de créer en Europe un super-Etat, l'Etat libéral-socialiste dont les fondements auront été posés par la CEE. Ce super-Etat ne pourrait d'ailleurs exister sans une défense («l'Europe de la défense» à laquelle pensent depuis longtemps beaucoup de politiques européens et qu'ils envisagent dans le cadre de l'UEO (Union de l'Europe Occidentale créée par les accords de Paris de décembre 1954), institution qui a au moins le mérite d'exister déjà.

Mais à vrai dire, c'est là, croyons-nous, que peuvent surgir les plus grandes difficultés comme naguère à propos de la Communauté européenne de défense (CED). Personnellement, nous pensons qu'entreprendre de constituer ce qu'on appelle «l'Europe de la Défense» serait, pour les Etats de la Communauté européenne une démarche aventureuse si elle était mise en oeuvre en même temps que des changements politiques importants, probables mais nécessaires, avaient lieu dans l'Europe de l'Est. On peut donc préférer penser que la vraie **puissance** capable d'équilibrer la défense de l'Europe vis-à-vis de l'URSS, c'est encore et toujours l'Alliance atlantique avec son puissant bras américain. Maintenir sans l'affaiblir l'Alliance atlantique, la renforcer même par une plus grande contribution des pays européens, paraît donc aujourd'hui non moins important que de poursuivre la construction de l'Europe communautaire. Si entre l'Amérique et l'Europe il y a l'Océan Atlantique, entre la Pologne et la Russie on ne voit sur les cartes de géographie aucune séparation comparable. Après tout, l'Europe peut être aussi pour l'Amérique, d'une certaine façon, la maison commune. Cela a d'ailleurs été dit récemment tant par M. Gorbatchev (ce qui n'est pas banal), que par des hommes politiques européens.

Ceci dit, il y a bien actuellement deux Europe, en gros celle de l'Ouest et celle de l'Est, comme le disait le Président de la République française, le 5 mai 1989, devant le Conseil de l'Europe, pour le quarantième anniversaire de cette institution; il est temps de rapprocher ces deux Europe par le dialogue sur le terrain approprié du droit.

On obtiendra d'autant mieux ce rapprochement que l'on se représentera bien ce qu'est aujourd'hui chacune d'elles.

A l'Ouest et au Nord de la Méditerranée, l'Europe en formation est celle de la Communauté économique. Elle est celle de l'Acte

Unique préparant le grand marché de 1993 qui implique le resserrement des liens communautaires et notamment pour certains l'instauration d'une monnaie européenne, le renforcement des institutions existantes, y compris le rôle du président de la Communauté des Douze, insuffisamment représentatif. Dans le renforcement de cette construction européenne à fondement économique, il y a, on le sait depuis longtemps, une intention et une finalité **politiques,** celles-ci tendent forcément à donner à cette Europe de la CEE les attributs politiques d'un Etat qui lui manquent : une constitution politique, un gouvernement (par exemple, la Commission) et comme nous venons de le voir, une défense sinon une armée. Il n'y a pas d'échéances pour ces nouvelles étapes comme il y en a pour le grand marché de 1993, mais ces projets sont dans les esprits des hommes politiques les mieux informés des affaires européennes, comme par exemple M. Valéry Giscard d'Estaing, conducteur de la liste RPR-UDF aux élections européennes du 18 juin 1989.

Or, pendant ce temps, une nouvelle Europe politique sera en voie de transformation de l'autre côté de ce qui est encore aujourd'hui le rideau de fer délimitant les pays du bloc soviétique, les pays assujettis à la Russie Soviétique, ceux qui font partie de l'autre Europe, celle qui est «aussi l'Europe» (A. Gischka), «l'Occident kidnappé» (M. Kundera). En fait, cette transformation est déjà commencée. Elle est en cours depuis plusieurs années. Elle s'accélère depuis plusieurs mois. Les résistances depuis longtemps dressées l'ont préparée, la plus remarquable ayant été celle de la Pologne avec le syndicat Solidarité de Lech Walesa. A ces résistances il convient d'ajouter la politique suivie par Mikhaïl Gorbatchev, avec ses maîtres-mots de «Glasnost» et «Perestroïka».

Mais cette politique est menée dans un but de politique intérieure, audacieusement peut-être, mais sans garantie de réussite et l'on ne sait pas où veut en venir et où peut en venir le nouveau maître de la Russie soviétique dans le domaine de la politique étrangère et de l'organisation de l'Europe.

Il y a dégel dans l'empire du froid et dans le dégel se produisent des craquements dont l'écho se fait entendre très loin et même jusqu'en Chine. Mais le froid peut à nouveau revenir et on ne sait comment il ne ferait plus jamais froid entre Smolensk et Vladivostock, un dégel trop brutal pouvant provoquer une débâcle incontrôlable. Autrement dit, la Russie gardera sans doute longtemps encore un régime impérialiste, cependant que les nations souveraines en droit de l'Europe orientale recouvreraient une liberté politique réelle, plus ou moins conforme à leur histoire et à leur culture qu'elles ne garderaient que si un véritable ordre de paix est instauré en Europe, dans toute l'Europe, mais d'abord dans sa partie centrale et orientale constituée de nations chrétiennes. Ces nations, ces peuples ont toujours aspiré à la liberté mais l'ont rarement obtenue dans leur longue et plutôt douloureuse histoire.

Cet **ordre de paix** dont l'expression est due au Chancelier Kohl (interview au journal *Le Monde* du 8 janvier 1989) n'est pas nécessairement celui qui résulterait d'un traité de paix entre l'Allemagne et ses adversaires de 1945. Ce traité n'a jamais pu être signé. Il semble même que les alliés occidentaux, depuis l'échec de la conférence de Londres de 1947, aient renoncé à le préparer, préférant s'occuper de la défense externe et interne de l'Europe libre menacée alors de l'expansionnisme russo-communiste. Le maintien de la paix en Europe est dû au pacte atlantique et à «l'équilibre de la terreur» entre les deux super-puissances mondiales que sont les USA et l'Union Soviétique. Mais rien ne dit qu'un jour le statut définitif de l'Allemagne ne résultera pas d'un traité de paix qui, en vertu des accords de Potsdam, devrait être signé avec un seul Etat allemand, donc une Allemagne réunifiée. Or, l'Allemagne n'est plus aujourd'hui une nation disposée à accepter les conditions des vainqueurs, dont les principaux se sont depuis et pendant près d'un demi-siècle regardés en adversaires prêts à l'affrontement. Un traité de paix pourrait cependant se concevoir **à l'intérieur d'un ordre de paix** pour l'Europe qui viserait à maintenir un statut de droit et de liberté pour toutes les nations de l'Europe à l'Ouest de l'URSS, celle-ci ayant regagné ses frontières.

Le traité de paix aurait l'avantage de faire participer obligatoirement les USA et le Canada à une négociation européenne dont ils pourraient théoriquement être exclus si l'on s'en tenait à un ordre de paix, en Europe sans traité de paix.

Pour une telle négociation essentielle sur l'avenir d'une union politique en Europe, il semblerait bon que l'Europe de la CEE puisse «parler d'une seule voix», selon la formule de l'Acte Unique. Parler d'une seule voix pour l'Europe, cela ne veut pas dire que les Etats qui la composent n'aient pas le droit à la parole. On ne raye pas ainsi des siècles d'histoire au cours desquels, précisément, ces nations ont fait l'Europe a proprement parler et autant par les alliances et les traités que par le fer et le sang. Après avoir été évangélisés de l'Irlande à l'Ukraine, **l'Europe a été faite par les nations, ce qui implique un certain nationalisme. Elle a manqué d'être défaite également par les nations – et par deux fois en notre XXe siècle, ce qui implique aussi un nationalisme certain.** Le nationalisme existe donc, il est justifié par l'histoire dans sa créativité et condamné par l'histoire dans ses méfaits destructeurs.

La Communauté économique européenne n'est pas une nation supplémentaire en Europe et nous ne souhaitons pas davantage qu'elle devienne un super-Etat, si de ce fait elle est entraînée à devenir en Europe l'Etat dominant et dominateur que la véritable communauté des hommes et des peuples d'Europe n'a jamais supporté en mille ans d'histoire.

Mais l'Europe communautaire de la CEE est une institution originale et qui apporte quelque chose de plus et de mieux aux Etats et nations qu'elle réunit. Ce quelque chose, c'est d'être une «communauté de personnes et de peuples» liant les nations entre elles. Jusqu'à présent ces liens sont principalement économiques avec tout ce qu'implique aujourd'hui dans l'âge industriel et post industriel la notion d'économie qu'on a pu lier naguère à celle d'humanisme avec perspicacité. Puis donc que communauté il y a et puisque (on l'a déjà remarqué) cette communauté à une intentionnalité politique indéniable, pourquoi les Etats de la CEE, le Conseil des Ministres et le Parlement européen ne se donneraient-ils pas non plus **une communauté de vues** sur l'organisation politique à intervenir pour les pays de l'Autre Europe?

Il y a en effet quelque chose à dire en ce qui concerne les institutions politiques de ces Etats souverains que sont les pays de l'Europe de l'Est auxquels doivent être reconnues les libertés démocratiques que sont les élections libres, le multipartisme, le syndicalisme libre, le refus de la domination d'un parti appuyé par l'étranger, etc. Est-ce que, d'autre part, la neutralité de l'Autriche ne pourrait pas être étendue à la Hongrie et à la Tchécoslovaquie, de façon à reformer dans cette partie de l'Europe un «ensemble» occupant sur un certain espace la place de l'ancien Empire d'Autriche-Hongrie **dont l'absence a été si dommageable à l'Europe**

depuis 1910, l'est encore aujourd'hui et ne sera pas remplacé par un «puzzle» économique.

Concluons donc en observant que c'est un certain nationalisme mais un nationalisme certain qui libérera – il est en train de le faire – les pays de *l'autre Europe.* Que ce nationalisme soit modéré ou démocratique, c'est ce que nous devons souhaiter et encourager. La Communauté économique européenne, en parlant d'une seule voix, peut y aider beaucoup puisqu'elle représente à elle seule la moitié du continent européen s'étant doté d'une organisation communautaire. La définition d'un ordre de paix pour l'Europe tout entière ne peut qu'en être facilitée. A l'intérieur de cet ordre de paix, le traité de paix avec l'Allemagne déterminerait la situation vraiment centrale de la nation allemande dans la communauté des nations européennes.

Quant à l'URSS, cet ensemble de Républiques constitutionnellement libres de leur sort qui s'étend d'un seul bloc sur une partie de l'Europe à la moitié de l'Asie, elle a en Europe des frontières qu'elle doit regagner. La conférence d'Helsinki en 1975 a proclamé l'intangibilité des frontières en Europe. Cela aussi peut contribuer à déterminer un ordre de paix. Mais si l'Europe géographique s'étend de l'Atlantique à l'Oural, l'Europe politique ne peut aujourd'hui que s'arrêter aux frontières européennes de la Russie soviétique. L'Europe de l'Atlantique à l'Oural est une expression géographique et même «culturelle» mais non exactement politique.

Une telle définition de l'Europe nous paraît indispensable pour le dialogue entre ce que sont aujourd'hui les deux Europe, bien qu'il n'y en ait fondamentalement qu'une seule. De même, il est indispensable pour la construction de la communauté des nations européennes de maintenir le dialogue ou la dialectique qui existe depuis quarante ans entre le fédéralisme et le nationalisme puisqu'il faut bien les appeler par leurs noms respectifs, objectivement – et en dehors de toutes querelles d'écoles ou de partis.

Juin 1989

3

Europe 1990

> *Les Etats périraient si on ne faisait ployer souvent les lois à la nécessité. Mais jamais la religion n'a souffert cela, et ni en a usé.*
>
> Pascal
>
> *Pensées* (éd. Br. 614-280)

L'homme propose et Dieu dispose... Mais l'homme peut aussi ne pas proposer ou proposer peu et mal, Dieu disposera quand même. 1989, l'année passée n'aura pas été principalement celle du bicentenaire de la Révolution française, mais surtout l'année *historique* de la **libération** des nations et des peuples de la quasi-totalité de l'Europe centrale, longtemps appelés *l'Autre Europe,* en comparaison de l'Europe «libre» et parce qu'elle était *aussi* l'Europe.

Janvier 1990. Nous souhaitons qu'en cette nouvelle année soit poursuivie et si possible achevée la libération de cette Europe-là, libération commencée avec les événements politiques qui ont eu lieu en 1989, successivement en Pologne, Hongrie, Allemagne de l'Est, Tchécoslovaquie, Roumanie, sans oublier les trois pays baltes rattachés de force à l'Union soviétique en 1940.

Les peuples de l'Europe centrale et orientale se libèrent du communisme et de l'impérialisme soviétique comme ils ont été libérés quarante-cinq ans plus tôt de l'impérialisme hitlérien.

La Deuxième Guerre mondiale n'a pas été terminée par la conclusion véritable d'un traité de paix aboutissant à l'instauration d'un «état de paix» en Europe, de sorte que la «guerre froide» a succédé, pendant des années encore, à la guerre brûlante; puis à la guerre froide une «coexistence pacifique» acceptée en fait, mais irrecevable en droit, puisqu'elle reconnaissait implicitement au «socialisme» soviétique une sorte de privilège d'expansion mondiale aussi bien que de conservation régionale. Telle était en effet la «doctrine de Brejnev», qui affirmait la «souveraineté limitée» des Etats voisins ou proches de l'URSS.

Or, ce que les Etats occidentaux ont toléré, tout en pratiquant un nécessaire *«containment»*, les peuples de l'Europe centrale l'ont balayé sans distinction. Ce sont eux qui ont gagné la guerre froide en abattant la tyrannie totalitaire et la fausse démocratie dite populaire qui n'était que l'exercice d'un pouvoir sans limite par les hommes du parti communiste. Leur victoire ne doit pas leur être enlevée. C'est pourquoi, la libération de l'Europe tout entière, qui est en cours, doit être achevée par l'instauration d'un ordre de paix fondé sur le Droit, ce qui revient à dire que cette paix doit être à présent inséparable de la justice et de la liberté, deux attributs qui ont manqué à la paix de facto, fondée sur la force et «l'équilibre de la terreur». C'est cette paix injuste et inique qui a régné sur l'Autre Europe pendant quarante-cinq ans et dont elle ne veut plus.

I. Un ordre de paix pour l'Europe

Le problème de l'Europe tout entière, aujourd'hui, en cette année 1990, c'est l'établissement d'un *ordre de paix* dont l'expression tout à fait classique et conforme au droit naturel a été *avancée* en 1988 par le Chancelier Helmut Kohl désignant ce que l'Allemagne attendait de l'Europe pour son avenir.

Que pouvons-nous entendre par *ordre de paix* pour l'Europe et l'Europe tout entière, du Nord au Sud, de l'Est à l'Ouest, de la Scandinavie à la Méditerranée, de l'Atlantique à l'Oural?

On observera d'abord que l'URSS (Union des Républiques Socialistes Soviétiques : 15 Républiques) ne s'arrête pas à l'Oural. Elle est une puissance européenne et asiatique d'un seul tenant. L'Europe de l'Atlantique à l'Oural, cela peut être une définition de la géographie, mais cela n'est pas actuellement une bonne définition de la géographie *politique*. Toutefois, l'Europe de l'Atlantique à l'Oural, c'est aussi l'Europe chrétienne (l'Europe du millénaire de la

Rous) et cela constitue un facteur important, sinon essentiel, pour une communauté culturelle européenne à venir, pour une même civilisation chrétienne à réinventer, pour l'Europe à réévangéliser[1].

Concevoir un ordre de paix, d'une paix authentique et durable pour l'Europe, c'est bien la tâche qui doit être celle des nations et des gouvernements de l'Europe pour un avenir qui est déjà le présent. A vrai dire, cette tâche n'est pas nouvelle; elle est même commencée. L'institution progressive de la Communauté économique européenne, c'était et c'est déjà pour une partie de l'Europe l'instauration d'un ordre de paix. Cependant, du fait même qu'elle ne pouvait s'adresser qu'à l'Europe libre, l'Europe communautaire laissait l'Autre Europe à son sort politique qui était de subir la domination de la Russie soviétique. Pour que la CEE, qui a vocation de s'étendre et de réunir dans une communauté économique et de civilisation d'autres Etats de l'Europe et peut-être même d'ailleurs, puisse s'étendre effectivement à ces autres Etats, il faut que leur statut politique réel leur permette de faire partie du «monde libre». Il faut donc qu'ils soient vraiment des Etats «de droit», ou encore des démocraties sans dissimulation. Et en attendant que ces conditions puissent être réunies rapidement (comme on peut l'attendre à présent de pays, tels que la Pologne, la Hongrie ou la Tchécoslovaquie), encore devrait-on s'apercevoir que ni l'économie de marché, ni le droit constitutionnel le plus rigoureux ne suffisent à définir un équilibre et un ordre permettant la coexistence pacifique de ces Etats, nations et peuples, qui ne se reconnaissent plus dans l'ordre actuel, chaque jour remis en question et singulièrement avec la résurgence des nationalités de la Baltique à l'Adriatique (comme dans l'hymne allemand!), sans parler de celle de «l'Empire éclaté», superbement annoncé par Hélène Carrère d'Encausse. C'est pourquoi, *l'ordre de paix* auquel nous devons penser et que nous devons même préparer sans délai – cet ordre de paix dont le Chancelier Kohl laissait entendre que ses dimensions devaient être assez grandes pour comprendre l'Allemagne tout entière – doit être d'abord politiquement fondée sur l'histoire et la géographie, c'est-à-dire sur *l'expérience* historique et géopolitique.

---

1. Cf. Jean et Blandine CHELINI, *L'Eglise de Jean-Paul II face à l'Europe*, en particulier p. 2 à 60 (Ed. Nouvelle Cité, Paris 1989).

Quels sont donc les problèmes que poseraient l'instauration d'un ordre de paix en Europe?

Il y en a certes et de nombreux et chaque jour depuis l'été, l'automne et l'hiver de l'année 1989 – et maintenant 1990 – semble en apporter de nouveaux. Mais est-il bon de n'y voir que problématique? On peut penser qu'il n'était pas défendu de chercher à les énoncer ces problèmes lorsqu'on avait le temps de le faire, sinon d'en obtenir la solution.

Ainsi du «problème allemand»...

Osons dire qu'un problème est fait pour être résolu et qu'il doit en être ainsi du «problème allemand», d'autant plus que les événements qui se succèdent en Allemagne singulièrement depuis l'été dernier : la fuite vers la RFA des Allemands de l'Est, l'ouverture et la destruction du Mur de Berlin, la remise en question du régime et la condamnation morale des dirigeants de cette Allemagne soviétisée, de sa police politique, de son économie délabrée et de son marxisme spartiate, sont des éléments décisifs de solution. A quoi s'ajoutent maintenant les données d'un *problème russe* qui n'est pas sans rapports avec le problème allemand, ne serait-ce que par l'état de choses résultant partiellement en Europe de l'Est des accords secrets Ribbentrop-Molotov, pratiquement entérinés à Yalta.

II. La Conférence sur la sécurité et la coopération en Europe (CSCE)

C'est peut-être la conscience des dimensions à donner à cet ordre de paix qui a fait proposer à M. François Mitterrand, en tant que Président de la République française, d'envisager pour l'Europe tout entière la forme ou le cadre d'une confédération dont les dimensions et le nombre des participants seraient les mêmes que ceux de la Conférence sur la Sécurité et la Coopération Européenne, réunie à Helsinki en août 1975 et qui inclut l'URSS, les Etats-Unis et le Canada, au total trente-cinq Etats. «Une confédération européenne qui associera tous les Etats de notre continent dans une organisation commune et permanente d'échanges, de paix et de sécurité». «Cela ne sera évidemment possible, ajoute M. F. Mitterrand, qu'après l'instauration dans tous les pays de l'Est du pluralisme des partis, d'élections libres, d'un système représentatif de liberté et d'information.» Condition nécessaire sans doute et qui supposerait l'adhésion préalable des «nouveaux» Etats de droit démocratique au Conseil de l'Europe, mais condition point encore suffisante si l'on veut faire de cette confédération européenne autre chose qu'une sorte de nouvelle et partielle Société des Nations.

L'idée de confédération européenne calquée sur la Conférence sur la Sécurité et la Coopération Européenne (CSCE) a été lancée lors de l'allocution présidentielle aux Français, le 31 décembre 1989. Quelques jours plus tard, elle était publiquement approuvée par le Chancelier Kohl en visite à Latché (Landes), sous la réserve toutefois qu'une certaine consistance soit donnée à cette idée et que la réunion de la CSCE – prévue en 1990 – fût sérieusement préparée. On se rappelle qu'à l'occasion de la rencontre de Malte, entre le Président Bush et M. Gorbatchev, ce dernier avait, le premier, souhaité la réunion de la CSCE pour 1990. Le Président de la République italienne, M. Cossiga, a approuvé à son tour cette idée de confédération européenne, lors d'un voyage en France, à la fin du mois de janvier. Il est donc vraisemblable que la Conférence sur la Sécurité et la Coopération en Europe se réunira cette année[2]. Ce ne sera qu'une fois de plus, mais ce sera un peu plus vite que prévu et si son ordre du jour comporte l'étude du projet de Confédération européenne qui serait sa propre transformation, elle sera sûrement plus animée et plus suivie au dehors que les conférences qui l'avaient précédée (Belgrade, Madrid et Vienne).

En faisant cette proposition, M. F. Mitterrand semblait revenir sur la priorité que, dans son discours solennel du 26 octobre 1989 devant le Parlement européen de Strasbourg, il avait donnée à la préparation complète du grand marché intérieur de la CEE prévu pour le 1er janvier 1993. Il est vrai que ce jour-là M. Mitterrand parlait comme président temporaire du Conseil européen. Mais ces nuances ne sont guère aperçues des peuples européens plus attentifs à la réunification allemande et aux bouleversements politiques en Europe centrale et orientale. Il est certain, en effet, qu'on ne peut pas attendre le 1er janvier 1993 pour déterminer un ordre de paix pour l'Europe. Les urgences ne sont pas les mêmes pour la CEE où

---

2. La réunion a été prévue pour le mois de novembre à Paris, lors de la réunion des Douze pays de la CEE (qui ne sont qu'une partie des intéressés) à Dublin, le 23 juin 1990.

la volonté de l'homme s'exerçant dans la «tranquillité de l'ordre» peut se donner les moyens de construire l'Europe comme on construit un édifice et les pays de l'Europe de l'Est pour lesquels commandent la nécessité et les événements, leurs populations ayant dû descendre presque chaque soir dans la rue pour faire respecter les acquis de leur révolution.

Le Président de la République française a réagi fort prudemment à l'avalanche historique qui a déferlé sur l'Europe. La promptitude n'a pas été son fort et on l'a même entendu exprimer des regrets de voir le socialisme en tant que tel si maltraité. Et pourquoi ce suprême adieu à Honecker? Cependant, les quelques hommes politiques français les plus en vue n'auront guère été plus prompts et en tout cas moins constants, apparemment, dans leur attention aux changements qui ne cessaient de se produire en Europe centrale et orientale. Tout de même, M. Jacques Chirac a semblé avoir une juste vue des choses en parlant, mais comme en passant, de la nécessité d'un «règlement de paix». Pourtant, la paix en Europe est aujourd'hui le problème numéro un. Le Président Giscard d'Estaing, derrière lequel on avait vu passer autrefois l'ombre de Brejnev, est aujourd'hui député européen et il ne cesse de se représenter l'Europe comme une superpuissance à venir. Il a suggéré une sorte de «finlandisation» de l'Allemagne de l'Est qui ne peut être réalisée que dans un traité entre les systèmes d'alliances, constituant vraisemblablement un traité de paix partiel, mais sans en porter le nom. (Surtout pas!) On notera encore que M. Edouard Balladur a fait ressortir l'importance du maintien de l'Alliance atlantique et de son poids dans la consolidation de la paix en Europe comparable à ce qu'il a été depuis 1949 dans le maintien de l'Europe en état de paix. Si, à notre connaissance, il ne s'est pas expliqué sur la place exacte de la France dans cette Alliance, c'est peut-être pour un motif de «consensus» interne à son propre parti. Quoi qu'il en soit, ce recours immédiat à l'Alliance atlantique comme à la planche de salut des nations occidentales a été la réaction dominante des hommes politiques «responsables» (autrement dit, *sérieux*, quand ils ne sont pas réellement en charge de responsabilités) devant la débâcle des régimes communistes en Europe. Ainsi du secrétaire d'Etat américain, M. James Baker, dont on avait pu craindre quelques mois auparavant qu'il veuille traiter des affaires européennes d'abord avec les Russes. Tel semble avoir été du reste le motif premier de la rencontre de Malte, le 2 décembre 1989, entre MM. Bush et Gorbatchev sur une mer démontée. (Mais la veille, 1er décembre, le Président de l'URSS avait été reçu par le Pape Jean-Paul II dans sa bibliothèque du Vatican, sans avoir eu besoin de s'accrocher à la rampe.)

Devant l'ampleur et la précipitation des bouleversements survenant en Europe centrale et orientale, les réactions politiques ont paru plus instinctives ou traditionnelles que mûrement réfléchies, et à cause de cela tout à fait significatives. Nous venons de rappeler le «sommet» américano-soviétique de Malte, mais n'oublions pas non plus la réunion des quatre commandants des secteurs militaires de Berlin, le voyage de M. Mitterrand à Kiev, son autre voyage à Leipzig. De son côté, le Chancelier Kohl préparant son plan de réunification sans avertir ses alliés, se justifiait ensuite par des raisons de politique intérieure. En somme, il est résulté de tous ces événements des réactions nationales et nationalistes, chacun voyant midi à sa porte. Pour naturelles qu'elles soient, on ne peut que les comprendre, mais on doit se rendre compte qu'elles ne font que marquer des *positions* et que celles-ci ont à être *prolongées* par des *pro-positions* – positions en avant. Nationalisme soit, mais *au-delà du nationalisme,* c'est là qu'est l'Europe!

Aussi bien, en même temps que ces réactions nationales, s'est affirmée la volonté de persévérer dans la voie de l'union européenne et l'on a entendu maintes fois les Allemands de l'Ouest proclamer leur intention de conduire du même pas l'union politique de l'Europe, conformément à l'Acte Unique de 1987. Pareillement, les Douze de la CEE ont accepté la réunification de l'Allemagne qui entraînait, *ipso facto,* l'admission de la DDR, passant devant l'Autriche candidate déclarée à l'entrée dans la CEE. Cependant, on peut d'ores et déjà se rendre compte que l'Europe des Douze est trop petite pour contenir équitablement l'Allemagne réunifiée. *Une intégration plus poussée ne serait pas réalisée, car elle ne serait probablement pas acceptée par chacun des Douze, comme il se doit.* Ressortir du placard, en l'adaptant, le plan Fouchet – proposé par de Gaulle autrefois – limiterait cette intégration, mais là encore il n'y aurait probablement pas unanimité pour une telle confédération. Donner une constitution à l'Europe des Douze laisserait d'ailleurs ouverte la question de «l'ordre de paix» à instaurer dans l'Europe tout entière, c'est-à-dire de l'Atlantique aux frontières de la Russie soviétique, celles-ci n'étant pas sans poser de problème; comme on a pu le voir avec les soulèvements des pays baltes. D'ailleurs on ne pourra pas donner une constitution à l'Europe de la CEE, sans prendre en considération la situation présente et future de ce qui était et est encore d'un point de vue géographique et historique l'Autre Europe. Le plus grand ensemble constitué par la CSCE conviendrait-il à cette visée européenne? Il s'agit là encore et il s'agit toujours de mettre l'Allemagne dans un ensemble. C'était déjà le cas avec la RFA dans ce qui est devenu la CEE et l'Europe des Douze, c'était approximativement l'Europe de Charlemagne. Cela est toujours vrai avec l'Allemagne grossie de ses Saxons. Il ne s'agit que de trouver un plus grand ensemble, non sans faire ressortir que l'Allemagne n'est pas la seule nation à devoir être enfermée. Il y a aussi les nations moyennes et petites de l'Europe centrale et orientale jadis réunies dans l'ensemble constitué par l'Empire-monarchie d'Autriche-Hongrie – sans remonter au Saint-Empire romain germanique auquel mit fin Napoléon 1er en 1806 sans pouvoir le remplacer.

Transformer en une confédération la Conférence sur la Sécurité et la Coopération en Europe (CSCE) qui a le mérite de réunir tous les Etats souverains du continent – à l'exception de l'Albanie et sous réserve de ce qui a été noté sur les pays baltes – ainsi que les Etats-Unis et le Canada, ce sera peut-être donner à l'Europe une constitution trop large et trop lâche qui en ferait une petite ONU ou une autre SDN. Plus adaptée aux réalités européennes serait une «confédération de confédérations». Fédérer ou confédérer (en l'occurrence cela revient au même) des ensembles d'Etats déjà fédérés entre eux serait une construction plus ordonnée que celle de la Conférence des trente-cinq membres de la CSCE dont on a pu voir à Belgrade (1977), Madrid (1980), Vienne (1983), qu'elle concernait surtout les diplomates et certaines fonctionnaires internationaux. C'est pourquoi, il nous paraît que l'idée de transformer la CSCE en confédération (générale...) européenne mérite d'être retenue à condition de remplir les espaces vides qu'elle détermine.

La question se pose néanmoins de savoir si d'ici cette réunion des événements, c'est-à-dire des faits politiques, ne se seront pas produits – par exemple, du côté de la réunification de l'Allemagne – dont cette conférence ne pourra que prendre acte, de sorte que son rôle se trouvant assez réduit dans le domaine politique, elle devra se contenter d'enregistrer les transformations de l'Europe, alors qu'elle aurait en principe vocation à diriger la construction de l'Europe tout entière. Il lui resterait toujours, en ce cas, la possibilité de se constituer en une sorte de nouvelle SDN à la dimension élargie de l'Europe, mais sans beaucoup plus d'efficacité que l'ancienne Société des Nations. Celle-ci n'avait pas survécu aux crises, il est vrai très dures et dans un continent alors hanté et mobilisé pour la guerre et la révolution, si ce n'est les deux à la fois, car elle représentait, si l'on peut transposer la formule, l'Europe «légale» impuissante devant l'Europe «réelle». Cependant, les temps ayant changé depuis l'époque de l'entre-deux-guerres (1918 à 1939) et les moeurs guerrières ayant elles aussi évolué en raison d'un «équilibre de la terreur» – qui n'est d'ailleurs qu'une fausse garantie de paix et de tranquillité de l'ordre – la CSCE, dans laquelle le mot Conférence deviendrait Confédération, peut envisager envisager un avenir comparable à celui de l'Organisation Africaine (OUA) qui a au moins le mérite de défendre le principe de l'intangibilité des frontières sur le continent africain. Il s'agit, on le sait, des frontières héritées de la colonisation. Frontières pourtant arbitraires et plus administratives qu'historiques. Les frontières sont toujours le résultat et l'effet d'un héritage; les frontières de l'Europe d'aujourd'hui sont, pour l'essentiel, le résultat des conférences de Yalta (février 1945) et de Potsdam (juillet-août 1945)[3].

III. Frontières

Les principaux événements, nous voulons dire les plus importants, qui se sont produits en Europe en 1989 et qui développent leurs effets, sont-ils susceptibles de remettre en cause ces frontières et par conséquent de bouleverser l'ordre politique européen?

Telle est la question à laquelle personne aujourd'hui ne peut répondre par un non absolu et définitif. Certes, on voudrait bien... Mais «on», c'est à la fois personne et tout le monde. Dans ce cas, on doit pouvoir répondre à la question posée plus haut. Je ne vois pas qu'on puisse répondre avec sincérité autrement que par l'affir-

---

3. Il y a eu des modifications très limitées de frontières en certains points, par exemple entre l'Italie et la France, l'Allemagne, la Belgique et la Hollande.

mative. Oui, les événements et les faits politiques les plus importants qui ont eu lieu en Europe de l'Est au cours de l'année 1989 et surtout dans les derniers mois de cette année et qui se poursuivent notamment en URSS en 1990, sont susceptibles de remettre en cause les frontières qui ont été celles de l'Europe depuis 1945.

Déterminons, pour plus de clarté, ces événements et ces faits politiques en disant qu'ils sont principalement :

1. La levée ou plutôt la destruction du rideau de fer, frontière renforcée entre l'Europe libre et l'Autre Europe soviétisée et le rejet total du communisme en tant que système politique et économique, en tant que doctrine et en tant que parti dominant, ce rejet comportant le recours à un authentique régime démocratique, essentiellement libéral et pluraliste.

2. Le processus enclenché par ces événements de réunification – ou d'unification – de l'Allemagne. De ces deux sortes de faits impliqués l'un dans l'autre, c'est certainement le second qui pèse le plus lourd, étant donné l'importance en Europe de l'Allemagne : un peuple de soixante-dix-sept millions d'habitants au milieu du continent, une grande nation entourée de petites nations, puisque l'Empire des Habsbourg n'a pas été reconstitué dans la forme fédérale que les vainqueurs de 1918 ne lui ont pas laissé prendre et dont l'absence actuelle compromet toujours gravement l'équilibre européen.

Oui, en ce début d'année 1990, *l'Allemagne est en train de se réunifier,* puisque ce terme est celui utilisé généralement depuis quarante-cinq ans, depuis que les accords de Potsdam ont déterminé la division de l'Allemagne, division géographique, politique, économique, liée à son régime d'occupation militaire, mais tenue pour provisoire jusqu'à la signature du traité de paix entre l'Allemagne et les Alliés (Angleterre, France, URSS, Etats-Unis, etc.). Il semble donc inutile et propre à entretenir la confusion de parler d'unification au lieu de réunification, sous prétexte que l'un et l'autre de ces termes fait diversement référence aux frontières de l'Allemagne, celles de 1937 avant les annexions successives d'Hitler (Autriche, Tchécoslovaquie, Memel) jusqu'à la déclaration de guerre du 3 septembre 1939 et celles de 1945, arrêtées à Potsdam sur les bases de la capitulation sans conditions du IIIe Reich, le 7 mai de cette même année. Il est certes bon de connaître l'histoire de l'unité allemande et par conséquent celle du royaume de Prusse, car cela est indispensable à la compréhension de la situation présente et à l'instauration d'un ordre de paix, mais la résolution effective d'un problème (au lieu de sa gestation, si j'ose dire) exige des simplifications, notamment dans le choix des mots. Dans l'énoncé du problème allemand, celui de *réunification* a le mérite d'être *usuel* depuis quarante-cinq ans, de signifier un Etat allemand, c'est-à-dire un seul *pouvoir responsable* de l'Allemagne tout entière et des *frontières réelles,* même si elles sont provisoires, c'est-à-dire que si l'on traverse l'Oder ou la Neisse occidentale, on passe d'Allemagne en Pologne. Réunification faisant référence au temps présent, gardons ce terme connotant quarante-cinq ans d'histoire, sinon cinquante ans en comptant les années de guerre qui devaient aboutir à l'état de l'Allemagne en 1945. Au contraire, parler d'unification ce serait adopter *un autre point de vue* de l'histoire de l'Allemagne, non point faux, mais chargé de nostalgie, de ressentiment et de toutes les difficultés que l'Allemagne a toujours eues à se situer dans l'histoire relative, sinon dans l'absolu de l'Histoire. Il y a des «données» pour le problème de la réunification, plus exactement dans le problème et pour sa solution. Elles sont certaines, elles sont concrètes et on peut les apprécier. Elles demeureraient sans doute si l'on parlait d'unification, mais s'y ajouteraient des éléments de confusion et de complications supplémentaires relatives au temps et à l'espace de cette «unification».

IV. Réunification de l'Allemagne

Il faut entendre par là *réunification en un seul Etat* qui sera un Etat fédéral du type de la RFA, la RDA étant appelée à ne plus exister, ses territoires devenant de nouveaux Länder, d'une même République allemande, la Deuxième.

La réunification n'aurait pas de raison d'avoir lieu si elle n'était voulue par les Allemands eux-mêmes, citoyens de la RDA comme de la RFA dans leur majorité. La destruction du Mur de Berlin dans la soirée du 9 novembre 1989 a donné le signal de ce processus historique qui reste encore à maîtriser. C'est en partie pour canaliser cette situation extrêmement fluide et accessoirement débordante que le Chancelier Kohl a présenté au Bundestag un plan de réunification de l'Allemagne en dix points. Toutefois, ce plan prévoit la réunification des deux Allemagnes en une Confédération d'Etats. Cela suppose que la RDA demeure un Etat, même si son peuple n'en veut pas. Un Etat membre du Pacte de Varsovie sur le territoire duquel stationnent environ 380 000 soldats soviétiques. Cela suppose encore que, dans la constitution d'une Confédération allemande entre la RFA et la RDA, chacun des deux Etats appartiendrait à une alliance militaire différente, sinon adverse. De ce fait, la réunification de l'Allemagne en une confédération n'est pas moins problématique que si elle avait lieu par intégration de la RDA dans la RFA. *«Der Eintritt der DDR zur Bundesrepublik»*, disent les Allemands de l'Ouest qui ont su trouver dans l'article 23 de leur Constitution (Loi fondamentale de la République Fédérale d'Allemagne du 23 mai 1949) l'instrument juridique approprié de cette intégration.

Si donc la réunification de l'Allemagne en une Confédération pose apparemment autant de problèmes que la réunification en un seul Etat, cela résulte originairement d'un statut provisoire conféré à l'Allemagne par les accords de Potsdam et qui ne peut être modifié, en droit, que par un traité de paix – quelque soit le nom des dispositions relatives à l'Allemagne et à son statut d'Etat unitaire qui devront l'amener à s'entendre pour cela avec les puissances signataires des accords de Potsdam et de celles (la France notamment) qui les ont reconnus.

V. On demande un traité de paix

30 janvier 1990. Recevant à Moscou M. Hans Modrow, le Premier Ministre de l'Allemagne de l'Est, M. Gorbatchev a accepté publiquement l'idée de la réunification de l'Allemagne, sachant bien que cette idée était en cours de réalisation et que dans ces conditions le mieux était de participer à ce que l'on ne pouvait plus empêcher, comme l'avait fait de l'unité allemande la Russie soviétique pratiquement depuis l'échec des conférences inter-alliées de Moscou et de Londres en 1947[4].

---

4. Exceptons la proposition faite en 1952 par Staline relative à la neutralité d'une Allemagne réunifiée.

1er février. M. H. Modrow, qui est encore aujourd'hui Premier Ministre de la RDA et le restera théoriquement jusqu'aux élections législatives du 18 mars prochain, prend l'initiative (sans avoir consulté son parti, le SED fort mal en point – mais il a consulté Gorbatchev) de proposer un plan de neutralisation de l'Allemagne réunifiée et, constatant l'absence de traité de paix, en suggère la négociation. «Le moment est venu, dit-il, de tirer un trait définitif sur la Seconde Guerre mondiale et de conclure un traité de paix qui n'a jamais été signé depuis 1945.» Ce disant, M. Modrow agit un peu comme un nageur qui, emporté par la crue soudaine d'une fleuve, cherche la branche basse d'un arbre ou une amarre quelconque pour s'y accrocher. Un traité de paix pourrait, en effet, déterminer pour l'essentiel un ordre européen propre sinon à sauver ce qui peut n'être pour le communisme en Europe centrale ou orientale, mais du moins à clarifier et stabiliser une situation très mouvante pour ceux qui se trouvent pris avec armes et bagages dans ce reflux de l'Histoire. Il n'est pas sûr qu'un traité de paix entre l'Allemagne et les Alliés de la Deuxième Guerre mondiale (Angleterre, France, URSS, Etats-Unis, etc., par ordre d'entrée en scène) doive seulement prendre en compte la situation de l'Europe en 1945, comme si l'on pouvait revenir quarante-cinq ans en arrière et retrouver l'Allemagne telle qu'elle fut en cette «année zéro» de son histoire, selon le titre du beau film de Rossellini. Aujourd'hui, l'Allemagne refait toute seule son unité sous la direction résolue encore que prudente du Chancelier Helmut Kohl, lauréat du Prix Charlemagne, appelé à réussir plus de mille ans après là où l'Empereur d'Occident avait échoué, savoir : faire entrer dans son Empire les Saxons, pour ne pas parler des autres peuples de l'Europe centrale. Mais ne poussons pas trop loin la comparaison, même s'il est vrai que l'Europe des Six, puis des Dix, et enfin celle des Douze visant à l'union politique aux termes de l'Acte Unique, c'était, encore une fois, l'Europe de Charlemagne s'arrêtant à la barrière orientale que représentait le rideau de fer enfermant l'Autre Europe. Qu'il faille dépasser l'Europe de Charlemagne, c'est bien ce que semblent avoir compris les Allemands de l'Ouest et de l'Est, les peuples d'abord, puis leurs dirigeants, et, en fin de peloton, sans précipitation, comme des chefs qui suivent leurs troupes, les dirigeants des autres nations européennes dont le regard était, il y a quelques mois encore, fixé sur l'horizon du grand Marché européen de 1993.

L'Europe de Charlemagne n'a jamais été qu'une Europe partielle par rapport à l'Europe chrétienne qu'elle avait dessein d'être. Aussi bien n'a-t-elle pas duré, mais son dessein, son «grand dessein» a perduré et l'on n'a cessé d'en retrouver les grandes lignes et les fortes couleurs sous les peintures successives qui ont recouvert la carte d'Europe. Au IXe siècle après Jésus-Christ, l'histoire de l'Europe était loin d'être faite. Il lui fallait encore plus d'un millénaire et nous y voici. Oui, c'est l'Histoire (à analyser, bien sûr) qui vient d'apporter à l'Europe des Douze sa deuxième moitié que représente l'Autre Europe. A vrai dire, le Chancelier Kohl n'y est pas pour grand-chose et il doit bien le savoir. On lui demande d'être prudent autant que ferme, mais encore d'être franc. C'est lui probablement qui va être l'homme d'Europe le plus chargé de responsabilités au cours de l'année 1990, moyennant quoi, puisqu'en décembre 1990 il y a des élections générales en RFA, il pourra très bien les perdre et être congédié comme Churchill le fut en 1945. Mais ceci est un autre sujet.

Pour les mois à venir, ce que les peuples de l'Europe tout entière attendent des Allemands qui ont le droit d'être réunis et le peuvent, comme ils ont désormais la liberté – qu'ils ont conquise à l'Est – de le faire, c'est d'être en même temps conscients de l'équilibre du continent européen, étroit géographiquement, mais très vaste culturellement. *L'Europe a autant le droit au véritable équilibre de ses composants et à une paix authentique et durable que l'Allemagne a droit à son unité politique.* Il y a le *droit* et il y a l'*histoire*. On ne peut revendiquer un *«Etat de droit»* au nom du Droit sans tenir compte de l'Histoire qui est la mémoire et l'expérience des peuples. De même, on ne peut s'en tenir à l'histoire en l'arrêtant au passé. La paix à faire en Europe est une invention qui doit tenir compte et de l'histoire et du droit. Pour l'instauration de cette paix comme organisation définitive des nations européennes, il y a une question de confiance qui est posée et dont dépend la solidarité des peuples de l'Europe entre eux. C'est l'esprit de solidarité apparu voici dix ans en Pologne qui aura été le levier de la libération de ces nations – naguère appelées «captives» – ajusté au point d'appui de la résistance chrétienne et humaniste. A présent, un autre point d'appui doit être trouvé pour construire la paix en Europe. Penser qu'il peut consister en des institutions démocratiques libérales serait insuffisant. Un ordre garantissant l'équilibre européen est nécessaire.

Pour nous, cet ordre est inséparable de l'Alliance atlantique – autrement dit, de la communauté atlantique, dont le développement est une des tâches des temps à venir et implique une plus grande solidarité avec l'Afrique et l'Amérique du Sud, continents riverains de l'Atlantique.

VI. L'Alliance atlantique

Que fut à l'origine l'Alliance atlantique? – Une alliance anticommuniste et antisoviétique. Voilà pour la *nécessité.* Mais l'Alliance atlantique n'est pas que cela, sa vocation est aussi de contribuer à l'équilibre et à l'organisation européens, le maintien de l'Allemagne dans l'Alliance atlantique dont elle fait partie militairement depuis les accords de Paris d'octobre 1954, est indispensable à cet équilibre qui exclut par conséquent la neutralité de l'Allemagne ou sa neutralisation.

La neutralité de l'Allemagne est une conception absurde, qui ne peut être que le préalable d'une politique purement nationaliste tendant à l'hégémonie, tentation naturelle pour un peuple puissant, nombreux, riche en moyens de toutes sortes et occupant une position centrale en Europe. L'Allemagne est trop puissante pour être neutre ou neutralisée. Neutralisée, elle ne peut l'être que par l'occupation de son territoire et sa participation à une alliance avec d'autres puissance, ce qu'elle a été pendant quarante-cinq ans... La neutralisation de l'Allemagne n'a jamais été proposée par la Russie soviétique que pour éloigner les Américains de l'Europe, mais à condition que l'Allemagne soit dans la mouvance soviétique, ce qui pouvait encore être espéré par Staline en 1952, mais ne le peut plus depuis longtemps, sauf à laisser espérer à l'Allemagne un recouvrement de ses territoires laissés à la Pologne. Un tel marchandage, possible à l'époque Hitler-Staline, ne l'est plus aujourd'hui dans le contexte de la politique européenne fondée précisément sur l'Alliance atlantique d'abord et la Communauté européenne ensuite. Mais en cas de détérioration de l'une et l'autre de ces politiques, il resterait un schéma possible. Heureusement, il paraît que le pire n'est pas toujours sûr. D'ailleurs, le premier à dire non à la proposition de neutralisation de l'Allemagne faite par M. Modrow a été le Chancelier Kohl. «Je refuse catégoriquement le concept de neutralité», a-t-il déclaré en réponse immédiate à son pâle homologue de la RDA. Ce refus spontané nous a rappelé que M. Kohl, Allemand de Rhénanie avant même d'être le Chancelier de la RFA, a toujours été un ferme partisan de l'Alliance atlantique en laquelle il voit un point d'ancrage de l'Allemagne réunifiée, par exemple quand il évoquait la politique délibérément occidentale de son grand prédécesseur, le Chancelier Adenauer. *«La position historique du premier chancelier fédéral allemand, disait-il, reposait moins sur la recherche d'une définition étroitement nationale de l'intérêt allemand que sur le souci de lier solidement la politique étrangère de la République Fédérale à celle de l'Alliance atlantique. Pour lui, cette politique étrangère découlait naturellement de l'engagement du pays dans une politique intérieure de démocratie libérale»* (Dr Kohl, Ministre-Président de Rhénanie-Palatinat, Président de la CDU, «La situation politique en Allemagne», in *Le Monde Moderne,* n° 5, mars 1974). Peut-être M. Kohl, s'il sait se souvenir de la pensée politique d'Adenauer, se rappellera-t-il aussi le moment venu ce que l'ancien maire de Cologne disait de la future capitale de l'Allemagne : *«Qui fait de Berlin la nouvelle capitale recrée de nouveau l'esprit prussien.»* Mais c'était en 1946 et depuis Berlin a été le bastion de la résistance américano-européenne à l'impérialisme soviétique. L'histoire est passée par là, mais il reste aussi *historiquement* que l'Allemagne ne manque pas de plusieurs capitales possibles et réelles. L'Allemagne a plusieurs têtes[5].

2 février. Le Président des Etats-Unis, George Bush, propose une réduction de 195 000 hommes des troupes d'occupation américaines et soviétiques en Europe. Le retrait fera l'objet de la négociation commencée à Vienne depuis un an entre les pays des deux alliances (Pacte atlantique et Pacte de Varsovie), dans le cadre de la Conférence sur la Sécurité et la Coopération en Europe (CSCE). La proposition de G. Bush rappelle à point nommé que l'Europe est toujours sous la domination des deux super-puissances militaires, car même si l'une des deux (la Russie) est mal en point, aucun règlement de paix ne peut avoir lieu en Europe sans l'accord de ces deux puissances militaires. Ainsi pouvait être expliquée la rencontre

---

5. Cf. Erich KUBY, *Das ist der Deutschen Vaterland.*

de Malte, le 2 décembre dernier, entre MM. Bush et Gorbatchev. Ainsi, au printemps 1989, les déclarations de M. James Baker sur «la possibilité d'un arrangement avec l'URSS pour qu'elle relâche son emprise sur l'Europe de l'Est en échange de garanties de l'OTAN» *(Le Monde,* 1er avril 1989). Depuis, lors M. James Baker a montré dans son action diplomatique que la crainte d'une entente directe des Etats-Unis et de l'URSS pour le règlement des affaires européennes n'était pas justifiée, ne serait-ce que parce que l'URSS d'aujourd'hui ne fait plus le poids. Quoi qu'il en soit, les Etats-Unis et l'URSS restent bien parties prenantes à la paix en Europe.

3 février. M. Edouard Chevarnadzé, ministre des Affaires Etrangères de l'Union Soviétique, propose un référendum paneuropéen sur l'unité allemande. Quelques heures plus tard, le Département d'Etat américain faisait savoir que les Etats-Unis rejetaient ce référendum auquel ils étaient pourtant invités à participer. Mais l'intérêt du discours de M. Chevarnadzé était moins dans cette proposition spectaculaire que dans la question posée au sujet des alliances militaires et des frontières de l'Europe : «Comment résoudre ces problèmes, sinon par un traité de paix?» M. Chevarnadzé a raison sur ce point : *on demande comme préalable à l'instauration d'un authentique «ordre de paix» en Europe et dans l'Europe tout entière, une sorte de nouvel Acte unique qui ait valeur de traité ou de règlement de paix entre l'Angleterre, la France, l'URSS, les Etats-Unis, etc., et l'Allemagne.*

3 février. A Washington, M. Hans-Dietrich Genscher se fondant sur le refus de la neutralisation de l'Allemagne exprimé par M. Kohl et appuyé par Willy Brandt, fait un pas important dans la détermination de ce rapport entre les alliances militaires respectives : l'Alliance atlantique et le Pacte de Varsovie. «Nous sommes parfaitement d'accord, dit-il, qu'il n'y a pas d'intention d'étendre la zone de défense et de sécurité de l'OTAN vers l'Est – ce qui vaut non seulement pour la RDA mais pour les autres pays de l'Est.» Autrement dit, l'Allemagne peut être politiquement réunifiée, mais l'OTAN n'occupera pas le territoire de la RDA (ou de l'ancienne RDA). On ne demande pas à la Russie soviétique de subir une défaite militaire en théorie, mais on lui laisse négocier avec ses alliés du Pacte de Varsovie comme elle a commencé de le faire, le retrait, le maintien de ses troupes, le maintien partiel de ce pacte. Stratégiquement, on peut fort bien admettre que la Pologne et les Pays Baltes restent membres de cette alliance sans que cela implique une limitation de leur souveraineté politique. Il y a des rapports de force qui relèvent de la nécessité, en l'espèce la géopolitique.

6-7 février. Le résultat de la proposition de M. Genscher est que M. James Baker, en visite à Prague, finit par accepter la réunion en 1990 de la CSCE dont il n'avait admis jusque-là qu'elle ait lieu avant 1992, comme prévu par les accords d'Helsinki. En même temps, M. Roland Dumas, ministre français des Affaires Etrangères demandait comment on pourrait faire valoir les droits des puissances victorieuses de l'Allemagne en 1945. Il y a, en effet, des *droits* dont on peut dire qu'après quarante-cinq ans, ils sont devenue des *devoirs,* tout en restant des pouvoirs de participer à la conclusion de la paix en Europe. Ce sont-là les principes du traité de paix qui devrait intervenir entre l'Allemagne et les puissances alliées de la dernière guerre, celles qui étaient présentes à la capitulation du IIIe Reich à Berlin, le 8 mai 1945, non pour rappeler cette situation et insister lourdement sur la défaite allemande, il y a quarante-cinq ans, mais parce que cette situation a déterminé un état de choses et des rapports de force qui ont pu changer en ce qui concerne l'état politique de l'Allemagne – divisée d'abord en zones d'occupation, puis constituée par la force des choses en deux Etats, la RFA, la RDA et aujourd'hui en voie de réunification – mais qui existent toujours en ce qui concerne les alliances militaires et les frontières. Nous venons de parler des alliances militaires et de voir ce que la diplomatie de MM. J. Baker et H.-D. Genscher avait apporté de positif à ce sujet. Encore a-t-il fallu que les circonstances se prêtassent à rendre ces propositions d'une Allemagne réunifiée demeurant dans l'OTAN opportunes et acceptables par la Russie soviétique dont les alliances militaires sont en voie de désorganisation pour ne pas dire de délabrement. Ce qui est à prendre en compte pour la négociation d'un traité ou d'un règlement de paix, c'est donc une situation nouvelle, mouvante, discontinue, mais reposant en partie sur des bases anciennes. Ainsi la question des frontières, plus précisément de la frontière orientale de l'Allemagne avec la Pologne, a fait l'objet d'une polémique internationale, aussi bien dans la presse que dans les chancelleries et au plus haut niveau des Etats, dont le Chancelier Kohl a été la cible principale. «Le Chancelier dérape sur les frontières», disait M. Alfred Grosser, pourtant incollable sur la question allemande. En fait, M. Kohl s'est saisi lui-même du problème allemand comme les circonstances l'amenaient à le faire et de par sa fonction de chef du gouvernement allemand. Personne d'ailleurs en Europe et d'abord dans la CEE ne lui disputait cette tâche. En quoi il rappelait la démarche du Chancelier Willy Brandt se lançant tout seul dans l'Ostpolitik qui consistait à traiter avec l'Union Soviétique, la Pologne et la Tchécoslovaquie, mettant pour ainsi dire les Alliés occidentaux de l'Allemagne devant le fait accompli. «L'Allemagne agit maintenant par elle-même sans demander la permission à personne, observait alors Georges Pompidou, Président de la République» (cf. André FONTAINE, *Un seul lit pour deux rêves – Histoire de la détente 1962-1982,* Ed. Fayard). Sans doute, la situation actuelle de l'Allemagne et de l'Europe de l'Est dans la débâcle du communisme est-elle fort différente de celle qui avait cours à l'époque de l'Ostpolitik où la domination de l'URSS était sans partage, mais encore une fois dans l'histoire la nécessité et les événements ont été plus forts que les constructions théoriques. Devant ce qui était révolution à l'Est, il n'est que de reprendre le fil des événements de l'année 1989 en Pologne, Hongrie, Allemagne de l'Est, Tchécoslovaquie et encore la Roumanie, pour admettre que l'Acte unique n'avait pas tout prévu et que le sort de l'Autre Europe est venu à occuper le devant de la scène de notre continent européen, jusqu'à la définition d'un ordre européen authentique propre à coïncider avec l'ordre de paix dont parlait déjà le Chancelier Kohl. Et nous pensons, encore une fois, qu'il ne le conçoit pas sans un solide pilier atlantique.

Un de ses fondements devrait être, sinon le traité de paix lui-même (nous ne l'envisageons pas d'un point de vue «formaliste») mais la négociation dite 4+2, laquelle doit s'ouvrir fin avril 1990 au niveau des ministres des Affaires Etrangères des quatre puissances alliées de 1945 et des deux Etats allemands. C'est au cours de cette négociation que doit être étudié, sinon réglé, le problème des frontières à propos duquel Helmut Kohl aura été pris à partie par tout le monde ou presque. En droit pourtant, Joseph Rovan s'est permis de le rappeler, le Chancelier fédéral pouvait attendre la négociation de la paix pour garantir la frontière Oder-Neisse. Mais on pouvait aussi supposer qu'en gardant le silence sur la frontière germano-polonaise, il se donnait licence de remettre en question la frontière polono-russe. Tout est là, effectivement, si l'on admet que la négociation sur les frontières peut et doit être globale. «Le protocole de Potsdam stipulait que les frontières de l'Allemagne ne seraient délimitées définitivement que par un traité de paix», écrivait Robert Murphy, qui était à Potsdam, dans son livre : *Un diplomate parmi les guerriers,* Robert Laffont, p. 323. Le protocole de Potsdam disait aussi que le traité de paix serait signé avec un Etat allemand, donc une Allemagne réunifiée. Mais ceci relève peut-être du formalisme juridico-politique évoqué un peu plus haut. Ce qui est important, c'est de fixer certains points d'histoire essentiels quand ils sont déterminants et toujours en place. Or, en ce qui concerne les frontières de l'Allemagne et de la Pologne – objet litigieux de la vive contestation qui s'élève au cours du premier trimestre de l'année 1990 – ces deux points fixes d'histoire contemporaine de l'Europe sont les suivants :

1. la frontière germano-polonaise a été définie provisoirement à Potsdam (juillet-août 1945). (Cf. Ernest DEUERLEIN, *Potsdam 1945, Ende und Anfang,* Cologne 1970.)

2. la frontière polono-russe avait été fixée, sans remise en cause possible, à Yalta au mois de février 1945. Tel avait été l'objet principal de cette conférence si importante, si renommée et si mal connue en même temps. M. Jean Laloy, diplomate français qui était présent à cette conférence, l'a expliqué avec une parfaite clarté dans son livre : *Yalta, hier, aujourd'hui et demain* (R. Laffont). Oui, aujourd'hui et demain, car si l'on ne touche pas à la frontière germano-polonaise, ce qui mettrait sûrement en danger la paix de l'Europe, Yalta ce serait encore la frontière polono-russe dite encore frontière Molotov-Ribbentrop, proche de la ligne Curzon.

La politique est sollicitée par l'action et l'action ce sont des décisions à prendre et à exécuter. Elle n'exclut pas l'étude, loin de là, mais il y a ce qui est à César et quand César se fait historien il ne perd pas de vue la politique. Cela s'est vérifié encore pour l'histoire de la Seconde Guerre mondiale.

«Bitte keinen Friedensvertrag!» demande M. Rudolf Augstein dans un éditorial – dont c'est le titre – du *Spiegel* du 5 mars 1990. *«S'il vous plaît, plus de nouveau Congrès en Europe où l'on ne verrait que des "Diktats". S'il vous plaît, pas de nouveau Brest-*

Litovsk, pas de nouveau Versailles. Surtout plus aucun Diktat et un traité de paix serait reçu en Allemagne aujourd'hui comme un "Diktat". Voilà pour l'essentiel. L'accessoire, c'est que nous Allemands craignons l'interminable durée de la Conférence qui doit conduire à un traité de paix...» Arguments du même ordre qui font principalement appel à la sensibilité et à la mémoire non seulement des Allemands, mais aussi des autres peuples dont les Français et les Russes et qui à première vue paraissent justifiés. Nous en sommes pourtant bien d'accord : pas de traité de paix qui soit un Diktat comme l'ont été les traités de Versailles (il y en a eu deux, ne l'oublions pas, en 1871 et 1919) et de Brest-Litovsk (deux aussi en 1917 et 1939). Un *Diktat* est en allemand : une dictée et par conséquent un traité *dicté,* c'est-à-dire *imposé* et ce fut bien le cas des traités de Versailles, par exemple, contre lesquels s'insurgèrent respectivement les Français en 1871 et les Allemands en 1919. Il ne pourrait en être de même aujourd'hui, l'Allemagne n'étant plus depuis quarante-cinq ans un pays vaincu mais un Etat de droit et encore le plus puissant du continent européen. On ne voit pas une autre puissance lui dicter ses conditions relatives aux questions qui doivent être réglées à la suite de sa défaite totale en 1945 et qui concerne principalement le sort des armées, des alliances, des frontières permettant de délimiter, à partir de là, les lignes définitives d'un ordre de paix pour l'Europe tout entière, de l'Atlantique aux frontières de l'Union Soviétique, *lesquelles ont aussi, qu'on le veuille ou non, mais on s'en aperçoit aujourd'hui avec les Pays Baltes, quelque chose de provisoire, c'est-à-dire de non réglé en droit mais non pas forcément de révisable.*

L'argument de M. R. Augstein, le directeur du *Spiegel,* voudrait toucher la corde sensible des Allemands et de leurs adversaires qu'ont été notamment les Français et les Russes. Mais ce refus d'un traité de paix, destiné aux âmes sensibles, signifie que les Allemands pourront désormais très bien se débrouiller tout seuls et n'ont pas besoin d'un traité de paix, de ses formalités et de son formalisme hautain pour faire la paix dans la partie de l'Europe qu'ils dominent à nouveau, mais cette fois sans recours à la force armée. C'est d'ailleurs un fait où l'histoire rejoint la nature que les Allemands ont à leur disposition des formes variées de la puissance. La puissance économique n'exprime pas tout entière cette suprématie, il faut ajouter que les Allemands d'aujourd'hui sont les plus «modernes» des Européens. Ils sont les Américains de l'Europe, plus exactement les Yankees, les pays latins faisant à leur manière quelque peu figure de Sudistes...

VII. La Communauté économique européenne (CEE)

Mais laissons cela qui relève du divertissement pour retenir de ces considérations sur l'état de l'Europe au cours des premiers mois de l'année 1990, que la CEE n'aura pas tenu le rôle politique auquel elle aspire *intentionnellement* depuis toujours et auquel elle se déclarait prédisposée puisque le Traité de Rome qui date de 1957 prévoit l'union politique des Etats de la Communauté économique européenne et que l'ensemble des traités réunis sous le nom d'Acte Unique, adoptés en 1987, fixait au 1er janvier 1993 l'ouverture de cette période *politique* de la Communauté européenne. Dans les bouleversements qui ont eu lieu en Europe centrale depuis que les Hongrois ont, de leur propre initiative, cisaillé les barbelés du rideau de fer et que les Allemands de la DDR ont mené leur exode vers le pays de la liberté qui était aussi leur patrie, la CEE aura fait figure de nain politique, comme on le disait, il n'y a pas si longtemps de la République Fédérale allemande. Ceci ne veut pas dire qu'elle ait été ridicule ou ridiculisée. Elle a simplement tenu sa place qui est celle d'une Communauté économique et culturelle d'Etats de même civilisation unis entre eux non seulement par des traités nombreux visant à renforcer son organisation (laquelle est une création originale dans l'histoire de l'Europe) mais surtout par un esprit d'entraide qui les voit décidés à maintenir entre eux et avec les autres Etats européens la paix indispensable et la cohésion nécessaire.

Marginale politiquement, telle aura été la CEE en cette période extraordinaire de l'histoire de l'Europe qui va d'avril-mai 1989 à février-mars 1990, culminant le 9 novembre 1989 avec la chute du Mur de Berlin. Mais la CEE, qui est par définition et en réalité une communauté économique appelée pour partie à créer un nouveau droit en Europe, a cependant montré qu'elle existait et même persévérait dans l'être, manifestant sa volonté de paix et d'entente et de participation à la construction – en cours – de l'Europe. (Les événements ont d'ailleurs fait qu'elle n'a pas eu à choisir «d'intégrer» l'Autriche à son ensemble, mais qu'elle va d'abord y faire entrer l'Allemagne de l'Est...)

Là est l'essentiel.

Il reste cependant à savoir si la CEE doit chercher d'abord l'*union politique* des Douze (comprenant l'Allemagne orientale) ou chercher à être la Communauté économique de l'Europe tout entière – c'est-à-dire jusqu'aux frontières de la Russie. Nous croyons, pour notre part, que c'est la deuxième voie qui est la bonne puisqu'encore une fois le critère de vérité de l'union de l'Europe doit être la paix et la prospérité partagée avec les autres continents avant la puissance et la technocratie.

VII. On se passera d'un traité de paix

3 mai 1990. La première conférence des ministres des Affaires Etrangères des *quatre* anciens Alliés de 1945, Angleterre, France, URSS, Etats-Unis, *plus* les *deux* Allemagnes de l'Ouest et de l'Est, a lieu à Bonn. Elle revêt, nous rapporte-t-on, une certaine solennité. Elle ressemble comme une soeur à la réunion du traité de paix, mais on évite bien d'en prononcer le nom, car la vraie conférence du traité de paix devrait réunir les ministres de toutes les puissances ayant été en guerre contre l'Allemagne entre 1939 et 1945. Quelle affaire! Comme si les diplomates aujourd'hui ne voyageaient pas et comme s'ils ne se rendaient jamais aux nombreuses sessions des nombreuses conférences et assemblées qui, à commencer par celles de l'ONU, ne cessent d'avoir lieu de par le monde ordinairement et extraordinairement!

9 mai. A Moscou, à la date où l'URSS célèbre sa victoire sur l'Allemagne remportée en 1945, *Mikhaïl Gorbatchev demande un traité de paix,* principalement pour régler le problème des alliances militaires, rapports entre l'OTAN et le Pacte de Varsovie, stationnement des troupes soviétiques en Allemagne de l'Est, etc.

La question est de savoir si un traité de paix et ce qu'on entend par là généralement est indispensable pour le règlement des questions posées, par exemple celles relatives aux alliances militaires, au désarmement et au régime d'occupation. La réponse est évidente.

Evidemment non! si un traité est nécessaire pour le règlement de telles questions, il n'y a par contre nul besoin de l'appeler traité de paix.

Nous entendons par traité de paix un accord ou une série d'accords prenant en considération l'ensemble des questions qui doivent être réglées par ces accords. Un traité de paix pour l'Europe, c'est d'abord une vision d'ensemble, une sorte de *panorama* de ce qui doit faire l'objet d'un règlement de façon à rendre possible sous quelque forme que ce soit l'unité de l'Europe. Autrement dit, et autant que faire se peut : laisser le moins de choses dans l'ombre, garder le moins d'arrière-pensées. Les Européens de l'Ouest sont aujourd'hui en situation de faire reconnaître à l'URSS l'appartenance de l'Allemagne réunifiée à l'Alliance atlantique. *Là est l'essentiel* et parce que c'est l'essentiel pour la paix et l'unité de l'Europe, il faut cela soit *durable*. Fixer l'Allemagne de l'Ouest, c'est se prémunir (et la prévenir?) contre l'appel du grand vide à l'Est qu'elle se sent toujours appelée à combler, ce qui peut d'ailleurs être conforme à sa vocation, mais qui ne doit plus donner lieu à des aventures «historiques». Ne sommes-nous pas, comme nous l'avons rappelé, dans «le temps du monde fini»?

Les Alliés occidentaux peuvent faire beaucoup dans la situation actuelle de l'Europe. M. Gorbatchev réclame solennellement du haut du Kremlin un traité de paix. On pense qu'il va insister, lui ou ses collègues. Mais apparemment, il n'en est rien. Sans doute lui aura-t-on parlé du grand besoin de crédits qui est celui de l'économie soviétique. Et voilà pourquoi votre fille est muette, pour quelque temps du moins. Les arrière-pensées des Occidentaux et leurs préventions contre un traité de paix doivent s'expliquer probablement par leurs positions respectives vis-à-vis de l'Alliance atlantique. Les Américains peuvent craindre qu'un traité de paix ne fournisse à l'Allemagne un prétexte pour faire table rase des alliances de l'Ouest comme de l'Est. Or, que serait pour eux l'Alliance atlantique sans l'Allemagne? Le Chancelier Kohl avait éprouvé une crainte semblable en écoutant quelques-uns de ses adversaires politiques du SPD. Il n'est que de se rappeler l'opposition homérique entre le Dr Adenauer et le Dr Schumacher. Quant à la France, pour des raisons de politique intérieure et parce que l'ombre du Général s'étend toujours sur une partie de son histoire présente, elle ne souhaite pas réintégrer l'OTAN où elle pourrait avoir cependant des responsabilités à sa mesure. Nul doute non plus que l'Angleterre n'ait quelques complexes à prendre toutes ses responsabilités dans cette alliance, pourtant atlantique.

*
* *

Il est vraisemblable qu'il n'y aura pas de traité de paix en 1990, car il ne semble pas qu'on ait compris que ce traité de paix devrait mettre fin en même temps, *c'est-à-dire dans un même acte,* à la Deuxième Guerre mondiale et à la Guerre froide qui a suivi, avec pour enjeu la domination du communisme en Europe. Nous pensons que le *sens de l'histoire,* si souvent invoqué pendant les années où dominait la pensée marxiste, aura fait défaut aux principes qui nous gouvernent et qui gouvernent le monde. D'ailleurs, qui aurait demandé un traité de paix? Les Russes l'ont fait plusieurs fois depuis la Conférence de Berlin de 1954 et le font encore, nous venons de le voir. Pourquoi ne pas les avoir pris au mot? Peut-être parce que ce n'était pas à eux de le demander puisqu'ils avaient empêché par leur politique de conquêtes préfigurant la guerre et la révolution internationales l'existence même de la paix... Peut-être parce qu'en 1947, année cruciale de l'après-guerre, la démonstration du refus de la Russie Soviétique de faire la paix en Europe et de conclure un traité de paix avec l'Allemagne fut incontestablement donnée lors des Conférences de Moscou (février), puis de Londres (décembre 1947) entre les ministres des Affaires Etrangères des quatre puissances occupantes de l'Allemagne... Mais depuis? Depuis que les Russes ont admis, au bout d'un certain temps, mais sûrement après la mort de Staline, que l'Allemagne ne deviendrait pas un Etat communiste, pourquoi n'avoir pas compris que cette défaite dans la guerre révolutionnaire, cet échec devant l'Allemagne arrimée à l'Occident pouvaient être réglés eux aussi à l'occasion d'un traité de paix?

D'ailleurs, depuis la Conférence de l'hiver 1954 à Berlin, la Russie soviétique a maintenu dans sa diplomatie l'objectif d'un règlement général de la paix en Europe, principalement et jusqu'à l'effondrement de la RDA dans les derniers mois de l'année 1989, pour éloigner d'Europe les forces armées des Etats-Unis. La méfiance à l'égard du traité de paix comme moyen de déterminer un ordre de justice et de liberté en Europe était liée chez les Occidentaux à cette mise en question – implicite –de la présence américaine en Europe, indispensable à la sécurité de ce continent. Sans doute, pensait-on qu'il n'était pas opportun de donner à l'Union Soviétique une occasion effectivement justifiée de réclamer le départ des troupes américaines de l'Europe. Mais nous avons vu, ces derniers temps, que du fait de la réunification prochaine de l'Allemagne, les propositions de MM. J. Baker et H.-D. Genscher rejoignaient les positions relatives au maintien de l'Allemagne dans l'Alliance atlantique et qu'elles étaient acceptées par les Russes malgré quelques murmures du côté des maréchaux de l'Armée rouge. *«La Fayette, nous voilà!»* proclamait le Général Pershing quand les soldats américains débarquèrent en France en 1917. *Staline, nous restons là!!* pourraient dire aujourd'hui, en 1990 les Américains au dictateur soviétique qui réclamait si fort au Président Roosevelt le débarquement en Europe et l'ouverture d'un second front, qui était d'ailleurs le troisième. L'histoire ne recommence rien, mais elle a des recommencements, c'est-à-dire des cas de figure proches et comparables. Nous venons d'en voir un. On pourrait en supposer un autre en conjecturant la possibilité future et non pas lointaine d'un traité de paix entre l'Allemagne et la Russie dans le cadre d'une nouvelle Ostpolitik qui rappellerait l'intention – en esprit de menace – proclamée à maintes reprises par Krouchtchev de conclure un traité de paix avec la seule RDA[6]. A vrai dire, l'efficacité d'un tel traité eût été vraisemblablement assez réduite. Mais elle eût renforcé la séparation et l'hostilité des deux «blocs». Pareillement, un traité de paix entre l'Allemagne et la Russie, la première continuant d'appartenir à l'Alliance Atlantique, ne pourrait avoir qu'une efficacité réduite (à moins qu'il ne soit un pas vers le dégagement de cette Alliance, ce qui ne se ferait pas sans une grave crise intérieure allemande), mais ne contribuerait pas à l'instauration d'un ordre de paix en Europe, dont nous persistons à dire qu'il doit être l'objectif commun d'une politique européenne visant la définition de l'Europe et permettant la paix définitive entre les nations de ce continent.

Janvier-Juin 1990

---

6. Voir là-dessus André FONTAINE : *Un seul lit pour deux rêves – Histoire de la détente, 1962-1982.*

POST-SCRIPTUM

Une logique de paix

Depuis le 2 août 1990, date de l'agression de l'Irak contre le Koweit, petit pays voisin extraordinairement riche en pétrole; et depuis la réplique immédiate et massive qu'elle s'est attirée de la part des Etats-Unis d'Amérique venant et volant à l'aide de l'Arabie Saoudite, autre voisin menacé, la situation internationale, si elle est théoriquement contrôlée par le Conseil de Sécurité de l'ONU, n'en relève pas moins d'une épreuve de force extrêmement grave et tendue, au point qu'elle a paru obéir à ce que M. François Mitterrand a appelé une «logique de guerre», en un propos qui donnait à penser que la volonté d'éviter la guerre n'était pas la faculté dominante chez les dirigeants des nations les plus présentes à la crise ou bien qu'elle était impuissante à le faire.

En effet, qui dit *logique* dit science ou méthode de raisonnement en vue d'une *conclusion.* Une «logique de guerre» est donc un enchaînement, un ordre de propositions dont le terme est une conclusion impliquée, *nécessaire :* la guerre. Dans ce qu'on appelle à nouveau la «crise du Golfe», la volonté de puissance d'un dictateur arabe affronté à la résolution de la République américaine forte de sa bonne conscience impériale ont constitué, au moins pendant trente jours, les prémisses incontestables d'un affrontement dont sortirait la guerre et dont nous ne savons toujours pas ce qui en sortira.

Pour l'Europe en 1990, il ne serait pas absurde ni illusoire de parler d'une *logique de paix* en ordonnant toutes les propositions qui ont été faites depuis plus d'un an dans le sens de la paix et en proposant un traité aussi complet que possible, une sorte d'Acte unique, comme conclusion à cette logique. Pour le Moyen-Orient, de Damas à Aden et de Beyrouth à Bassorah, s'il est imprudent de parler et d'avoir parlé de «logique de guerre», et s'il est encore impossible et impensable de parler d'une «logique de paix», il faudra tout de même envisager plus le plus proche avenir un *ordre de paix* (là encore) qui, cette fois, ne mettra pas seulement en scène les chefs d'Etat, les chefs de guerre, les émirs et les rois, y compris ceux du pétrole, mais aussi les chefs religieux ayant aussi *autorité* sur les hommes. Dans ce carrefour des grandes religions que constitue cet endroit du monde qui fut, du Nil à l'Euphrate (jusqu'à l'Indus), le berceau des grandes civilisations d'essence religieuse, *on ne saurait exclure le recours à ces autorités pour le service des hommes.* Et l'Europe pourrait se souvenir de ses origines chrétiennes pour confier à l'Eglise catholique et à son Chef, ainsi qu'aux Eglises chrétiennes, certaines missions, comme par exemple celles relatives au sort des otages, qui dépassent souvent les possibilités, sinon les compétences des gardiens des Droits de l'Homme. Le Droit International – auquel nous avons largement fait référence dans tout ce qui précède – ne règle pas tout. On le sait et par réflexion et par expérience. Il serait grave de ne pas en tirer les conclusions dans la crise présente, comme dans celles à venir.

24 septembre 1990,
Notre-Dame de la Merci

TABLE DES MATIERES

Achevé d'imprimer en mars 1991
sur presse CAMERON
dans les ateliers de la S.E.P.C.
à Saint-Amand-Montrond (Cher)

N° d'impression : 619.
Dépôt légal : mars 1991.

Imprimé en France

N° d'impression : 619.
Dépôt légal : mars 1991.

Imprimé en France